希利尔
讲给孩子的
世界地理

[美] 维吉尔·莫里斯·希利尔 / 著　李兰杰 / 译

A Child's Geography
of
The World

哈尔滨出版社
HARBIN PUBLISHING HOUSE

图书在版编目（CIP）数据

希利尔讲给孩子的世界地理 /（美）希利尔著；李
兰杰译.—哈尔滨：哈尔滨出版社，2013.1
ISBN 978-7-5484-1143-7

Ⅰ．①希… Ⅱ．①希…②李…Ⅲ．①地理—世界—
青年读物②地理—世界—少年读物 Ⅳ．① K91-49

中国版本图书馆CIP数据核字（2012）第191564号

书　　名：**希利尔讲给孩子的世界地理**

作　　者：［美］维吉尔·莫里斯·希利尔　著
译　　者：李兰杰　译
责任编辑：关　健　王洪启
特约编辑：李异鸣　刘志红
责任审校：李　战
封面设计：吕彦秋

出版发行：哈尔滨出版社（Harbin Publishing House）
社　　址：哈尔滨市松北区科技一街349号3号楼　　邮编：150028
经　　销：全国新华书店
印　　刷：北京中振源印务有限公司
网　　址：www.hrbcbs.com　　www.mifengniao.com
E－mail：hrbcbs@yeah.net
编辑版权热线：（0451）87900272　87900273
邮购热线：4006900345（0451）87900345　87900299　或登录蜜蜂鸟网站购买
销售热线：（0451）87900201　87900202　87900203

开　　本：720mm×1000mm　　1/16　　印张：19　　字数：300千字
版　　次：2013年1月第1版
印　　次：2013年1月第1次印刷
书　　号：ISBN 978-7-5484-1143-7
定　　价：29.80元

凡购本社图书发现印装错误，请与本社印制部联系调换。　服务热线：（0451）87900278
本社法律顾问：黑龙江佳鹏律师事务所

假设你能离开地球，去到远远的太空，找个空无一物的角落坐
下来，透过望远镜观察我们的世界

献给 那个9岁的孩子，

他说："真希望世界上能再多出100块地方，

那样你就可以继续讲给我们听了。"

如果你还不满15岁8个月零3天，

请 略 过
以下文字

看这本书的孩子应该是这样的：

认为天堂在天上，
地狱在地下；
从没有听说过伦敦或巴黎，
认为丹麦人只是狗的一个品种①

这本书从旅游者的角度来看世界——但不是旅行推销员的角度。

这本书告诉孩子们地平线以外的东西，从"美国密歇根州的卡拉马祖市到非洲马里的延巴克图市"。

这本书不仅让孩子知道世界的七大奇迹，
而且让他们知道还有很多其他奇迹。

当我还是个小男孩的时候，我们家住在美国东北部的新英格兰。过感恩节时大人们会准备六种不同的馅饼：有苹果馅、桃馅、蔓越橘馅、奶油冻馅、肉末馅和南瓜馅。但是大人们只让我选择其中的两种馅饼。不管选择了哪两种，我都觉得不满意。在为这本书选择要讲的地方和主题时，我也遇到了像选择馅饼一样的困难。地球上有太多"非常重要"的地方需要

① 丹麦大狗和丹麦人的拼写方式相同。——译者注

在这本书里介绍，但是不可避免地会有读者想知道为什么某些国家或某些地方没有讲到，尤其是读者自己居住的地方。

我小的时候，地理对我来说就是一连串令人厌恶的名字——气候和贸易、制造厂家和实业公司，还有产品、产品、产品。好像地球上每一个地方的主要产品就是：玉米、小麦、大麦、黑麦；或者黑麦、大麦、小麦、玉米；或者大麦、玉米、黑麦、小麦。在我学地理的时候，讲到现代希腊时只有一张照片，我猜测是因为希腊不生产小麦、玉米、大麦和黑麦。我那时候学的地理只有"肚子"，地理这门科学的"头"和"心脏"都被省略了。

我当时很爱看地理书上的图片和地图，但是不喜欢看文字讲解。除了偶尔一个描写或者叙述的段落，地理书上的文字部分根本不值得一读——因为全是混乱的标题、副标题、小副标题：有家庭作业、笔记、地图学习、给老师的建议、帮助、使用说明、提问、复习、问题、练习、背诵、课文、图片学习等等。

我上学的时候，地球对我来说就像一个橘子。我当时学的地理知识，现在"肯定"记住的只有三项：荷兰的小朋友穿木鞋，因纽特人住在雪屋里，中国人用筷子夹菜吃饭。

我们当时有一种问答形式的教学法，是学习乘法口诀表的时候开始用的。老师会看着书读道：

"问'美国人的生活状况是什么？'"坐在我后面的那个13岁的男孩口齿伶俐地回答道："答'他们很贫穷无知，住在破旧的小屋里。'"听到这儿，老师毫无表情地说了一句让人惊骇不已的话："不对，那是下一个问题'因纽特人的生活状况是什么？'的答案。"

当我开始教九岁的孩子地理时，发现现有的地理课本要么商业气息太浓，要么孩子气十足而缺乏逻辑。书上列的各种数据和抽象的内容完全超出了九岁孩子的理解范围，而那些关于其他国家小朋友的故事又太随意，对于孩子们了解地理知识毫无价值。

我很多年前就开始旅游。地球上的大部分国家我都去过，实际的旅行距离加起来能够绕地球走五圈了。于是我就想，既然我去过那么多地方，我自己也可以写一写地理。就是为了虚浮的荣耀啊！我上课的时候会讲一些临时想起来关于我旅游的故事，一个班的学生都对这种故事非常感兴趣，于是我让一个速记员把我讲的内容逐字记下来。我拿着这些笔记去给另外一个班级上课，然后突然意识到如果有一本这样的书就好了。我把课上讲的内容写下来就是一本书了。因为不可能预知孩子们会有什么样的反应，所以我就一遍又一遍地拿我的笔记给孩子们上课。另外，如果不经过试验，也无法得知孩子们是否能理解我笔记上的内容。提前假想他们应该知道或可能不知道某些字词的意思是毫无意义的，因为他们明白"令人惊叹的和令人震惊的"（英语原词stupendous和appalling属于日常生活中不太常用的词——译者注），却会误解一些更简单的词。

上课的时候，我曾经给一个班的学生读一本有关旅行的书，这本书写得很精彩。作者说："我们到达的时候又累又饿，在最近的旅馆找到了住处。"孩子们以为"找到了住处"是说旅行的人在旅馆里找到了25美分的硬币！（此误解源于英语里"找到了住处"是find quarters，而quarter还有25美分硬币的意思——译者注）我向他们讲述威尼斯的"叹息桥"时，描绘了过桥时发出叹息的囚犯。我随便问了一下有没有人知道为什么这座桥的名字叫叹息桥，一个小男孩说："因为它个儿大。"一个小女孩用一副鄙视他的回答的样子说："因为它有边。"一个从农村来的小男孩，想象力更是不着边际，说可能因为他们用"镰刀"。第四个小孩说道："因为它属于一个名叫'塞恩'的人。"（孩子们答案里的"个体"英语是size，"边"是side，"镰刀"是scythes，"塞恩"是cy，这些词都与"叹息"sighs音似——译者注。）

几乎所有的孩子都喜欢研究地图。一幅地图就像一个拼图图片——只是一些新名字很难记住。但是没有名字或地方的地理就不是地理了。那只是仙境。因此，学习地图和名字是非常重要的，教室里也需要在墙上贴大幅的地图。

孩子们可以利用地理来搞研究。按照国家做一个分门别类的剪贴簿——极容易就可以贴满一大本图片新闻、杂志或期刊上剪下的剪报，或者旅行社发的特殊广告。大多图片都是出版物上的常客——印度的寺庙、中国的宝塔、非洲捕猎野生动物的场景，还有巴黎的公园——孩子们都可以自己编本地理杂志了。此外，收集邮票也是很有吸引力的活动，尤其是达到一定年龄的男孩子，他们跟大人们一样把收集邮票当做一种爱好。

当然，学习地理最好的办法是去旅游，但不是商人到达罗马只花一个小时来看这个城市那样的旅游——他出了车站，钻进出租车，给司机一页纸，上面写着他要去看的地方。他会告诉司机："我来这里只想看两个地方——圣彼得广场和古罗马圆形大剧场。以最快的速度开到这两个地方然后开回车站。"司机把他带到圣彼得广场，他把头伸到车窗外，问司机："这是哪一个？广场还是剧场？"

在我出生的那个小镇，有一位年龄很大的老人，他最大的特点就在于他一生中离开家走得最远的距离都不到10英里。在现代社会，旅行非常便捷，每一个小孩子都希望有一天能出去旅游。这本书就是告诉他们出去应该看什么，这样他们的旅行才不会像水手的航行那样毫无意义。因为水手可能绕地球走了一圈，却只带回了一只鹦鹉和一串玻璃珠，其他什么都没记住。

"请上车！"

当我是个小男孩的时候，保姆经常带我去火车站看火车。一个戴着蓝帽子，穿着有铜纽扣的蓝制服的人会大声喊："去往东北方向巴尔的摩、费城、纽约的乘客，请上车！"他挥舞着自己的胳膊让火车启动。保姆说他是火车列车长。

我回到家的时候，经常也戴上一个帽子，像列车长一样喊："去往东北方向巴尔的摩、费城、纽约的乘客，请上车！"一遍又一遍地重复，直到有人对我说："拜托你不要再喊了！"

但是当时我希望将来有一天，等我长大了，我能成为一名真正的列车长，戴着蓝帽子，穿着有铜纽扣的蓝制服。现在我已经长大了，也正在扮演着列车长的角色，因为在这本书里，我会带你去巴尔的摩、费城、纽约，以及东西南北各个方向的许多其他国家和城市——我要带你环游世界！

目录

CONTENTS

第 1 章

望远镜里的世界

你从来都没有看到过自己的脸。

你可能会觉得很奇怪，可能会说不是这样的——但事实就是这样的。

你可以看到自己的鼻子尖。

你把嘴撅起来，还可以看到自己的嘴唇。

如果你把舌头伸出来，你也可以看到自己的舌尖。

但是你不能站到自己身体的外面看自己的脸。

你当然知道自己的脸是什么样的，因为你从镜子里看到了很多次；但你从镜子里看到的不是你自己——那只不过是你自己在镜子里反射的一个图像。

同样的，没有人能够看到我们的地球——地球的全部——我们生活的地球。

你在地上可以看到周围——地球的很小的一部分——如果你爬到一个高高的楼上，你可以看到更多——如果你爬到一座山的顶上，你可以看到的比在楼上看到的还要多——如果你从飞机上往下看，你看到的比在山顶上看到的还要多。

但是如果想看到整个地球，你需要爬到比飞机飞得还要高的地方，高到任何人都到达不了的地方。你要爬到比云彩高很多很多的地方，一直到星星居住的地方那么远——没有人能到达那里，坐飞机也到达不了。

既然这样，你就不能像从镜子里看自己的脸一样看地球了。那么，我们是怎么知道地球是什么样的呢?

大海里的鱼可能会这么告诉她的小鱼儿:"地球到处都是水——就像一个巨大的浴缸,我哪里都去过,我知道的。"当然了,她作为一条鱼,不可能知道除了水以外的东西。

沙漠中的骆驼可能会这么告诉她的小骆驼:"地球到处都是沙子——就像一个巨大的沙堆,我哪里都去过,我知道的。"

冰山上的北极熊可能会这么告诉她的小北极熊:"地球到处都是雪和冰——就像一个巨大的冰箱,我哪里都去过,我知道的。"

森林里的大熊可能会这么告诉她的小熊:"地球到处都是树——就像一片巨大的森林,我哪里都去过,我知道的。"

同样,很久以前,人们也会告诉他们的小孩:"地球就是一个大的岛屿,像一个泥做的巨大的馅饼,表面上有水、有沙子、有冰、有树,上方有一个我们称之为天空的盖子,我们哪里都去过,我们知道的。"

如果有好奇的孩子问:"这个像馅饼一样平平的地球下方是什么呢?"大人们会说:"在四个大象的背上。"

但是如果这个孩子继续问:"那么大象下面是什么呢?"大人们会认真地说:"在一个大的乌龟上。"

如果这个孩子还问:"那么乌龟下面是什么呢?"没有人回答了——因为从来没有人考虑过这么远——所以乌龟就站在那里了——下面什么也没有。

这是很久以前父母用来告诉孩子地球是什么的故事。但是假设你可以走很远很远,走到云彩上面,在天空中很远的一个角落坐下来,下面什么都没有,把脚在边上晃来晃去地挂着,然后往下看离得很远很远的地球。你觉得地球会是什么样的呢?我知道——尽管我从来没有去过上面那个角落。

从天空很远很远的地方,通过望远镜看地球,地球就像一轮满月——又圆又白;不是像盘子那样圆,而是像巨大的雪球那样。也不完全是白色的,但是很亮——因为太阳会照在这个大圆球上,把地球照亮。就好像汽车的前灯在晚上照在路上,会把道路照亮一样。当然了,太阳一次只能照着地球的一面,另外一面就是黑暗的,但是地球绕着太阳不停地转啊转,另

西半球

一面也会有太阳光照着的。

如果我们通过望远镜看地球——你知道什么是望远镜：长长的望镜的一种，可以让东西看起来更近更大——就像人们观看月球一样，你可以看到地球的一面，有两块斑点，形状很奇怪的阴影，地球的另一面有四块差不多的斑点，也是形状很奇怪的阴影。这些阴影似的斑点其实是土地，它们有个专门的名字叫大陆。这些大陆都有自己的名字，如果它们的名字都印在土地上面，字会有一千英里那么高——当然没有——这样人通过望远镜才可以看到它们的名字，一面写着"北美洲"、"南美洲"。然后他继续等着地球转过来，让太阳照着地球的另外一面，像我在"电影"里看到的地球一样，上面的大陆一个写着"欧洲"，一个写着"亚洲"，另一个写着"非洲"，还有一个最小的大陆，名字却比较长——"大洋洲"，在地球的最底端有一个"南极洲"。

我们把硬币的一面叫做"正面"，因为一般这一面会有一个人的头像，另一面我们叫做"反面"，因为它是正面的对立面。如果我们把地球也分为正面、反面，我们就很容易区分这两面。但是地球上没有正面、反面——只有上面那些奇怪的阴影——所以我们用两个更大的词来区别地球的一面和另一面。一面我们称为"西半球"，另一面就是"东半球"。为什么不叫更简单的名字——比如，我们就叫它"半个球"，来代替那个"半球"的意思。"西半个球"有两个大陆，"东半个球"有四个大陆（英语里"半球"hemisphere这个词很长，"半个球"half a ball短语更简单——译者注）。

地球的最顶端和最底端叫做极点，尽管那里并没有点。最顶端和最底端的极点都是白色的雪和冰——因为极点上太冷了，一年四季都被冰雪所覆盖。

地球上不是阴影或雪斑点的地方都是水。围绕大陆的水叫大洋，尽管没有墙或栅栏把大洋分成不同的部分，它不同的部分都有不同的名字。

你知道哪个是你的左手哪个是你的右手吗？如果你已经超过6岁，你当然能区分左右手了。但是你知道哪个是左边哪个是右边吗？如果你已经超过9岁，你应该知道左右边了。东边是太阳升起的地方，西边是太阳落下的地方。如果你的右手在东边，你的左手就在西边，你的脸就朝向北边，你的背后是南边。

大西洋在北美洲和南美洲的东边，太平洋在西边。整个大洋都在东半球的是"印度洋"，这个大洋跟美国的印第安人没有关系。地球的顶端是北冰洋，在最底端，南极洲的周围，是南冰洋。北冰洋和南冰洋都主要是冰，因为那里太冷了，水结成冰化不了。如果我们想把名字也放在大洋上让天空中的人看到，我们就必须在水中插一些巨大的标牌，因为我们无法在大洋的水面上写字。

我把地球的北美洲转到上面来是没有原因的。我也可以把地球翻过来，或者侧过来看，因为地球根本没有上和下。我想地球的北面之所以常常被放在上面，仅仅是因为制作地图和地球仪的人多生活在地球的北半部分，他们希望自己住的地方在上面。

这就是我们的地球了。你可能想知道："除了我们这个地球，还有没有其他地球？"一些人猜测可能有——天空中晚上看起来像星星一样的闪光点，可能像地球一样，上面也有人类居住。但是没有人知道是不是，因为最好的望远镜也望不到那么远的亮点上面有什么，所以，我们只能猜测。

东半球

第 2 章

地球是圆的，因为我绕着它走了一圈

你离家出走过吗？

我出走过——以前——我那时候比你们现在还小。

因为我想去看看地球。

我妈妈曾经告诉过我，地球是个大圆球，如果我一直不停地直直地往前走，就会绕着这个球走出一个圆圈，然后回到我出发的地方。

所以，一天早上，我没有告诉任何人，就出发去环绕地球了。

但是，我还没有走多远，天就黑了，一位高大和蔼的警察叔叔把我送回了家。

在我长大但还没有结婚成家的时候，我又开始绕地球走。这一次我上了一辆火车，火车朝着太阳落山的方向行驶。天黑了，但是没有高大和蔼的警察叔叔把我送回家。所以我就继续往前走，一天接一天，一个星期接一个星期，一个月接一个月——有时候坐火车，有时候坐船，有时候坐汽车，有时候骑着动物——但总是朝着太阳落山的那个方向走，人们把那边叫做"西方"。

我穿过辽阔的田地、茂密的森林、小小的城镇和大大的城市——我走过桥梁，翻过高山，穿过山洞——到达一个大洋，然后坐在一艘大轮船上横渡海洋到达另一个大陆——我来到了一个陌生的地方，那里的人穿着奇怪的衣服，住在奇怪的房子里，说着奇怪的语言；我也看到了奇怪的动物、树和花；我又穿越了另外一个大洋，最后，在我一直沿着同一个方向走了好几个月之后，我回到了最初出发的那个地方。所以我知道地球是圆的，因为我绕着它走了一个圆圈——但是地球不像网球那么圆那么光滑，而是疙疙瘩瘩的，而且非常非常大，根本就不像一个球。

我花了将近半年的时间才绕地球走了一圈——时间很长，走的路更远——有25个一千英里。但是有些人绕地球一圈用的时间更短。有一艘飞艇名叫"齐柏林伯爵"号，这艘飞艇绕地球飞一圈用了三个星期的时间。另外还有两个飞行员用了不到九天的时间开着飞机绕地球飞了一圈，然后回到了他们出发的地方——纽约。有一架美国空军的飞机，中间不停地飞，用了不到四天就绕了地球一圈。

如果一个人在早上太阳升起的时候就出发，一天一直追着太阳走，太阳落山的时候走到地球的另一面，到了第二天早上他会回到他前一天早上出发的地方。这样，他绕着地球走一圈就用了一天的时间。但是要做到这样，他必须一天一夜24小时的每一个小时都走1000多英里才能不落在太阳后面。

地球的外面包围着的——你可能已经知道——是空气的海洋，空气把所有东西都覆盖着，就像海洋里的水把里面的一切都包围起来。你可能不知道，空气的海洋只有地球外面有——不是整个天空都有空气。人和动物住在空气的海洋里，就像鱼儿住在水的海洋里一样。如果一个庞然大物把你从空气中捞出来，你很快就会死掉的，像被捞出水的鱼很快就会死一样。越靠近地面，空气就越浓厚，离地面越远，空气就越稀薄。这就是为什么飞机不会飞得太高——因为太高的地方空气太稀薄，支撑不起来飞机，飞机必须得有空气支撑，因为飞机靠螺旋桨推动空气才能获得前进的动力。这跟水里的船需要在水上推动水而获得动力一样。或者，如果是喷气式飞机，也必须得有空气，喷气发动机才会工作。飞机不能飞到空气海洋的上面在没有空气的地方飞翔，这就像汽船不能脱离水面在空气中行驶一样。

只有一样东西可以到达空气海洋之外没有空气的地方，那就是火箭。火箭不需要空气来推动它的发动机或者支撑它。将来的某一天，火箭可能会把人类带到月球上去，甚至其他星球也说不定。你认为坐着火箭穿过空气海洋远离地球，飞到没有空气的太空中怎么样呢？你想不想做第一个登上月球的人呢？月球上找不到任何活的东西，因为月球就是死的，一个没有生命没有空气的球体。但是如果你的火箭飞到了别的星球，你有可能会发现一些活着的植物——或许，谁知道呢？——活着的动物也说不定。

有一些山实在太高了，它们的顶几乎都跑到了空气海洋的外面，山顶的空气非常稀薄，人不能直接走上去，必须得带着罐装氧气才可以。

你看不见空气——你可能以为你能看见，但是你看见的实际上只是烟雾或者云彩，不是空气。空气动起来的时候，我们称之为风。如果风把你的帽子吹掉了，你就可以感觉到它；如果风把百叶窗吹得呼呼响，或者在房子外面啸叫，你就可以听到它。但是从来没有人能够看见空气。

地球以前不是现在这个样子的，它以前是个大火球——一个巨大的燃烧着的球。那是几百万年以前，那时候地球上还没有人、动物或植物。后来，这个大火球逐渐冷却下来，不再燃烧，变成了充满炽热石头的大球。那时候地球上也没有海洋，没有水，因为水不能在热的东西上面停留——它不能停留在热炉子上——如果下面有火，水就会变成水蒸气；所以那时候只

世界

地球最开始的时候是一个大火球

海洋

然后地球上开始下雨，就形成了海洋

陆地

地球表面收缩成了李子干的外皮

山脉

大陆和山脉就从海洋里隆起来了

有水蒸气构成的云团，地球就是水蒸气的海洋。但是地球继续冷却，直到水蒸气变成了水落到地球上——下雨，下雨，直到地球变成了水的海洋，到处都被水覆盖着。

但是地球还在继续变冷，然后就开始收缩、萎缩、起皱、缩拢，地球表面就像李子干的外皮一样。你知道李子干是外表又滑又圆的李子缩水形成的。这些从海洋里隆起皱起的地方后来就成了大陆和大山，从它们的外形上你可以看出隆起的皱纹有多大。其实现在地球也还在收缩，当它收缩的时候，地球就会颤抖摇动，我们就说地震了。但是现在的地震跟刚开始大陆从海洋里隆起来时的巨大震颤比起来不算什么，那时候震动引起的雷鸣般的咆哮可能都传到星星上去了，星星都可以听到那个爆开的、裂开的、劈开的、呻吟的地球发出的令人惊讶无比的隆鸣声，就好像世界末日已经到来了。但这都是猜测——因为也有可能大陆只是很温柔地、缓慢地、静悄悄地从海面上升起来的，就像一根草从地里长出来一样悄无声息。没有人知道。我们只知道大陆是从水里升起来的——因为我们可以在高山顶上找到海贝壳，我们知道海贝壳只能是大山在水里的时候形成的。

第 3 章

地球的内部

我还是个小男孩的时候就非常好问。至少，我的保姆是这么说我的。

有一天我和她在人行道上走着，我就问：

"简，人行道下面是什么啊？"

"就是土。"简说。

"那土下面是什么呀？"

"还是土。"她回答道。

"那再往下是什么啊？"我继续问，我对她的回答不满意。

"什么都没有——我不知道——你怎么总是这么好问呢？"她说。

我当时就知道土下面一定有什么东西，我只是想知道这东西到底是什么——我只是好问而已。

我早就听说过，不听话的小孩死后会去的地方，在地底下的某个位置——可能是个大洞——我就想知道是不是这样的。

后来我还听说，地一直往下到了地球的另一边，就是中国人住的地方。他们一定是头朝下，身体倒过来走路，就像屋顶的苍蝇一样。我也想知道是不是这样的。

所以我就下决心往地球底下挖，一直往下挖，直到我到了地球的另一边，那样我就知道中国人是怎么走路的了。你可以看出来我当时还很小。我在后院的葡萄架后面，开始用一个锡做的铲子往地下挖。在这里没人知道我在干什么。在我挖通之前，我不想让别人知道。我一天接一天地干

我想用一个锡做的铲子把地球挖通

活，刚开始土地还比较松软——挖起来比较轻松——渐渐地，土变得很硬，不太好挖。后来我挖的坑已经到我腰那么深了。

然后有一天晚上，我的爸爸问："后院怎么有个坑啊？"

我的秘密被发现了。我告诉他怎么回事的时候他没有笑——至少没有笑出声——但是他问我，知道要挖多远才能挖通吗？

"你挖的坑能把华盛顿纪念碑放进去吗？"他问我。

　　我想我应该可以的，但是还是有一点不确定，因为华盛顿纪念碑看起来实在是太高了。

　　"人们挖了很多可以把华盛顿纪念碑放进去的井，"我爸爸告诉我，"但是绝对不可能也根本不会接近地球的另一边。你必须得挖好几千倍长的华盛顿纪念碑才有可能到达地球的中心。直着穿过地球有8000英里，而且大部分路程都是石头——除了石头，就是石头，没有别的。"

　　听到这儿我就放弃了。

　　"如果从来没有人挖穿过地球，你怎么知道有8000英里呢？"那个好问的孩子又问道。我记不清爸爸是怎么回答我的了。我那时候太小，听不懂他的解释。我在想，如果我现在告诉你我们是怎么知道有8000英里的，你是不是也太小听不懂。因为虽然没有真正穿透过地球，我们的确可以知道到底有多远。

　　下面我就告诉你我们是怎么知道这个距离的。很有意思的是：每一个球，不管这个球是小球、大球，还是不大不小的球，它一圈的长度总是它从一边到另一边长度的三倍多一点。我过去一直在想为什么会是这样——为什么一个球一圈的长度不是它从一边到另一边长度的三倍、四倍，或者五倍呢？如果你不相信的话可以自己试一下，拿一个苹果或一个橘子，量一量它一圈有多长，然后把它从中间切开，再量一量它从一边到另一边的长度。

　　我们知道地球是一个球，一个非常庞大的球，但是不管多大它仍旧是个球，所以它也应该像其他所有的球一样，一圈的长度应该是它从一边到另一边长度的三倍多一点。绕地球一圈有25000英里，因为有人量过。这样我们就知道穿过地球应该有8000英里，因为25正好是8的三倍多一点。这不是地理的内容了，而是算术。如果你想用正式的词来描述球"一圈的长度"和"从一边到另一边的长度"，就像地理书上用到的，"一圈的长度"叫"周长"，"从一边到另一边的长度"叫"直径"——它们意思一样：地球的周长是25000英里，直径是8000英里。

　　地球的外面是石头构成的硬外壳，就像烤熟的热的土豆的外皮。靠近地面的外壳是一层一层的，就像千层糕的层一样一层接一层，只是地球外壳的石头层看起来好像沙子和硬壳，或者煤和小石子构成的，其实就是这

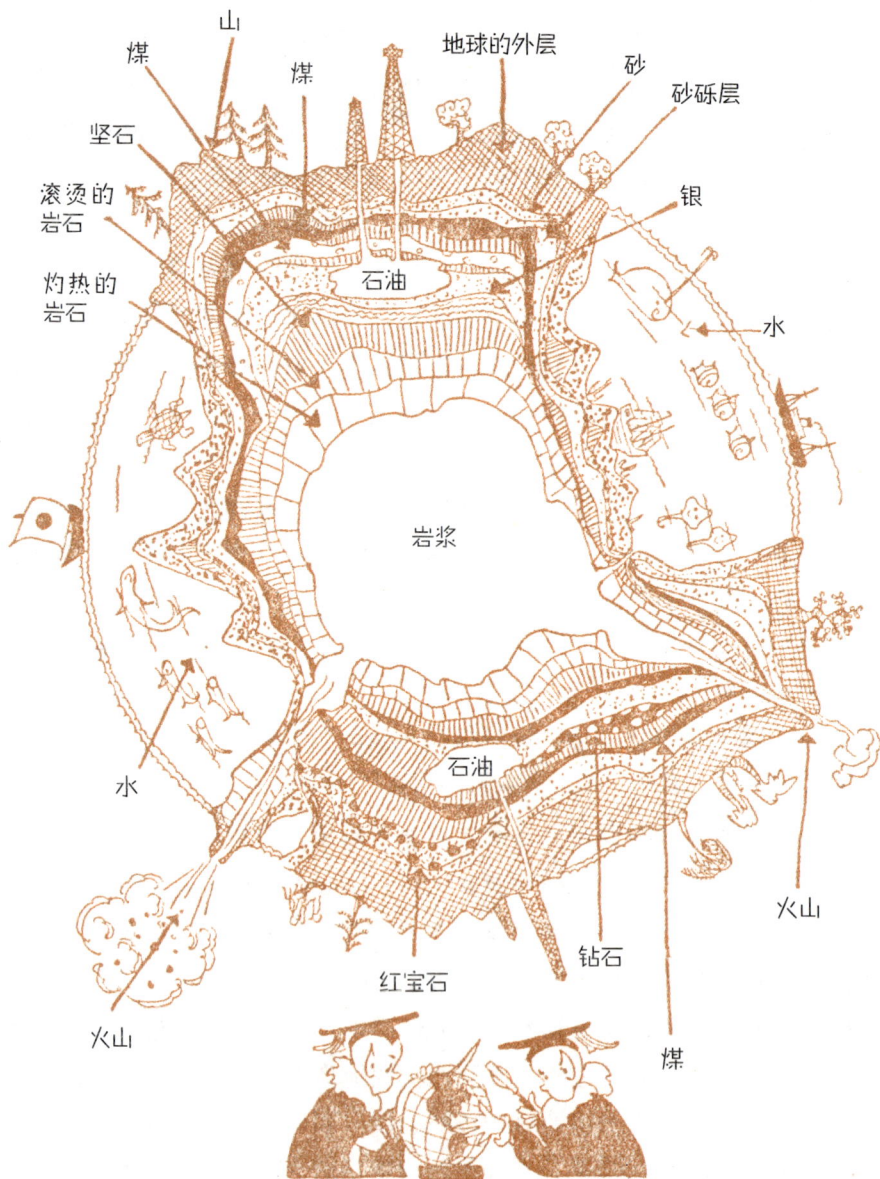

山
煤
煤
地球的外层
砂
砂砾层
坚石
银
滚烫的岩石
石油
灼热的岩石
水
岩浆
水
石油
火山
火山
红宝石
钻石
煤

地球截面图

些东西构成的。如果你可以把地球像苹果一样从中间切开，它看起来就像上一页的图片。这样的图片叫"横切面"。

就像千层糕里面的果冻一样，在石头层与层之间有一些煤炭，其他地方有金子、银、钻石和红宝石，还有一些地方则是石油。这就是为什么人们会向石头层下挖井挖矿，因为可以得到石油、煤炭和金子。

地球外壳再往下就不是一层一层的了——只是坚固的岩石，继续往下则变得越来越热，那是地球还没有冷却的地方，这里的岩石不再是固体的，而是熔化后的液体。

当你看见一个烟囱，你就知道下面会有一个炉子，如果你看到烟和火星从烟囱上面冒出来，你知道炉子里在烧火。同样的，地球上有很多地方烟和火会从地面上冒出来，好像燃烧的炉子通过烟囱往外冒烟火一样，这些地方叫做火山。

为什么地球是由岩石组成，而不是由铜、玻璃或瓷器构成的呢？为什么地球的形状像一个球，而不是一个盒子、滚筒或者一只旧鞋呢？

第 **4** 章
没有尽头的游行队伍

你见过游行的队伍吗——很长很长的队伍？我见过一次，士兵的游行队伍，用了整整一天时间才走完。用力踩，用力踩——用力踩，用力踩——用力踩，用力踩，一个小时接一个小时，整整一天都在用力踩着往前走。我一生从来没有见过那么多人，最少有10万人。我当时都不相信地球上会有这么多人。其实如果地球上所有的人都排成一排开始游行，那么就不是用一天而是用一生才能全部走完，因为地球上总共有60多亿人。

每一分钟，地球上就有二百多个新人——婴儿——诞生，当你读到这本书时，就已经出生了好多小孩，时钟滴答一下，就有人死去。但是每天出生的比死去的人要多，所以地球上的人才越来越多。

地球上所有的人身高和体形都差不多。只有在童话故事里才会有像你手指一样小的人或者像教堂尖顶那么高的巨人。所有的人都只有胳膊没有翅膀，只有腿没有轮子。他们都只有一个头，一个鼻子，一张嘴，两个耳朵，两只眼睛，两条胳膊，两条腿。但是在所有的这60多亿人里，没有两个人是完全一样的，即使双胞胎也长得不完全相像。

人与人最大的区别在于肤色。这60多亿人里大部分都是白种人，也有很多人是黑种人，比黑种人要多的是介于白种人和黑种人之间的黄种人。人们把肤色不同的人称为"种族"。"这是种族的好日子，"我爸爸以前经常这么说。我以为他在谈论赛马或者赛船，但是当我问他"什么比赛？"他会笑笑说："是白种人，黑种人，所有种族的好日子。"（英语

里race既有"种族"也有"比赛"的意思——译者注）

　　过去，每一个种族都是独立住在地球的某个地方，但是后来很多人开始搬离他们原来的地方去了别的地方。我们这里的大部分人都是白种人，也有很多黑种人和一些黄种人。

所有地球人组成的没有尽头的旅行队伍

假设你生来就是黑种人，

假设你生来就是黄种人或红种人，

假设你生来有的是另外一对爸爸妈妈，

假设你没有生在地球而是生在其他星球上，

假设你根本就没有出生过——那么你现在会在哪里呢？

地球上只有六个大陆上有人居住，但是每个大陆上都有很多国家。这里是指国家，而不是乡村（英语"国家"和"乡村"是一个词country——译者注）。一个国家是在一个统治者领导下的城市、城镇、村庄和乡村。地球上总共有220个国家。有些国家很小，整个国家只有几千人；而有的国家很大，有几百万甚至上亿人。美国有三亿多人口，但是有几个国家人口更多。在地球另一端的中国，人口最多，是美国所有人的四倍还多；印度也是在地球另一端的国家，它的人口仅比中国的少。这两个国家都在亚洲——地球上最大、人口最多的大陆，英文名字却最短。

每一个国家都有一个统治者，就像每一个家庭都有一个爸爸或每一个足球队都有一个队长一样。有些国家的统治者是国王，有些是总统，大部分国家是其他人和国王、总统一起统治。

国王之所以是国王，是因为他的爸爸是国王，同样他的儿子以后也会是国王。总统之所以成为总统，是因为国家里的人们选他做总统，就像足球队的队长是球队选出来的一样。这里的选择我们叫"选举"。国王一旦成为国王，他一直到死都是国王，但是总统只做几年就要换人。

国王做统治者的国家叫王国。如果一个人统治好几个国家，他就是帝王，那些国家就是帝国。有总统的国家叫共和国，我们国家就是一个共和国。国王或总统，以及与国王总统一起统治的人叫做政府。政府制定规则，而且还会做其他人都不允许做的两件事：印刷国家钞票和邮票。一个国家的钞票在另外一个国家不能用，邮票也一样。而且一般来说一个国家的语言在另外一个国家也不能用。

地球上的人说很多种不同的语言。即使在同一个国家，语言也不是完全一样。地球上总共有5600多种语言——5600种呀，想想就知道有多多了！你可能只会说其中的一种语言，不会跟说其他语言的人交谈，也听不懂他们的话。在美国，几乎所有的人都讲英语。很奇怪，因为英语是另外一个国家的语言——英国。你若是到了欧洲大陆，哪怕只在外面逛上一天，肯定也会在大街上、商店里、旅馆里听到不同的语言。

　　我正好出生在美国，因为我小的时候听周围的人都讲英语，所以我也只好说英语。但是我也有可能出生在亚洲，成为一个黄色皮肤的小男孩，那么我就有可能学说汉语，或者出生在非洲，一个黑色皮肤的小男孩，学说我也不知道叫什么名字的语言。我认识一个人，他会讲12种不同的语言。我还听说有人能讲100种语言！要知道学一门外语一般要花好几年，会这么多外语该是多神气的事啊！大部分语言的字母都和英语的一样——叫做罗马字母，因为这些字母是很久以前罗马民族首先使用的。但是汉语和日语的字母还有其他一些遥远的语言的字母与英语的不一样，比如像下面这样的。

与众不同的文字

第 **5** 章

十三州俱乐部

一个人可能会花几百万美元建立一个以他名字命名的医院、图书馆或者博物馆，但是却有一个人一分钱都没有花，什么事都没做，没有贡献任何东西，甚至连要求都没有提出过，却拥有地球上最大的东西中的两样——南、北美洲两个大陆——这两者都是以他的名字命名的，人们会永远这样叫下去。他不过是一个不重要的几乎不为人知的名叫亚美利哥的人。

有一首歌的第一句话是"你是我的祖国"，你知道这首歌吗？什么是"我的祖国"？我的祖国是北美洲的一部分，较小的那一部分。

你的口袋里有没有一个野牛镍币——五分的那种？如果没有，你可以向别人借一个来看看。硬币的正面是一个印第安人的图片，他头发里插着羽毛。你能猜出来为什么我们国家的硬币上会有印第安人的图片而不是一个白人吗？硬币背面有一只野牛的像。你能猜出来为什么不是一匹马或一头牛吗？

这要回到很久很久以前，那时候还没有白种人，也没有马或牛，这个国家里只有很多印第安人和很多野牛。现在美国的印第安人已经很少了，野牛也几乎没有了，所以硬币上的图片就是为了让我们记住印第安人是美国的最早的人，野牛是美国最早的动物。

如果你再看一下五分镍币，你可以看到这几个字——"美利坚合众国"，这是我们国家的全名。但是每次都说美利坚合众国实在太长了，所以我们一般都只说合众国或者美国，或者直接用缩写字母U.S.A.。

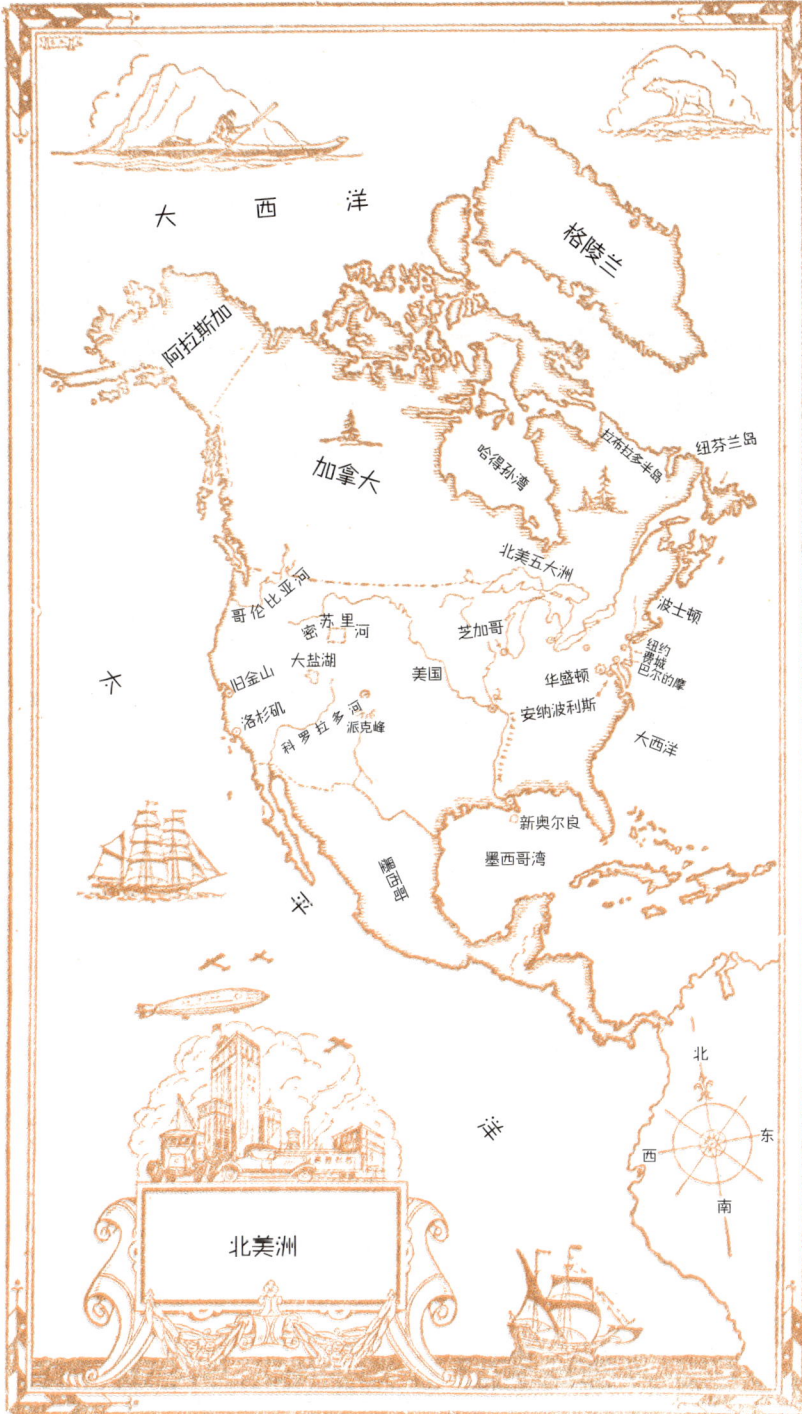

大　西　洋

格陵兰

阿拉斯加

加拿大

哈得孙湾

拉布拉多半岛

纽芬兰岛

北美五大洲

波士顿

哥伦比亚河

密苏里河

芝加哥

纽约
费城
巴尔的摩

大盐湖

旧金山

美国

华盛顿

大西洋

洛杉矶

科罗拉多河
派克峰

安纳波利斯

新奥尔良

墨团哥

墨西哥湾

北

西　　东

南

北美洲

美国地图像打满补丁的被子，那些补丁是组成美国的州

你有没有见过这样一幅图片？一个高高的人，穿着一身好像用国旗做成的衣服，红条和白条相间的裤子，长长的燕尾服，高高的帽子上有很多星星。这个人从来没有真实存在过，只是假想的代表美国的图片。因为合众国的首字母缩写是U.S.，有人说这代表着"山姆大叔"（山姆大叔的英语Uncle Sam的首字母缩写也是U.S.——译者注），所以我们把这个穿着国旗的老人叫做"山姆大叔"。

美国的地图看起来好像不同大小形状的补丁拼起来的被子一样。这些补丁就是"合众"起来的各个"国"——也就是联合起来的州。事实上，

我们把这个穿着国旗的老人叫做"山姆大叔"

州与州之间并没有线。地图上的线在现实中是用地面上的石碑来标志的。但是这些石碑离得比较远，所以你穿过一个州到另一个州的时候不一定会看到石碑，你甚至都不知道你已经到了另外一个州。每一个州都有城市、城镇和乡村。我住在一个城市里，这个城市属于马里兰州。你可能住在另外一个州的城市、城镇或乡村。在美国的每一个人都必须在某个州里，除非——我后面会告诉你那几个地方，这些地方属于美国，但并不属于某个州。

有一些州的边界是笔直的，有些有一边、两边或者更多的边是弯曲的。有一些州很大，有一些很小。最大的州是得克萨斯州，在地图底部，靠近中心——只是我们不说底部，我们说南方。最小的州是罗得岛州，其实并不是岛，它靠近地图右上角——只是我们不说右上角，我们说东北方。得克萨斯州有200多个罗得岛州那么大。也就是说，你可以把200多个罗得岛

州放进得克萨斯州。

在很久以前，世界上并没有美国这样一个国家。过去在大西洋的海岸只有13个州。这些州在当时太小了，他们觉得应该联合起来组成俱乐部。有一个古老的故事，讲一个人，想折断一捆木棍。他试了一遍又一遍，但就是折不断。后来有人告诉他把这一捆解开，一根一根地折，他按那人说的做，很容易就把这些木棍折断了。同样的，这13个州那时认为如果他们各自独立，可能很容易就被击败，所以他们把自己像木棍一样捆成一束，这样他们就可能不会被敌人"折断"了。所以这13个州就形成了一个俱乐部，名叫"合众国"。他们的格言是"联合就是力量"，意思就是"团结起来力量大"。

现在，人们常常把13认为是不吉祥的数字，但是这13个州那时不害怕坏运气。事实上，因为新国家必须得有一个国旗，他们就制作了一个有13条条纹的旗子——7条红条纹，6条白条纹——然后把13颗白星放在旗子蓝色的角落里。北美洲的其他地方也想参加这个俱乐部，所以有越来越多的部分加入，直到已经有了50个州，这些联合起来的州，一边靠近大西洋，一边靠近太平洋——也就是，从海洋边太阳升起的地方，延伸到海洋另一边太阳落山的地方。每一次一个新的部分加入美国，就会放一个新的星星在国旗的角落，但是旗子上条纹的数目没有变，因为那样就有太多条纹了。所以现在美国国旗上有50颗星——意味着50个州组成一个新的国家。这也是为什么我们的硬币上写着"e pluribus unum"，意思是"合众为一"。

但是并不是所有的美洲部分都加入了这个俱乐部。美国北部的国家叫加拿大，南部的国家叫墨西哥，这两个国家都没有加入。但是加拿大和墨西哥的人也都是美洲人，加拿大和墨西哥的统治者跟我们国家的统治者不一样，因为它们是不同的国家。

尽管美国现在印第安人很少，我们仍然会用他们的名字来命名我们的州。看看你能否从地图上选出那些有印第安名字的州来。马里兰州和弗吉尼亚州，肯定不是——因为它们是女孩的名字。以"新"字开头的州——像新约州（就是纽约州——译者注）、新泽西州和新罕布什尔州——当然也不是印第安名字。但是明尼苏达州（意思是"蓝色天空和水"）、俄亥俄州（意思是"美丽的河"或"伟大"）还有很多其他的州都是印第安名字。

第 **6** 章

沼泽地上的城市

戴在你头上的帽子是"头"的意思。

上尉也是"头"——因为上尉是部队一些士兵的领导。

首都也是"头"——因为首都是一个国家或一个州的心脏。

（英语中帽子cap，上尉captain和首都capital前三个字母一样而且含一层共同的意思，作者在此用以引入首都capital一词——译者注。）

我小的时候住在美国的首都，但是并不住在美国的国会大厦（英语中首都capital和国会大厦capitol只差一个字母，读音一样——译者注）。可能听起来很有意思，首都是一个城市，国会大厦是一座建筑。所以我没有住在国会大厦的建筑里，美国的总统都不住在那里。

我们的国家刚成立时，人们希望找一个合适的地方作为首都。总共有八个地方参加选拔，最后选择了一片沼泽地来建首都。因为这块地当时靠近国家的中心部位，所以一个城市就在这里建立起来，以乔治·华盛顿的名字命名为华盛顿市，因为乔治·华盛顿是美国的第一任总统。一直到我已经是个小孩子时，大家还会把华盛顿市的一部分叫"沼泽坑"或"沼泽狮子狗"，不知道现在大家是否还会这么叫。华盛顿市是世界上最美丽的城市之一，有怡人的公园和漂亮的建筑物。乔治·华盛顿当时并不住在这里，而是在弗吉尼亚州一个叫弗农山庄的地方。这个地方离华盛顿市约10英里。华盛顿市现在已经在我们国家的边缘了，跟国家的中心部位相距1000多英里。但这不是因为首都搬迁了，而是国家的中心部位由于国家面

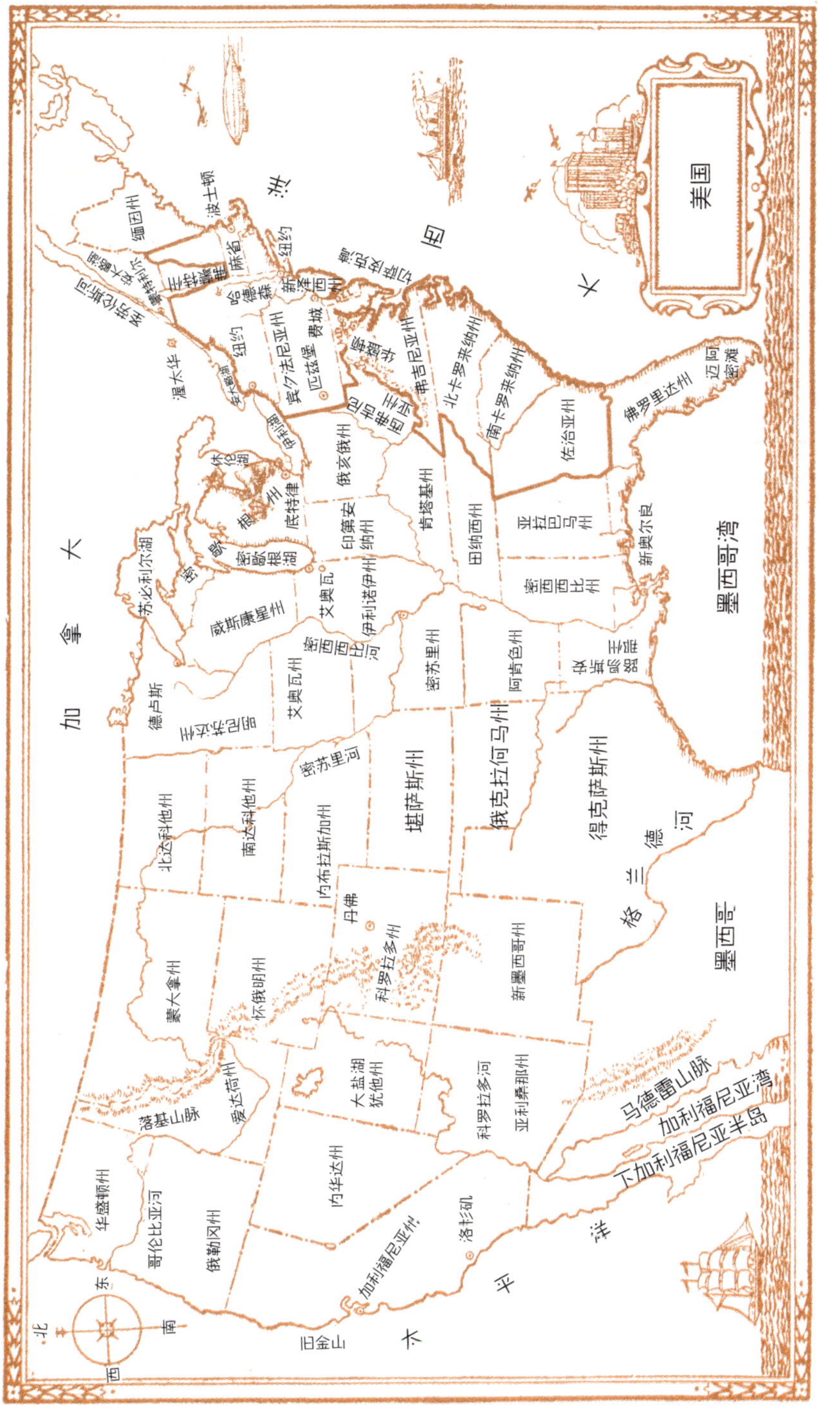

美国

加拿大

大西洋

墨西哥湾

墨西哥

太平洋

格兰德河

马德雷山脉
加利福尼亚湾
下加利福尼亚半岛

落基山脉

华盛顿州
哥伦比亚河
俄勒冈州
加利福尼亚州
洛杉矶
旧金山

北
东
南
西

爱达荷州
内华达州
犹他州
大盐湖
亚利桑那州
科罗拉多河
新墨西哥州
科罗拉多州
丹佛
怀俄明州
蒙大拿州
北达科他州
南达科他州
内布拉斯加州
堪萨斯州
俄克拉何马州
得克萨斯州
明尼苏达州
艾奥瓦州
密苏里州
阿肯色州
路易斯安那州
新奥尔良
密西西比州
亚拉巴马州
田纳西州
佛罗里达州
迈阿密
佐治亚州
南卡罗来纳州
北卡罗来纳州
弗吉尼亚州
西弗吉尼亚州
肯塔基州
印第安纳州
俄亥俄州
伊利诺伊州
威斯康星州
密歇根州
休伦湖
苏必利尔湖
密歇根湖
伊利湖
安大略湖
渥太华
多伦多
底特律
宾夕法尼亚州
匹兹堡
费城
纽约州
纽约
新泽西州
马里兰州
华盛顿
哈得孙河
特拉华州
波士顿
缅因州
新罕布什尔州
佛蒙特州
马萨诸塞州
康涅狄格州
罗得岛州
德卢斯
25

积的变化而移动了。

在美国，总共有28个城市名叫"华盛顿"。首都华盛顿市在地图上看起来好像在马里兰州，但其实不是。首都华盛顿市不属于任何一个州，所有州的首府都必须有自己的地方名，所以首都华盛顿市就属于哥伦比亚特区，或者简称D.C.。哥伦比亚特区是以发现美洲大陆的哥伦布命名的。如果你想给首都华盛顿市的人写信，一定要记着把"D.C."放在华盛顿市的后面。因为美国华盛顿市太多了，如果不写上"D.C."，不知道信会送到哪个城市去。

当我还是个小男孩的时候，我以为国会大厦是地球上最漂亮的建筑。后来我几乎见过地球上所有美丽的建筑，我改变了原来的看法。我甚至见过一个可以媲美天堂的建筑。我小的时候经常用沙子搭建国会大厦。我会用湿沙土把一个鞋盒子装满，然后小心翼翼地把盒子翻倒过来，把土轻轻地扣在地上，尽量保持原来的形状，然后，我用一个茶杯装满湿沙土倒过来制作大厦的圆屋顶。

我当时以为其他国家的国会大厦也一定都有圆屋顶，后来才知道教堂是最早使用圆屋顶的建筑，而不是国会大厦。我小的时候，经常会爬到圆屋

国会大厦

顶的最上面——我需要爬上去是因为当时没有电梯——来欣赏城市的风景，然后往下看，地上行走的人看起来就像蚂蚁在爬。

国会大厦的一侧有一个特别大的房间叫参议院，另外一侧有一个更大的房间叫众议院。在参议院和众议院，大人们像学校的小学生一样坐在桌子后面。这些人制定我们国家的法律，法律在美国是每一个人都必须遵守的。参议院的人叫参议员，众议院的人叫众议院成员。我刚才说的"大人们"，既包括男人也包括女人，因为有些成员是女的。

每一个州都选出两名参议员到首都华盛顿。不管是像得克萨斯那么大的州，还是像罗得岛那么小的州，都只选派两名参议员。每个州也都向华盛顿选派众议院成员。每一个州选派众议院成员的人数由各个州的总人数决定：纽约州的总人数最多，所以纽约州选派的众议院成员也最多；有些州的人数实在太少，只选派一名众议院成员。参议院和众议院一起被称为"美国国会"，当国会开会的时候，一面国旗就会在国会大厦上空飘扬。

看一下这本书或其他一些书的前面，你可以看到"版权"二字。从国会大厦穿过一个公园，可以看到有金色圆屋顶的大楼，这座建筑叫"美国国会图书馆"。在美国，每一个想要印书的人都须寄送两本书到这里。这样，美国国会图书馆才会给他"版权"，意思是别人在没有经他同意的前提下没有"权力"复印或印刷这本书。美国国会图书馆里面的书比美国其他任何一个建筑里的书都要多。

再看一下你的照相机或留声机，或者你家的任何其他电器，试试能否找到"专利"这个词。美国的任何一个人，如果发明了什么新颖有用的东西——无论是一支自来水笔、一架飞机或者一个老鼠夹子——都会寄过来一件——叫做模型——寄到首都华盛顿的另外一座大楼，叫专利局，为你发明的东西申请专利。如果这件东西真的是新颖的，以前从未有人做过这一类的东西，专利局就会给发明人制造和销售的专利。这项权利是唯一专用的，其他任何人都无权制造销售此东西，这就叫专利。有些模型很奇特。比如有人发明了蒸汽机模型，可以用铁腿走路。当我还是个小男孩的时候，我发明了一种"快速弹回"手帕。我用手帕擦完鼻子，放开手帕，一根橡皮筋可以自动把它拉回我的口袋。不过我没有去申请专利。

游行！士兵！乐队！飘舞的旗子！有一些很著名的游行都在首都华盛

白宫

顿一条很宽的大道上进行。这条大道叫"宾夕法尼亚大道"，或者大家平常说的"那条大道"，它也可以叫做"游行大道"。这条道从国会大厦开始，一直延伸到另外一个像个大银行的建筑，总共1英里左右，这个像大银行的建筑是美国的财政部大楼。10美圆纸币上就有财政部大楼的图案。财政部保管着美国的钱财。我们把美国简写成两个字母U.S.，我们写"美圆"的符号也是这两个字母，只是把一个字母写在另一个的上面，并将"U"的一大半切去，即剩下"$"。

纸币和邮票在另外一个建筑里制造。

"你看到那边那个摇着印刷机把手的人了吗？"领你到处参观的导游介绍，"他一天造一百万美圆！"

"哟！那他一定是世界上最有钱的人了吧？"

"不是。他一天只能拿到50美圆。"

银币、金币和铜币在另外一个城市制造——不是首都华盛顿——在一个叫造币厂的地方。

华盛顿纪念碑

　　当我还是个小孩子的时候，我有一个书架，我把它叫做我的博物馆，里面有一个海星、一些贝壳、一个鸟巢、一块"金"石头等。在首都华盛顿有一个大的博物馆叫国家博物馆，那里有大量从世界各地收集来的各种各样奇特非凡的东西。

　　美国有很多白色的房子，不过，财政部大楼旁边的那个白色房子与其他的都不一样，它叫白宫，是美国总统居住的地方，在20美圆纸币上有它的图案。站在白宫后面的走廊上，最新的总统可以通过后院看到第一位总统的纪念碑——华盛顿纪念碑。华盛顿纪念碑是地球上最高的石头作品，它看起来就像一个庞大的手指，有555英尺高。它给人的感觉有1英里那么高，但其实只有1英里的十分之一——甚至都不如一座矮山。没有人能建得像上帝那么高。尽管纪念碑里有电梯，我过去还是常常跑着爬楼梯，一次上两个台阶，然后爬到纪念碑的最上面——只是觉得好玩——想看看我爬得有多快，我能不能比电梯快。男孩子就是这样，他们会与任何东西比赛。如果我一次能跳六个台阶，我就能赶上电梯，但是我超不过电梯，我的心跳能超过。

华盛顿纪念碑前有一个长长的池子，从水面可以看到纪念碑的倒影，就像看镜子一样。水池的另一头是一个大理石的建筑，四面都是圆柱。这是用来纪念亚伯拉罕·林肯的，他是华盛顿之后的第十六任总统。这个建筑可能是为纪念一个人而建造的最令人兴奋的纪念馆了。林肯出生在一个很小的用木头做的房子里，没有谁比他更穷了，一分钱没有，一点机会没有，然而他后来成了美国总统。他任总统期间，美国的两个部分打了一仗，打得很凶，合众国几乎也分裂了。但是林肯还是把它们联合起来了，这就是为什么要为林肯建这座宏伟漂亮的纪念馆。馆内只有一样东西，就是林肯坐在椅子上的雕像。他向下注视着来参观他雕像的人群，好像他的灵魂就在雕像里一样。

林肯纪念堂

第 7 章

玛丽的地，弗吉尼亚的州，宾夕法尼亚的森林

有没有用一个玩具陀螺换过几颗弹珠，或者用一个苹果换过一个橘子？在地球上还没有华盛顿甚至没有美国的很多年前，在现在流过华盛顿的那条河的河岸上经常会有印第安商人。他们坐在独木舟里，划着桨在河里来回漂流，与其他印第安人做生意，他们用自己有的东西换取别人手里自己想要的东西——用珠子换取动物皮毛啦，用弓换箭啦，用玉米换土豆啦。在印第安语里，商人称做"波托马克"，所以我们以此来命名这条河——波托马克河。这条河把两个有女孩名字的州分开了：马里兰州和弗吉尼亚州。这两个州是以两个王后的名字命名的。买卖东西的印第安人划着独木舟沿着河往下走，直到河道变得宽阔。这片水域看起来非常大，就像海洋一样，他们就叫它"水源之母"，印第安语是"切萨皮克"，在地图上可以看到这条河。切萨皮克海湾不是海洋，它是美国最大的海湾。

你吃过蜗牛、淡水龟或青蛙的腿吗？有些人很喜欢吃这些东西。印第安人发现了在切萨皮克海湾生长的牡蛎，最初没人想着要吃牡蛎——它看起来不好吃。但是有一天，一个印第安人实在太饿了，就敲开牡蛎壳，把里面的牡蛎肉吃了。吃起来味道很好，而且对他也没有什么伤害，所以其他人也开始吃牡蛎，生着或做熟吃都可以。牡蛎在世界其他地方也都可以找到，但是很多人都说切萨皮克海湾的牡蛎最大最好吃，只是要在特定的八个月吃才好吃。这八个月的英文里都应该有R这个字母（即一月至四月，九月至十二月——译者注）。所以在三月（March）好吃，在六月（June）不

好吃。

在"水源之母"旁边有两个城市，一个是安纳波利斯，另一个是巴尔的摩。安纳波利斯的意思是安娜的城市，也是以一位王后的名字命名的。这样美国就有三个地方是以王后的名字命名的——安娜的城市、玛丽的地和弗吉尼亚的州。安纳波利斯是美国马里兰州的首府，就像华盛顿是美国所有州的首都一样。在安纳波利斯，美国有一所学校专门教男孩子如何成为水手，如何在海里为国家打仗——如果美国会打仗的话，这所学校叫海军军官学校。从各个州选拔出来很优秀的男孩子到安纳波利斯这所学校读书。他们详尽地学习关于船只、战争和地理方面的知识，他们会出访其他国家，学习指挥舰船。

巴尔的摩是马里兰州最大的城市，它是以一位英国贵族的名字命名的。我们国家的第一条铁路就是从巴尔的摩开始的，然后一直延伸到俄亥俄州，当时被称为"巴尔的摩–俄亥俄铁路"，或者简称"巴俄铁路"。巴尔的摩因约翰斯·霍普金斯大学和医院而闻名。全世界的优秀人才都到霍普金斯大学读书，全世界的人都到霍普金斯医院来看病。

有一个叫佩恩的人以前拥有马里兰州北部的一个州。那时候整个州都是森林，所以被称做宾夕法尼亚州，意思就是佩恩的森林。但是在佩恩森林存在的很多年前，就有其他的森林——巨大的森林里面都是长得高大浓密、生长迅速的树木和植物。更长的一段时间过去了，这些森林都死了，被埋在地下，然后就变成了黑色石头。又有很长很长的一段时间过去了，人们把黑石头挖出来，偶然间发现这些黑石头与其他的石头不一样，因为这些石头可以燃烧。它当然可以燃烧，因为，我们现在都知道，那就是硬化的木头——我们称为煤炭。

有两种煤炭，一种叫硬煤（或无烟煤），一种叫软煤（烟煤）。软煤不像垫子那么软，而是很容易弄碎。硬煤是最好的，软煤燃烧起来很脏，烟很多，但是却比硬煤便宜很多。为什么最好的东西总是那么贵呢？在宾夕法尼亚州的东部，从地下挖出来的是硬煤，而西部挖出来的就是软煤。

几十万叫矿工的人在地下挖煤，用来运转蒸汽发动机，给我们的房子供暖。地下一天二十四小时都是晚上。他们在下面挖很多年，所以宾夕法尼亚州有些地方的地表下面都是巨大的空洞。

　　煤炭在地下一层一层地分布在石头层之间，就像巧克力夹心蛋糕中间的巧克力。在宾夕法尼亚州也有铁矿，铁矿不是分层分布的，而是与地下的石头混在一起，叫做矿石。为了从矿石中提取铁，人们会在矿石下用大火烧，铁在高温下熔化，像水一样流进地上用来接收的槽里。铁水冷却以后，形成的铁块叫生铁块（英语词是pigs，这个词还有猪的意思——译者注）——可能是因为这些铁块形状像猪——或者可能是因为一头猪跑进了接收铁水的槽。

　　从铁矿石中把铁提取出来，必须得有热量，要获得热量，就必须得有东西制造热量，比如煤。有些地方有铁矿石但没有煤炭，有些地方有煤炭但没有铁矿石。就好像想玩棒球的男孩子们，有些有棒球没有球拍，另外一些人有拍子却没有球。但是像宾西法尼亚州西部城市匹兹堡，既有铁矿石，附近又有煤炭，这就像那些既有拍子又有棒球的男孩子。

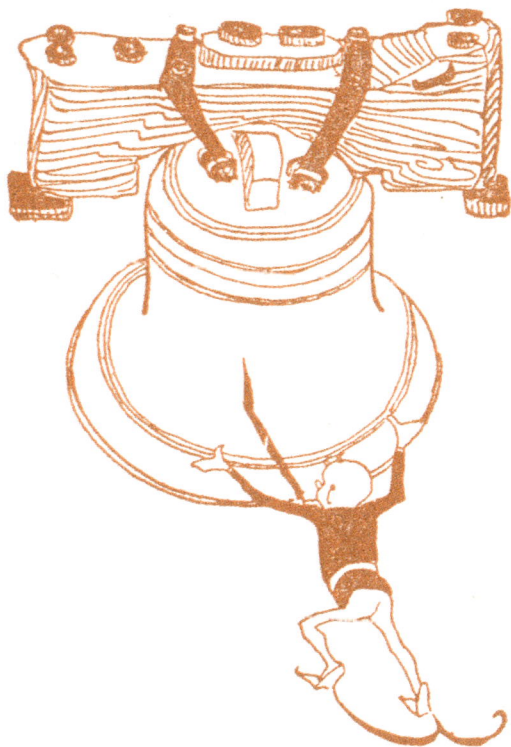

有裂缝的"独立钟"

　　人们从铁矿石中获得铁，用铁制造钢铁，用钢铁制造铺铁道的铁轨、高大建筑的横梁和河流上面的桥梁。

　　有个城市的名字是在《圣经》里出现过的，那就是"费城"，意思是"兄弟之爱之城"。这个名字当时是用来给宾夕法尼亚州最大的城市的，事实上，它还是美国所有城市里面的第三大城市。但我不知道费城是否符合。在没有华盛顿之前，费城是美国的首都，但是现在它连自己州的首府都不是了。在一座名叫"独立大厅"的古老建筑里，有一口古老的钟，这个钟在美国刚成立的时候每天会播报新闻。现在钟上有裂缝，所以不再响了，但是仍然比美国其他可以响的钟都珍贵。

　　世界上最大的"浴缸"离费城不远，是一个名叫大西洋城的海洋浴场，在新泽西的海岸线上。世界各地的人都会到那里享受盐水浴和太阳浴。紧靠海洋的地方有一条木板路，几英里长，像马路一样宽，路边有各种娱乐休闲设施。如果你想看到木板"走路"，你应该去大西洋城。

如果你想看到木板"走路"，你应该去大西洋城

第 8 章

帝国州

几个国家联合起来称为"帝国"，所以纽约州经常被称为"帝国州"，因为这个州的人数很多。他们做的工作和挣的钱，跟几个国家加起来一样多。

纽约市在纽约州下面的一个角落，是世界第二大城市。纽约市的商店、旅馆、人口和金钱比地球这一边的任何一个城市都多，纽约市的高楼比地球上任何一处的高楼都多。纽约市的名字来自大洋另一端的一个叫约克角的城市，现在的新约市（纽约市）比旧市（约克角市）大几百倍。纽约市有很多百万富翁，当然还有数百万穷人。世界各地的人都到纽约来，希望能成为百万富翁。有些人过去甚至认为纽约的街道是用金子铺成的，当他们发现路面只是沥青时感到非常失望。

纽约市的主要部分在一个岛上，印第安人称之为曼哈顿。白种人从印第安人手里把这块地买过来，一整块地总共花了24美元——不是钱币，因为当时印第安人还不知道钱币是什么，所以是用珠子和装饰物换取的，价值24美元左右。现在能站住一双脚的地面都比当初整块地的价格要贵好多倍。似乎，这么小的一块地不值这么高的价格，但是一块地不像一张纸那样没有厚度。占有土地的人拥有地面之上和之下的一切——向下直到地球的中心，向上到天空。这就是为什么人们会把房子都建到天空中去——我们称之为"摩天大楼"——因为一座50层的大楼与一层的房子所占的面积是一样的。

对我来说，纽约的庞大建筑是人类用手创造的最奇妙的东西。这些高

纽约全景

楼太不可思议了，高大宏伟，让人畏惧，让人叹为观止，无法抵抗，甚至毛骨悚然，感觉就像身处"大人国"一样。你读过《格列佛游记》吗？大人国是巨人们生活的国家。面对雷鸣闪电、大风、风暴，甚至暴风雨，他们都不害怕，不会受影响。他们瞧不起他们的创造者——微小的人类。人类靠着手上的五个手指，创造了这些巨人。纽约的格言是"精益求精"，意思就是"追求更高"，这也是建造纽约市的人们的格言。有句俗话这么说，"万丈高楼平地起"，纽约最高的建筑之一——有60层楼——是用伍尔沃斯"五分一毛"小杂货店的五分镍币和一角硬币建立起来的。所有建筑物里面最让人不可思议的是帝国大厦，共有102层楼，它在纽约，美国，甚至全世界都是最高的。

纽约有一片高大建筑可以称之为世界的"国会大厦"。第二次世界大战结束后，大部分国家希望做些什么以避免第三次世界大战的发生。这些国家各自选派一些人集中起来，就像我们的州选派议员参加国会一样。在会议上，来自不同国家的人会讨论所有国家都关心的事件。如果一个国家与另一个国家意见不一致争吵起来，其他国家的人就尽力劝说他们，以免他们打起来。这个国会名叫"联合国"。联合国选择纽约作为其开会办公的地点，在纽约建造了办公楼。联合国开会时，代表的发言用6种不同的语言向全世界广播。

联合国的大会上，每一位发言的人都用自己国家的语言说，但是那里的所有其他人都能听懂。这是因为每个人都带着耳机，专门有人把发言人的讲话翻译成听众能听懂的语言，耳机里传出的都是他们能听懂的语言。当然做翻译的人都必须会至少两种语言，因为他们是一边听一种语言，一边用另一种语言通过麦克风传给听众。他们在麦克风里说的，就是听众耳机里听到的。此外，还有数百万人通过电视观看联合国的会议。

在纽约港的一个小岛上有一座巨大的铜制雕像，名叫"自由女神像"，女神手里高高地举着一个火炬。她的手有16英尺长，多大的手啊！跟这么大的手握手感觉肯定不一般！她的一根手指头有8英尺长，多长的手指头啊！得需要多大的戒指才能戴在这么长的手指上啊！她的鼻子有4.5英尺长，多长的鼻子啊！这么长的鼻子是不是什么都可以闻见？她的嘴有一码宽，多宽的嘴啊！这样的嘴说起话来该多有气势啊！从雕像里面可以爬到女神的头和胳膊里，12个人可以同时站在她的火炬里。很多船只从女神雕像旁边经过，船上的乘客都会挤在甲板上跟她打招呼，大声喊唱"你是我的祖国！可爱的自由之邦"。船只走远的时候，他们挥手跟她道别，因为可能再也不会回来了。

曼哈顿岛的一面是哈得孙河，另一面是东河。东河上有一座桥，桥是

自由女神像

她的鼻子有4.5英尺长，多长的鼻子啊

用钢铁做的绳子从河的一边拉向河的另一边构成的，桥梁的地面被这些钢铁绳子悬挂在空中，这样的桥叫做"吊桥"。这座桥的名字叫做"布鲁克林大桥"，因为在长长的桥的另一端是一个叫布鲁克林的城市。布鲁克林市现在是纽约市的一部分。这样的吊桥以前在小河流上建造过，但是布鲁克林大桥是第一座这样建造的又长又大的吊桥。它在空中高高悬挂，最大最高的轮船都可以从下面很容易地通过。

刚开始人们都害怕从布鲁克林大桥上经过，因为像他们说的："用绳子挂起来的桥，即使是用钢绳，也会掉下来的。"卡车、汽车从桥上经过的时候，桥身会左右摆动上下颤动——但是桥一直在那里悬着。东河和哈得孙河上也建造了其他几座通往纽约市的桥梁。此外，哈得孙河下面还挖了隧道，被称为"管道"，因为它们就像河下面的大管道一样。

世界上最有名的两条大街都穿过曼哈顿岛，然后继续往北延伸。一条街叫百老汇（字面意思是"宽街"），另一条是第五大道。百老汇最初只是一条很短的街，但是看起来很宽，所以给它起了"百老汇大街"这样的名字。现在的百老汇大街非常长，被称为"百老汇长街"。晚上，百老汇的一部分被成千上万只电灯泡和闪光的电标志照得非常明亮，所以经常被叫做"白色大道"。第五大道非常有名，因为是时尚的产地。很多最好、

布鲁克林大桥

刚开始人们都害怕从布鲁克林大桥上经过

最贵的商店都在这条街上，所以第五大道也叫做"时尚大道"。纽约市的道路实在太拥挤了，所以大部分人都是乘坐火车去上班。火车在地下的隧道里行驶，这些火车叫做"地铁"。

尽管纽约市的土地比地球上其他任何地方的土地都值钱，但市里还是建造了两个很大的公园，人们可以在那里运动娱乐享受生活。中央公园有50个街区那么长，有几个街区那么宽。布朗克斯公园里有一个动物园，那里有很多奇怪的动物，是猎人们从丛林、高山、沙漠，还有遥远的荒地里捕捉后带过来的。

曾经有一个人穿越海洋来到纽约市，用一整天的时间来游览城市。晚饭前，他说他想开车去看看尼亚加拉瀑布，因为他听说这个瀑布是世界上最漂亮、最壮观的瀑布。当人们告诉他须坐一夜快速火车才能到达那里时，他感觉不能理解。

"但是，尼亚加拉瀑布不是在纽约吗？"他问道。

"是的，"别人回答他，"但是不在纽约市，尼亚加拉瀑布跨越了整个纽约州。"

纽约州的西边有两个大湖，都是印第安名字——伊利湖和安大略湖。伊利湖在地图上看起来比安大略湖低，但实际上它比安大略湖高。所以伊利湖的水从既高又宽的悬崖上落下来，流入安大略湖，这样形成的瀑布就叫尼亚加拉瀑布。尽管地球上有一些瀑布比尼亚加拉瀑布还要高还要宽，但是尼亚加拉瀑布却是最漂亮最有名的。人们从世界各地到这里来观看瀑布，瀑布边水流下来时的咆哮声几英里外都可以听见。如果有太阳，从瀑布底部溅起的水上总可以看到彩虹。每一天都会有成千上万的人来欣赏瀑布，每一千人中：

358人会说"真奇妙！"

247人会说"真壮观！"

136人会说"真漂亮！"

93人会说"真可爱！"

45人会说"真美丽！"

24人会大声感叹"啊！"

其余的人也会发出惊叹声"哇！"

尼亚加拉瀑布的一部分落下来的时候会被一个巨大的水桶接着，流下来的水推动桶底部的庞大的轮子。轮子可以发电，电通过电线来推动磨坊的轮子，带动电车，附近的布法罗市以及更远的其他地方的房屋和街道就都被照亮了。

因为这样或那样的原因，时不时会有人想尝试坐在一个桶里从瀑布上往下跳。至少有一个人这么做过，而且还活下来了。但是伊利湖上的船想要到安大略湖是不能跳瀑布的，所以人们在尼亚加拉瀑布附近挖了一条河，这条河连接了伊利湖和安大略湖。河里有一层一层的台阶，这样船就可以从高处的伊利湖缓缓地开到安大略湖，或者从安大略湖上到伊利湖。这条人工挖的河叫韦兰运河。

尼亚加拉大瀑布的一部分

一只船会在里面下台阶，看起来好像很奇怪。其实船不仅会向下走台阶，还会往上爬台阶。向下的水台阶叫"水闸"，水闸就像运河里的一个巨大的浴缸一样。可能你在自己的浴缸里漂过玩具船，这样的话你就知道如果往浴缸里加水，随着水面的升高，船也会上升。如果你把缸里的水放出来，随着水面的下降，船也会降低。

运河里的水闸控制大船就像浴缸里的水控制小船一样。希望到低的水面去的船驶进水闸时，里面的水就会放出来，随着水面的降低，船也就会下降。当船在水的最底端时，水闸另一端的门就会打开，船就驶进了运河里比较低的水面。希望到高的水面去的船通过打开的大门驶进水闸的底端，然后门都关上，水就开始往水闸里面流，船就开始上升。因为水可以让一切能漂起来的东西漂浮在水面上，无论是微小的碎片，还是庞大的轮船。水，只是普通的水，却可以举起大型机器举不起来的大轮船。水可以很轻松、很温柔地举起巨大的战舰，就像举起水面上一根轻轻的羽毛一样——也像你在手里托起一片雪花一样容易。

想去纽约市的船只——几乎所有的船都想去纽约市——人们必须先通过

韦兰运河和多个水闸到达安大略湖，然后还要沿着圣罗伦斯河才能行驶到纽约市的海岸。圣罗伦斯河是连接安大略湖和大西洋的河流。为了避免这样绕来绕去的长路，人们在纽约州挖了一条横穿整个州的运河。这条运河从伊利湖的布法罗市通到哈得孙河，这样大船就可以穿过伊利湖到达纽约市。这条运河叫驳船运河，是地球上最长的运河之一。

第 9 章

新英格兰

新英格兰最大也是最重要的城市是波士顿，它以老英格兰的一个小镇命名。很多人都叫波士顿"轮轴"，意思是地球上其他的地方都围着波士顿这个中心转。当然了，地球实际上是围绕着南北极旋转的，这两个极才是地球真正的运转中心。人们说地球上的其他地方围绕波士顿旋转，只是开玩笑罢了。

石头和冷天气对种庄稼很不利。新英格兰的冬天特别冷，而且石头也很多。因为地里有那么多的石头，所以人们就把它们捡回去垒篱笆。冷天气和石头让新英格兰的种植非常困难，但是那里有很多瀑布。瀑布可以用来转动工厂的轮子，所以新英格兰人主要是为美国其他地方制造东西——有几千种东西——不是像匹兹堡生产的火车轨道或桥梁那样的大东西，而是供人们使用的小东西，比如针和钉、手表和钟表、靴子和鞋子。如果工厂的轮子是靠瀑布转动的，这样的工厂叫"磨坊"。现在，大多数的瀑布都用来发电，然后用电来转动机器。这些工厂现在仍然被叫做磨坊。

当我还是个小孩子的时候，我认为最幸福的事情就是赤脚走路。在有些国家，不管穷人还是富人都赤着脚走路。但是在美国，每个人都是穿着鞋的。新英格兰磨坊造的最主要的东西之一就是鞋子。在新英格兰，他们造的鞋子足够供应所有美国人。鞋会穿坏的，所以造鞋的磨坊可以长久地、一年又一年地做很多鞋子。但是新英格兰的一个州——那个有印第安名字的州，康涅狄格州——那里的人造钉子——造的钉子足够美国的每一个男人、女人、小孩使用一百年。你认为那么多钉子都到哪里去了呢？钉子不像鞋可以穿破，但是它们还是消失了——每年都会消失好几亿。

还有钟表和手表——这里每年也会生产好几百万，尽管一个钟表或一块

新英格兰地区大量生产钟表、线、靴子、鞋子、针和钉子

手表应该可以用一辈子——有手腕戴的小手表、壁炉前放的小钟表，还有钟塔上用的大时钟。

还有线轴和线——一个磨坊一天造的线可以绕地球一圈——也就是一个磨坊一天可以生产2.5万英里长的线！

你一般去哪里度假啊？你会去海边？山区？还是"下到农村"？新英格兰是个度假胜地，很多美国人都会到这里来度假，因为这里有很多湖泊和瀑布，露营的地方都很漂亮，还可以在小溪里钓鱼，在缅因州的森林里打猎，里面有鹿和驼鹿。在新罕布什尔州，有一群山叫怀特山脉，其中有一座山是以我们的第一任总统命名的，叫华盛顿山。这座山是这片地区最高的山，因为是最高，所以很多人都喜欢爬。有些人就是这样的。在佛蒙特州（佛蒙特的意思是"绿色的山"），有格陵山脉，虽然没有怀特山脉那么高，但是也很美丽。在新英格兰的海岸线上，到处都是人们可以避暑的地方，即使其他的地方很热，这里仍然很凉快。

但是新英格兰最自豪的地方还是它的中学和大学。在磨坊里，他们生产"东西"；在中学和大学里，他们培养"人才"。美国最著名的两所大学都在这里——位于康涅狄格州的耶鲁大学和位于马萨诸塞州的哈佛大学。哈佛大学是美国最古老的大学。

　　马萨诸塞州像一根长的弯曲的手指一样突出来的地方——好像在招手呼唤人们跨过水去马萨诸塞州——叫科德角（也叫鳕鱼岬），是以一种鳕鱼的名字命名的，因为这里的鳕鱼非常多，人们会捕捞大量的鳕鱼晒干，然后用船运到世界各地出售。

　　科德角的手指不只是呼唤了英格兰的人，还有很多其他地方的人。那些说着奇怪语言的人到新英格兰来，在工厂和磨坊里工作，以至于现在新英格兰几乎四分之一的人都不是从英格兰来的，他们不能算是"新英格兰人"。

第 **10** 章

五个大水坑

你有没有想过蚂蚁会怎么看待我们人类呢？当我们的脚踩在它们刨出的小土堆或沙堆上时，我们对它们来说应该就像巨人一样。它们又是如何看待一个水坑的呢？

美国的北边有五个大的水坑——至少在地图上看起来像水坑——好像一个大巨人把他的湿雨伞放在那里，伞上的水流到地上形成的一样。我们把这些水坑叫做"北美洲五大湖"，因为它们是地球这一边最大的湖群，尽管在一个腿长1英里的巨人眼里，这五个大湖就像水坑一样。这五个湖里面的两个——最小的两个——我在前面已经告诉你了，是伊利湖和安大略湖。另外还有两个也是印第安名字，一个是密歇根湖，意思是"伟大的湖"，另一个是休伦湖。这些湖里面最大的是苏必利尔湖，意思是更优秀的湖。密歇根湖是五个湖里唯一全部属于美国的一个湖，因为它全部都在美国境内。另外四个湖的两个属于美国北部的一个叫加拿大的国家，其余两个在美国和加拿大的边界上，两国各自拥有每个湖的一半。

苏必利尔湖不仅比其他湖大，也比其他湖高。它里面的水通过一条名叫圣玛丽的小河流进休伦湖，并在这条河里形成瀑布，这些瀑布被称做"圣玛丽跳瀑"，因为水是从苏必利尔湖跳下来的。这些瀑布远远没有尼亚加拉瀑布高，但船只也不能直接从上面开下来，所以人们不得不在瀑布附近挖掘有水闸的运河，让船只可以被提升或放下，然后从一个湖到另一个湖。因为有太多的船只需要通过瀑布，所以人们在圣玛丽跳瀑的附近修建了五条运河。圣玛丽跳瀑的法语名字是苏圣马利运河，但是因为法语这个词的发音比较难，人们就叫苏瀑布、苏河，也叫苏运河。

北美洲五大湖上的有些船和海洋里的一些船一样庞大精美，它们必须这样，因为五大湖其实就像个小的海洋一样。如果你在湖里很远的地方，根本看不到土地，而且有时候还会有大的波浪和暴风雨，就像在海里。五大湖与海洋最大的区别在于水，湖里的水是淡水，海里的水则是咸水。

很多人都会乘坐这些大船在湖里旅行游玩，就像在海里一样；但是大的船只从湖的一端驶向另一端的主要原因不是为了玩乐，而是为了做生意。生意就是运输东西，我们把这种行为称为"货运"。用船运送东西比用火车要便宜得多，因为一艘大轮船装载的东西比几辆火车装的都多，而且轮船不会像火车那样占用土地使用铁轨。如果可以用船运送，每个人都会选择用船运，而不是用火车，因为船运会便宜很多，但是你必须靠近海域或湖边才行。

幸运的是，美国50个州中有8个都在五大湖边上，尽管有几个州只有一点靠近湖的"正面"。到目前为止，密歇根州靠近湖的"正面"最多，它靠近五大湖除安大略湖外的四个湖。

你还记得那些很会做生意的波托马克印第安人吗？他们划着小船在河上来来往往，用他们有的东西换取没有的东西。五大湖的印第安人过去也这么做。现在五大湖上都是白人的大轮船在做生意，轮船比印第安人用一根木头做出来的小帆船要大几千倍。这些巨大的船只装载着货物从五大湖的一端到达另一端，在途中不同的地方卸下当地人们需要的东西，然后装上其他货物再运回去。

大部分轮船都是从苏必利尔湖的一个叫德卢斯的地方起航。火车从德卢斯西部运来小麦，从附近的矿区运来铁矿，湖边庞大的机器会用大铁手把一整节车厢的小麦和铁矿石举起来，倒在空着的轮船上。就像你把你的玩具火车上的一节车厢举起来，用两只手指把里面装的东西倒出来一样。其他轮船从苏必利尔湖的密歇根州装载铜矿石和铁，然后从苏运河运过来，在底特律市卸载货物。底特律在休伦湖和伊利湖之间。这些轮船有时也会把铁矿石运到伊利湖的克利夫兰和法布罗。大多数轮船都不经过尼亚加拉瀑布。卸完铁矿石后，他们会把新英格兰制造的东西，或美国东部生产的东西，或宾夕法尼亚的煤炭，再装进轮船运回德卢斯。

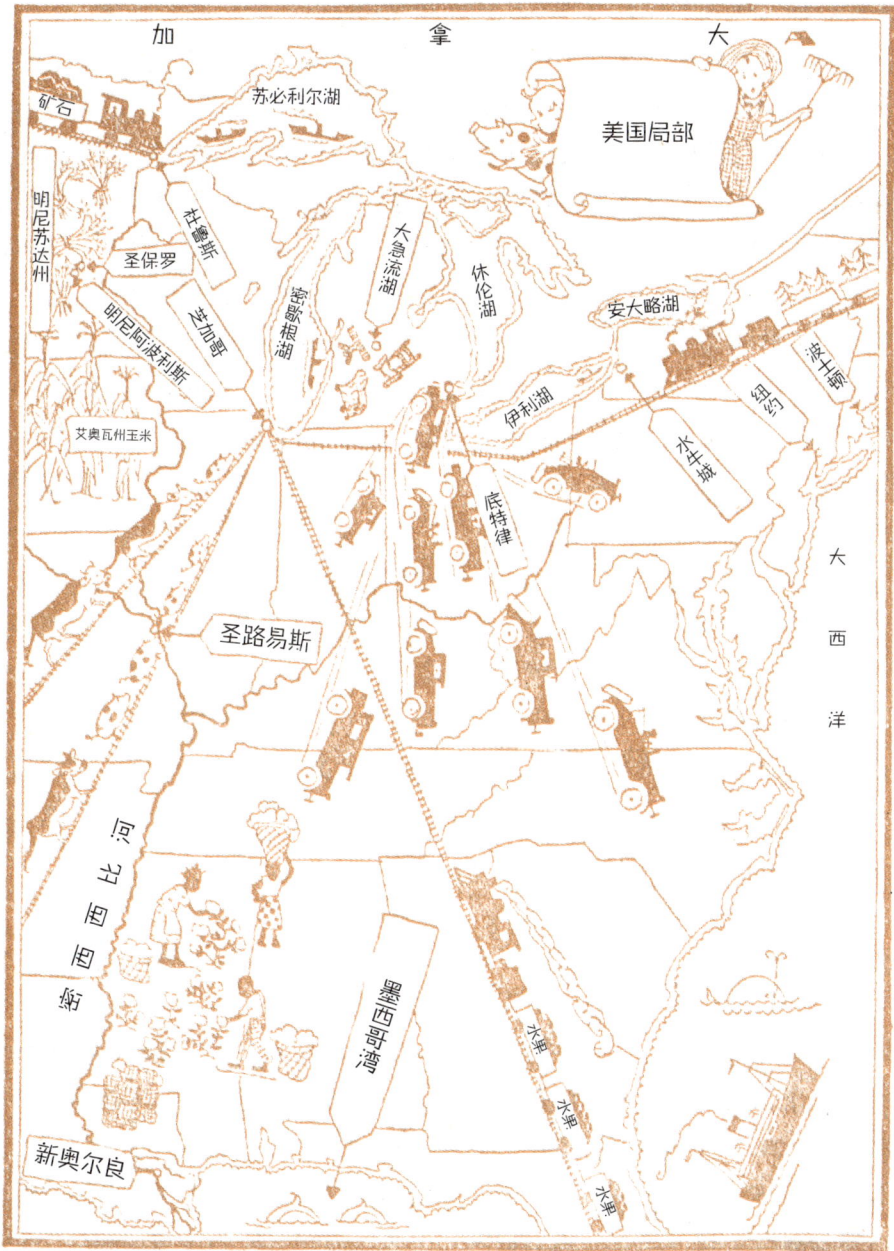

　　但是到了冬天，这些在湖里的生意都必须停止了，因为这里的冬天特别冷，湖里的水会结冰，船无法行驶。

　　每一秒钟都会有一个婴儿出生，但是在底特律，每一分钟就会有一辆汽车造好。地球上的大部分汽车都是在底特律制造的。在底特律的工厂，一端进去的是铁块、石头、皮革等，另一端出来的就是汽车。一天中的每一个小时，都会有好几百辆汽车造好出厂，然后运到世界各地。

　　我现在坐的椅子的木头是从密歇根州的一棵树上得来的，它距离我这里有1000英里，在我出生之前就被种下了。密歇根州的北部过去是被很多森林覆盖着的，这些树木尤其适合做家具——过去这里制造的家具，特别是一个叫"大急流域"的地方造的家具比其他任何地方都多。你的家可能就有大急流域造的家具。看看家具的底部，找找是否有一个标签写着"大急流域造"。那里制造了那么多的家具，人们把大部分的树木砍倒用尽，只剩下一个个树桩。但是那里的人太清楚如何制造家具了，所以尽管现在大部分木材都是从美国的其他地方运到密歇根州的，密歇根州始终还在生产家具。

　　就像在一个小窗户边挤着向外看的两个小孩子，密歇根湖边上有两个州就这样紧挨着。这两个州是伊利诺伊州和印第安纳州，简写成"Ill."和"Ind."，美国的第二大城市就在伊利诺伊州。密歇根湖比较低的一端，还有一个城市的名字也是印第安名——芝加哥。从芝加哥进进出出的装着汽车的火车比世界上的任何一个城市都多。美国的大部分火车都会在芝加哥停留，然后从那里启程——有拉货物的火车，也有拉人的客车。

　　地球上有很多很多种动物，但是人们一般只吃三种动物的肉，即牛肉、羊肉和猪肉。每年都会有数百万的牛、羊、猪被屠宰，供美国人食用。芝加哥附近以及比较远的州都喂养着以百万计的牛、羊、猪。这些动物必须吃东西，让它们肥胖起来的最好食物是玉米，所以所有的州都会种植玉米来给牛、羊、猪提供食物。艾奥瓦州在所有州里面种的玉米最多，所以这个州也被称为"玉米州"。有一些玉米会直接被运到芝加哥，但是大部分都会"不屠宰运送"——也就是玉米先被用来喂养动物，然后动物被运到芝加哥杀死。这些动物在被杀之前会先放到叫做"牲畜饲养场"的大围栏里。人们将它们装进冷冻车厢或轮船，再从芝加哥运往美国各地，甚至欧洲。芝加哥是世界上最大的屠宰场。我早餐吃的熏肉、中午吃的火腿三明治还有晚饭吃的烤肉都是从芝加哥运来的。

第 **11** 章

水源之父

我之前告诉过你美国最大的海湾叫"水源之母"，所以美国最大的河流就叫"水源之父"。尽管这条河流被称为"父亲"，但它并不是一位先生，而是一位"密西"（Miss"小姐"的意思——译者注），因为在印第安语里，它被叫做密西西比河，而且写法非常独特：Mississippi，也很容易记。

如果我让你画一条河和一棵没有叶子的树——只有主干、粗大的树枝、细的树枝和更小的树枝——就像下面的图片一样。你画一条河，很可能就把它画成一条弯弯曲曲的线——现在你还会这么做吗？事实上，一条河和一棵树的画法一样，因为河与树一样，都是由一条主干和很多大大小小的分支构成的——尽管你在地图上可能看不到它所有的分支河流。

但是一棵树与一条河有一个很大的区别：

一棵树的树枝是从它的根部朝顶部长。

一条河的支流是从它的顶部朝根部流。树液是沿着树向上传送，

50

水是沿着脉络向下流淌。如果一条河只是一根线而没有任何支流，那么它从开始的地方到结束应该是一样宽的。河正是因为有了支流，才会越来越宽。美国最大的河流密西西比河的源头位于我们国家最上端的明尼苏达州一个叫艾塔斯卡的小湖泊，它会一直流到我们国家的最底部，途中，随着很多支流的不断汇入而越来越大，最后流进海洋的一个角落，就是墨西哥湾。密西西比河把我们国家隔成了两部分，但是这两部分并不一样大。河隔开的西边的部分大约是东边那部分的两倍。

在向南流向墨西哥湾的漫漫长途中，密西西比河还没怎么平坦安静过，就开始向下溅落，人们在水落的地方建了大的磨坊，落下的水可以推动磨坊的轮子。然而这些磨坊并不像新英格兰的那些磨坊一样造东西，它们是把小麦磨成面粉来做面包，因为密西西比河发源的地方及附近的几个州种植的小麦比世界上其他任何地方的都多都好。

对于在城市生活的我来说，一英亩地就已经是一大块土地了，一百英亩就更加广大，而一千英亩就广阔无边了。但是在种植小麦的明尼苏达州，那里一个农场就有好几万英亩小麦！如果农民们只用双手甚至用马播种和收割小麦，他们肯定干不完。所以他们用机器耕犁土地，一般一排会有十个耕犁，用机器收割小麦，把小麦的谷粒与稻草分离开，这是小麦磨面之前必须做的。

在密西西比河靠近瀑布的两边，有两个几乎一样大小的城市，有一座桥连接这两个城市。这两个大小几乎一样的城市叫做双子城，其中一个叫明尼阿波利斯，意思是"水城"，就像安纳波利斯的意思是"安娜的城市"，另外一个城市是以圣保罗命名的。注意五大湖和密西西比河附近几乎所有的城市要么以圣人要么以印第安语命名。那是因为来到这个国家的最早一批人中有一些牧师，他们劝说印第安人信仰基督教，把这里的地名要么以印第安语要么以圣人的名字来重新命名。

水城明尼阿波利斯是全世界最大的生产面粉的地方。明尼阿波利斯和附近的几个州是全世界最大的种植小麦的地方。

密西西比河朝南流向墨西哥湾的途中，会经过几个城市，最大的一个是圣路易斯，圣路易斯也是以圣人命名的城市，靠近密西西比河最大的两条支流是从西边流过来的密苏里河和从东边流过来的俄亥俄河。这两条河都是以两个州命名的，这两个州都是以印第安语命名的。密苏里河实在太大了，很难说它是密西西比河的支流，还是密西西比河是它的支流。密苏里河又宽又长，从源头到汇入密西西比河的路途长达4000英里，所以如果把密苏里河与密西西比河加在一起，肯定是全世界最长的河。

随着密西西比河支流的增多，河变得越来越大。春天，雪化了，雨又很多很大，河里的水不断地增多，最后水就会跑上岸将乡村淹没。所以在有可能发生这种情况的地方，人们都沿河建了高大的河堤，不让水跑出来，这些河堤叫防洪堤。但是有时候水实在太多了，防洪堤也防不了，河水还是会越过河堤将乡村淹没。如果正好经过农田、房屋或城镇，河水会把房屋冲走，把人和动物淹死，损害成千上万的农田和其他财产。

密西西比河流入墨西哥湾前经过的最后一个城市是新奥尔良。我们把河流流进大海的地方叫做入海口。密西西比河有好几个入海口。因为密西西比河里的泥实在太多了，淤泥会堵在入海口形成泥岛，河水只好绕过去重新寻找入海口，这是河自己堵住了自己。

密西西比河开始的地方在美国的最北部，冬天非常冷，但是随着河向南流，气温越来越高。南部的这些地方被称为"美国南部各州"。当河靠近终点流到新奥尔良，那里即使在圣诞节，花都会开放，一年四季都很暖和。在密西西比河的发源地，生活在岸边的几乎都是白种人，但是到了"美国南部各州"，看到的是越来越多的有色人种在田地里劳动。他们主要是在种植棉花，因为"美国南部各州"就像歌里唱的，"在很南边的棉花之地"，这里的棉花比全世界任何其他地方都多。令人奇怪的是，刚开始美国并没有棉花。最开始是在马里兰州种植了一株从地球的另一边带回的棉株，而且仅仅是因为棉株的花比较好看。

棉花包在一个个小白球里，每一个小白球里都有令人讨厌的种子。棉花从棉株上摘下来，里面的种子必须得去除，这样棉花才能做成棉线，然后织成布，最后做成棉衣、棉布床单和棉线毛巾——你还能想到其他用棉花做的东西吗？用棉花做的东西曾经非常贵，因为需要很长时间才能把里面的种子去掉。但是后来一位老师——男老师——发明了一台机器，可以去掉棉花里的种子——这种机器被有色人种称为"轧棉机"，这样棉质的东西就变得非常便宜了。事实上，现在很难理解之前没有棉花的时候人们是怎过来的，因为一开始人们种这种植物只是为了欣赏它的花朵，现在可以用来制作很多东西，比从地里长出来的任何东西都多。这就是为什么人们经常把棉花叫做"棉花大王"。

棉花

大王

第 **12** 章

青春之泉

鸟儿会飞到南方过冬，在寒冷的北部一些州的人也是这么做的。美国最南边的一个州形状很像一只狗爪子，叫佛罗里达州，意思是"花的土地"。在去佛罗里达州的路上，你可以看到来自其他各个州的汽车。人们在冬天去佛罗里达州，在那里晒太阳，在一月份到海里洗澡，而不会冷得发抖、打喷嚏、用手帕擦鼻涕。这里是冬天的游乐场，就像新英格兰是夏天的游乐场一样。我认识一个人，他家在巴尔的摩，但是冬天他去佛罗里达州，夏天去新英格兰，只有冬夏中间的几个星期住在巴尔的摩。

最早来美国的白种人到佛罗里达州来，是因为有人告诉他们这里有"青春之泉"。"青春之泉"据说是一个有魔力的泉，如果老年人在里面洗澡并喝里面的泉水，他们会再变年轻。尽管很多老人冬天在佛罗里达州度过以后说他们感觉年轻了，但是没有人在这个州找到"青春之泉"，在其他任何地方也没有找到。

但并不是佛罗里达州的每一个人整个冬天都在玩乐，很多人必须得工作。他们得为那些到这里来玩的人提供旅馆，还有很多人忙着种植"新鲜蔬菜"，蔬菜被运到寒冷的北部几个州，不然那里冬天只能吃罐头或者冷冻的蔬菜。就像我们平时要有放风筝的季节，有足球赛季或棒球赛季，某些水果和蔬菜也有特定的时令。佛罗里达州的大部分地区都非常暖和，从来没有过霜、雪或者冰，所以他们一年四季都可以种植水果和蔬菜。农民们把这些其他地方还不能生产的蔬果运到美国任何需要的地方，所以北方

人现在圣诞节都可以吃到新鲜的草莓和芦笋，一年中的任何一个月都可以
吃到莴苣和小萝卜。

佛罗里达州最主要的水果是橘子和葡萄柚，这两种水果生长的环境要
求没有霜冻。葡萄柚像成串的大黄葡萄——这就是为什么叫它"葡萄"柚的
原因。刚开始人们都以为葡萄柚不能吃——太苦，不像橘子那么甜，但是慢
慢地人们开始喜欢这种水果。在佛罗里达州种植的葡萄柚比全世界任何地
方的都多。

以前根本没有佛罗里达州——美国并没有一只"爪子"伸向海里。
它是慢慢长出来的，下面我来告诉你它是怎么长出来的。大海很暖和，
水也比较浅，海里面住着不计其数的小动物，每一个就像小果冻，中间
有小小的石头一样的斑点，或者有一个小小的石头样的外壳。这些小动
物死后，身上的壳就沉到了海底，就像粉笔的粉尘形成雪球一样，海底
的这些东西慢慢积累，直到水都被填满了。这个又像石头又像骨头还
像粉笔的一堆东西就是佛罗里达州。在这样的土地上，植物生长得特别
好。这种松软得像粉笔末儿一样的土壤实在太有利于植物生长了，人们
甚至会把土挖出来，送到美国的其他州去种植蔬菜。

很多很多年前，地球上还没有人的时候，我们的整个国家都在海底，
我们国家的大部分地方都像佛罗里达州一样，是由海洋动物的骨头和贝壳

佛罗里达生产的著名水果：多汁葡萄柚

堆积而成的。这种由骨头和贝壳构成的石头——因为就是石头——叫石灰石，如果你用火烧它，会得到石灰。石灰石其实就是骨头石，是海洋动物的骨头变的。然后地球就皱缩了，从水里升起来形成了我们的国家。说我们以前是在海里，是因为现在很多地方，海平面以上很高的地方，甚至是在山顶，都可以找到这样的石灰石，还可以看到鱼类和其他海洋动物的贝壳和骨头。大理石是石头里最漂亮的一种，也是一种石灰石，因为它也是骨头变的。人们用大理石来建造房屋、宫殿，也会用大理石或石灰石制造雕像和墓碑。

很多去佛罗里达州的人都会停下来欣赏景点。最美的景点之一在维吉尼亚和肯塔基州，这里地下的石头都是石灰石。这里的"景点"就是巨大的山洞，在肯塔基州，山洞实在太大了，人们都叫它"猛犸洞"。这些洞不是人们挖出来的，而是水冲出来的。水，你知道，可以溶解糖；或许你不知道，水也可以溶解石头——不是平常见的石头，而是石灰石，这些山洞就在石灰石山里面。"猛犸洞"就像一个巨大的地窖——又大又高，你甚至可以把有高楼的城市整个放进去。在里面很容易迷路，可能要走好几英里才能找到路。有些人就是在里面迷路了，找不到出口，所以死在了里面。很多年后，他们的骸骨才被人发现。

洞的最上面，水滴不停地往下滴，每一滴里面都有溶解的石灰石。随着时间的流逝，向下滴的水形成了很多垂着的石柱，从洞的顶上向下悬挂着。水还沿着垂柱滴到地面上，石灰石一点点地堆积起来，慢慢形成了石

猛犸洞窟

柱，直到上面的垂柱与下面的石柱撞到一起。水滴还在洞里的地面上形成了水池，水池里有鱼。这里的鱼和洞外水里的鱼不一样。因为洞里一片漆黑，鱼根本用不到眼睛，所以经过漫长的进化，这里的鱼就不长眼睛了。它们什么都看不见，也不用看，只用头上原来长眼睛的地方感知世界就可以了。

第 13 章

遮着顶篷的马车

以前，密西西比河还在美国的边界附近，密西西比河之外就是无边无际的荒地。当时几乎没有人会横穿美国去太平洋，途中有野蛮的印第安人，野生动物，还有很高很高的大山。但是后来为什么人们会去那里呢？他们是什么样的人呢？他们有希望猎取野生动物的猎人，有希望让印第安人皈依基督教的传教士，还有只是好奇、希望看看荒地的人。

然后有一天，一个人告诉另一个人，说加利福尼亚州有金子。加利福尼亚州是靠近太平洋的一片土地，人们都传说那里有金子，只要用盆从河里捞出沙子，然后从沙子和水里把金子拣出来就行了。

金子！金子！就好像有人大声喊"火！火！"一样。成千上万的人扔掉他们手上的工具，不再种植田地，关上商店，把床和做饭的用具放在马车上，在车上支起一个帐篷一样的东西，人们就在车上吃住。他们有的还带着枪，满怀希望地奔向美国遥远的西部去淘金子。当时还没有铺好的道路，也没有桥，没有路标指示方向——到处都是无边无际的荒地。他们要旅行几个月才能到达目的地。很多人路上病死了，很多人被印第安人杀死了，还有很多人在过河的时候淹死了，或者饿死渴死了——但是还有很多人最终到达了加利福尼亚州。他们在听说的地方找到了金子，发了财。这件事发生在1849年，所以这些跑到西部淘金的人被称为"四九淘金者"。

从那以后，美国就开始了横穿国土修建公路和铁路的历程，以前的蛮荒之地建起了大城市，野蛮的印第安人也被驯服。美国政府给了印第安人大片的土地，来补偿他们被占用的其他土地。给印第安人的土地叫做"预留地"，因为这是为他们保留的，就像在剧院给一个人留的"预留座位"一样。

通往太平洋海岸的第一条铁路走的是中间路线，从芝加哥通到旧金山。现在你可以坐火车从芝加哥北边、中间，或者南边，穿过美国抵达太平洋。"四九淘金者"当时坐着

"四九淘金者"向西部进发的大篷车

他们的带篷马车需要好几个月才能走完这段路程，但是现在坐飞机连一天都用不上。

过去人们经常说："年轻人，如果你想挣钱，到西部去吧！"所以成千上万的人都去了西部，他们不是去淘金，而是为了那里的农田。当时政府免费给那些想要在那里种庄稼的人土地。这些人有的去了俄克拉何马州、得克萨斯州和其他一些地方，主要是密西西比河的西岸。他们在自己的农田里发现有油从地下渗出来，这些油的出现让田地不再适合种庄稼，水不再适合马牛饮用。土地被破坏了——这样不好——大量的农民都放弃了那里的出地搬走了。

地球上有三种油——植物油、动物油和矿物油。你玩过那个名叫"动物、植物和矿物"的游戏吗？这个游戏很有意思。"老人"如果喊"植物"，你就必须得说出一种植物来，任何一种都可以——比如"土豆"——要在他数到十个数之前说出米。如果他喊"矿物"或"动物"，要在他数十个数之前必须说出一种矿物或动物。在这个游戏里，矿物是那些不是动物也不是植物的任何东西。但是不管他说"动物"、"植物"或者"矿物"，你说"油"都是对的，因为油这三种属性都有，世界上只有少数几样

东西可以同时呈现这三种特质。

从植物获得的油，像橄榄油，从动物获得的油，像鱼肝油，都可以食用。但是从地下石头里获得的矿物油是不能食用的。后来有人发现矿物油可以燃烧获得光和热量，所以就发明了汽车——从矿物油中提取出的汽油燃烧后可以用来发动汽车。现在还有很多其他东西也是用这种油提取的——药物、染色用的染剂，甚至香水，都来自矿物油。

那些人开始以为他们的田地被油破坏了，但是后来发现油可以卖钱，而且还价格不菲，比他们喂养的鸡和猪都值钱，也比地里产的玉米和小麦值钱。有些必须挖井把油从地下抽上来，但是有些就像喷泉一样自己喷出来——后面的这种叫做"自喷井"。

从地下石头里获取的油叫做石油。有一些石油公司被简称做皮特（英语Pete，来自于石油的英文petroleum——译者注），这个名字很好，因为英语里皮特就是"石头"的意思。

如果你按照中间的路线坐火车，你会经过艾奥瓦州。这个州叫做"玉米州"，到处都是无边无际的玉米地。接下来是内布拉斯加州，地面一点点上升，越来越高，地面后来都是向上的斜坡，直到你走到科罗拉多州。这个州的名字的意思是"红颜色"，在美国最高的山脉脚下——这些山叫做落基山。科罗拉多州的省会是丹佛，丹佛正处在芝加哥到太平洋的中间位置。

你可以从离丹佛不远的地方，爬到落基山的顶峰，前提是你想爬而且你的心脏功能比较好。第一个尝试爬这座山的人叫派克，但是他放弃了，没有爬到顶峰，所以从他以后这座山峰就被叫做"派克峰"。上学的时候，我们经常会说这样一个"绕口令"："说派克，说派克，说派克"，我们会一遍一遍地说很快，而尽量不说成"山派克"。我们当时可做不到——你们也做不到！派克没有爬到他的山的顶峰，但是现在每年都有成千上万的人爬上去，爬到顶峰，就像"表演"一样，计算他们爬到顶峰需要几个小时。派克峰太高了，那里无论冬天还是夏天，都有冰雪覆盖。也是因为山太高，站在顶峰的时候，上面的空气稀薄，很难呼吸。很多人在顶峰站着都受不了，他们必须坐下，大口地呼气，就像刚跑完很远的路，或者从水里捞出来的鱼。他们的心脏跳得很快，很猛烈，自己都能听见心脏在跳，他们还会感到眩晕和虚弱。现在有一条公路和一条铁路通往顶峰，这样如果你不想爬山，就可以坐车到达派克峰。但是铁道比较陡峭，普通的火车开上去会像雪橇一样滑下来，所以铁轨与铁轨之间安装了小小的铁台阶，或者有轮子正好可以卡在台阶上，这样火车就不会滑回去或者跑下山了——而是一步一步地爬上台阶。

第 14 章

仙境

《爱丽丝漫游仙境》是一个童话，但是美国西部有一个真的仙境。其奇迹之一是一条河，叫科罗拉多河，但是这条河不在科罗拉多州境内，而是在亚利桑那州。

这条河很深，一直延伸到地球上最深的一个沟里。这条沟有的地方有一英里深，被西班牙人称为峡谷。你可以站在科罗拉多峡谷的边上向下看，在将近一英里的下方可以看到一道很细很小的水线——科罗拉多河——在峡谷的底部流淌着。但就是因为这条小溪才形成了如此深的峡谷——一点点地冲刷成了沟。如果向地下挖一英尺深，我们就可以看到地球的里面是什么样子。现在这条小河已经为我们挖了一英尺。我问我的导游，到达峡谷的另一端还有多远？他回答说："差不多有十一二声喊声那么远。"喊声对我来说是个新的计量距离的单位，我不知道一个喊声有多远。我学的算术教给我十二英寸构成一英尺，三英尺构成一码，但是没有说多少英尺构成一个"喊声"。你可以看到峡谷的另一边，看到那里的墙大约有一英里高——不是像高楼的墙那样空白清晰，而更像天堂的墙——一层一层的石头，一堆接着一堆，有黄色、红色、绿色、橘黄色、紫色，夹杂着阳光和阴影。所有的石头以前都在海底，因为石头是石灰石和沙岩，每一层都会被铁、铜等矿物质染成不同的颜色：如果水里有铁，就会把石头变成铁锈的颜色——红色；如果水里有铜，石头就会变成绿色。

我过去买过一个纪念品，是一支铅笔。铅笔的一头有一个针孔，如果

大峡谷

你用一只眼朝孔里面看，就会看到科罗拉多峡谷有多大。看起来好像不可能有这么大，但实际情况就是这样，绵延几英里，在一个针头一样大小的一幅画里全都能看见！

科罗拉多河的支流在一处较小的峡谷中流淌，峡谷上面的岩洞里还有房屋呢！很久很久以前，被我们称为"悬崖居民"的人在那里建造了房屋，用来躲避敌人。

大峡谷的北面是犹他州，这里有一个大湖。这个大湖与"五大湖"不一样。五大湖的水是淡水，这个湖的水是咸水，所以人们把这个湖称之为"盐湖"，尽管实际上它是个小海洋。就像海洋一样，很多河流会流进盐湖，但是没有河流出去。

是什么让水咸的？

与让海水咸的东西一样。

是什么让海水咸的？

河流经过的地面是咸的。如果你尝过地面，你就会知道它是不是咸的。当然，我知道你没有，除非你摔倒了，有泥土进了你的嘴里或者粘在你的嘴唇上。河在流淌的过程中会把地面上的一些盐分带走，然后跟河水一起流进海洋。因为每一次携带的盐分很少，所以你尝河水是否咸是根本尝不出来的。但是所有的河流时时刻刻都在往大海里运送盐，慢慢地，海洋和盐湖里的盐就多了，因为盐一旦到了海或盐湖里，是没有办法再出去的。水从湖里出来的方法跟从海里出来的方法一样——变成水蒸气跑到水面上的空气中——这叫做"蒸发"——但是盐不会蒸发，它不能跑到空气中，所以没有办法跑出去。

盐湖一直在变得越来越咸，现在已经比海洋咸了。咸水比淡水更容易托起一个人或者其他任何水里的东西，而且水越咸，就越容易托起一个人。所以在盐湖里，不管你会不会游泳，你都不会被淹死。像在沙发上一样，你可以在水面上站着、坐着或者躺着。坐在水面上的时候，你可以看报纸或者吃午饭。但是你必须小心不能让水进入你的眼睛或手上、身体上的任何小的伤口，因为水太咸，会刺痛眼睛或伤口。有一天，海水也会像盐湖的水那样咸，因为海洋也像盐湖一样，在慢慢地，时时刻刻地变得越来越咸。到那时，即使船只遇到了危险，人们也不会被淹死——他们会像软木塞一样在海里来回漂动。

从科罗拉多峡谷再往北一点，在怀俄明州的一个角落有一个地方，这个地方在地图上看起来好像是在怀俄明州里的一个小州。这个地方叫做黄石公园。这里有那么多令人惊奇的东西——畸形的东西，好玩的东西，有趣的东西——美国政府认为人们可能愿意过来看看这些东西，所以他们就在这个角落设立了公园。这里有便利的交通和舒适的旅馆，为那些想要来观光的人提供方便。这里是不允许捕猎的，所以野生动物和鸟类可以自由生活，而不用担心会被杀死。在黄石公园里有熊，但是因为不允许打猎，

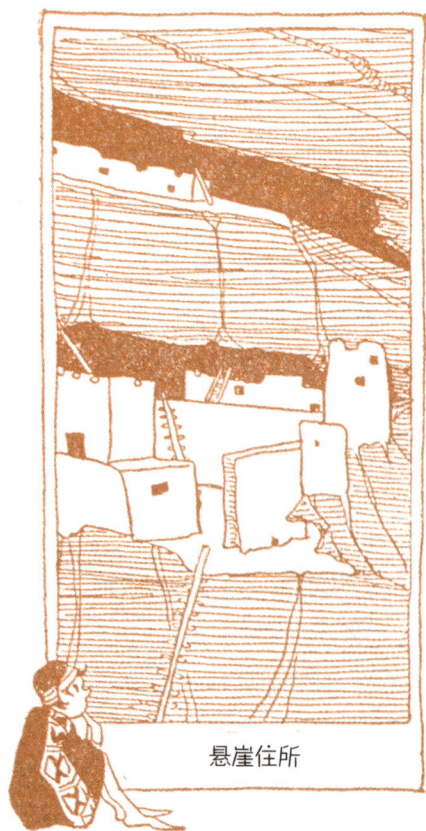

悬崖住所

熊变得十分温顺，人们甚至可以靠近它们去拍照。

在这个地方，地球还没有完全冷却下来，所以地表下面还非常热。如果有人说请我喝一杯泉水，我会想着是一杯清凉可口的水；但是如果泉水来自黄石公园，水很可能会把我的喉咙烫伤，因为黄石公园里很多泉水被地下的火烧得太热了，就像炉子上水壶里的水被烧开后不停地翻滚一样。

黄石公园里有一个大湖叫黄石湖。你可以站在湖边，钓一条湖里的鱼，你不用把鱼从鱼钩上取下来，直接把它放到湖边上滚烫的泉水里煮一下就可以吃了。在其他地方，水会被地下的蒸气吹起来形成喷泉。这些喷泉叫做"间歇泉"，有一些非常大，也很漂亮。有一个间歇泉叫"老忠实"，它非常忠实，每个小时都会喷一次，就好像有人按时打开开关一样。它从被发现就一直这样自觉而有规律地喷水——不管是白天还是晚上，从来没有忘记过，水也不会被用完，比任何一个想做到或者能做到的人都要忠实。

第 **15** 章

充满"之最"的西部（之一）

有一个地方，那里所有的东西都最好、最大、最优良、最高、最可爱——他们是这么说的——最好的橘子，最大的李子，最优良的葡萄，最高的树，最高的山，最怡人的天气——全世界。不，那不是天堂，那是充满"之最"的西部。

加利福尼亚州是以一个古老童话中的一个小岛来命名的，真实的加利福尼亚州在很多方面都像一个童话之地。当在那里的河里找到金子的时候，听起来好像一个童话，但是那里的河里真的有金子。现在关于加利福尼亚州的很多故事，美国东部的人听起来仍然很像童话。谁会相信那里的树高得看起来好像可以扫到天空；树大得可以在里面开隧道，汽车可以从树里面通过；树那么古老，耶稣出生的时候它们已经在那里了！但这是真的，那里就是有这样的树，这些树叫巨杉。如果这些树能告诉我们在它们这么长的生命中发生了什么事，那该比童话好很多啊！

让我们看看在加利福尼亚州我们能数出多少个"之最"。

加利福尼亚州是美国最长的一个州。如果你能把这个州拿起来放在大西洋的海岸，它可以从佛罗里达州一直到纽约州。这是一个"之最"。

加利福尼亚州有美国最高的山，这座山叫惠特尼山。两个"之最"了。

加利福尼亚州有美国海拔最低的地方。那是一个山谷，比海平面要低两百多英尺。山谷里非常干燥和炎热——这个最低点——除了有角蟾蜍和有角蜥蜴外，任何其他动物或植物都不能生存。有角蟾蜍和有角蜥蜴喜爱热量——对它们来说越热越好。有些人说这两种动物甚至可以在火里生存——但这么说就是童话了。这个低的热山谷叫做"死亡谷"。人们通常不会靠近它，但是总有人闯进来寻找金子，然后就迷路了，或者有些人试图穿过死亡谷走到山的另一边，但他们在穿过之前就已经饿死或渴死了。这就是这里被称为"死亡谷"的原因。它具有最长、最高和最低——三个"之最"。

在死亡谷的一边，还有加利福尼亚的另外一个山谷，它是最可爱的山谷之一，被称为约塞米蒂国家公园。它是一个非常深的槽，河里的水从高处跌落进入槽中。其中一个瀑布在到达地面之前就变成了水雾，看起来像一个巨大的婚纱，因此被称为"婚纱瀑布"。约塞米蒂国家公园的瀑布中有六个高于著名的尼亚加拉瀑布，有两个瀑布从顶部到山谷底部俯冲跌落的高度有四分之一英里，是美国最高的瀑布——最可爱的山谷、最高的瀑布，从而成为另外两个"之最"。

加利福尼亚除了这些"之最"以外，还有最甜的橙子、最酸的柠檬和最大的葡萄，虽然这么说，但是这些水果并非源于加利福尼亚，它们是从其他地方移植过来的。在白人来到美国之前，这里并没有橙子和柠檬。来到加利福尼亚的第一批白人来自大西洋彼岸的西班牙，在西班牙会种橙子和柠檬，他们带来了橙子和柠檬的植株，然后开始在加利福尼亚州和佛罗里达州种这两种水果。

这些西班牙人修建了西班牙式的房子，这种房子具有灰色的外墙，红色的瓦片房顶，还有房子中间的"院子"。他们用西班牙名字给他们的城市命名——洛杉矶，意思是"天使之城"；他们还以许多圣人的名字命名许多城市——用圣·弗朗西斯来命名圣·弗朗西斯科市，用圣·巴巴拉的名字来命名圣巴巴拉市——因为许多来到美国的西班牙人是牧师，这些人还在很多地方修建了西班牙式教堂。

这座"天使之城"目前已经是太平洋沿岸最大的城市。天使之城附近有好莱坞，是全世界最大的影视拍摄基地（又一个"之最"）。你也知道一年有365天，但是在好莱坞，有人说太阳一年要照射400天——童话里的地方！不管怎样，这里一年大部分时间天气都很好，适合拍摄电影。这也是为什么好莱坞是拍摄电影的最好地方的一个原因，另外一个原因就是这附近有很多不同的自然景色。如果想拍一个在船上或者船只失事的场景，这里有海洋。如果想拍有骆驼和阿拉伯人的沙漠，这里的海边沙土就可以满足。如果想拍很热的国家，这里有热带的棕榈树和花朵。如果想拍冬天的场景，他们只需要到附近的山区，那里一年四季都有冰雪。

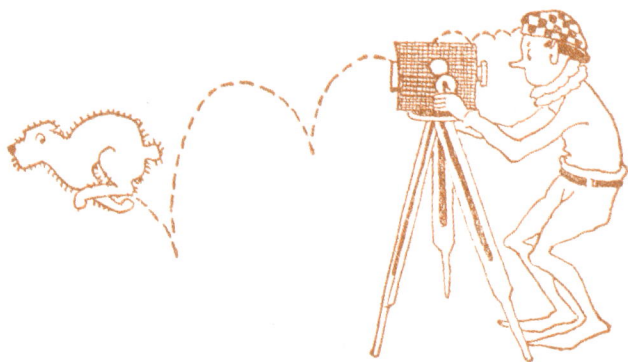

好莱坞是全球最大的影视基地

旧金山市在洛杉矶的北面，差不多与洛杉矶一样大。旧金山可能比洛杉矶还要大，只是很多年前这里发生了一次很大的地震。虽然地震只持续了几分钟，但是就是这几分钟，却让整座城市晃动，大地裂开，很多高楼就像小孩的积木一样被推倒，还有很多很多的人死去。但是最糟糕的是地震打翻了炉子和电灯，引发了世界上已知的最大的一场火灾——这场大火几乎将大半个城市都烧毁了。有幸生还的人并没有丧失希望，他们拿着保险公司赔的钱，重新建起了这座城市。

旧金山有地球上最好的港口。这个港口是一个长长的海湾——有50英里长。船只通过金门在这里靠岸。这座城市是在很陡峭的山上建成的，汽车很难爬上去，但是建在山上的房子视野很好，能够欣赏到海洋、海湾和金门。横跨金门的是一座巨大的吊桥，比布鲁克林吊桥要大得多。

驶入驶出旧金山的船只，可到达太平洋附近或对岸的所有国家。太平洋对岸的国家有中国和日本。很久以前，很多中国人来到美国，在旧金山登陆，所以这个城市有一片地方叫做"唐人街"，那里都是中国式的房屋、商店和剧院。很多日本人也来到美国，他们在美国买地种水果和蔬菜。

第 16 章

充满"之最"的西部（之二）

给你猜个谜语。什么东西没有脚，却能跳得像华盛顿纪念碑一样高？我很快就会告诉你答案。

在俄勒冈州和华盛顿州之间有一条名叫哥伦比亚的河流，是以哥伦布的名字命名的。在哥伦比亚河里，有一种很大的鱼，名叫鲑鱼。鲑鱼生活在海洋的咸水里，但是当鲑鱼妈妈想要产卵时，她就会沿着哥伦比亚河往上游，到瀑布以上很高区域的淡水区找一个安静的地方，把卵产在那里。她是怎么到瀑布上面去的呢？跳上去的。你可能会想，鱼没有脚，怎么跳呢？很奇怪的是它们能，而且就是这么做的。它们把尾巴弯成类似弹簧的样子，然后一弹！——就跳上去了，鲑鱼可以跳得像华盛顿纪念碑一样高呢。

"瀑布有华盛顿纪念碑那么高吗？"

"没有，那里的瀑布都很低。"

"但是你说鲑鱼可以跳得像华盛顿纪

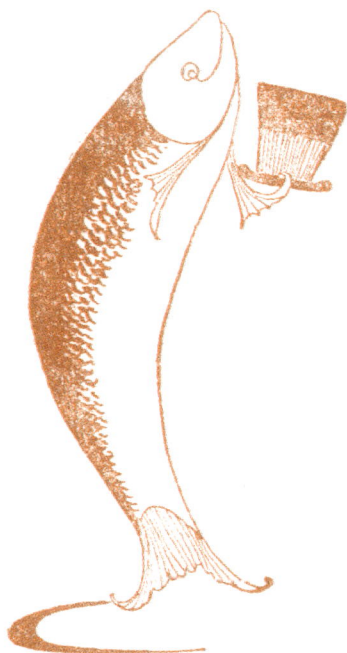

什么东西没有脚却能跳得像华盛顿纪念碑一样高

念碑一样高？"

"鲑鱼可以，因为华盛顿纪念碑根本跳不起来啊！"

成千上万的鲑鱼在一起叫做"鱼群"，它们一起沿着河流向上游。渔民用网捉住它们，但是渔民把大部分鲑鱼都放走了，这样它们才可以产卵，卵生出小鲑鱼，小鲑鱼沿着河向下游，然后游到海里。小鲑鱼在海里生活长大，直到它们也该产卵了，就继续沿着河向上游，跳上瀑布，要么被渔民捉到，要么被放走继续培育小鲑鱼。鲑鱼肉是橙红色的，我们把这样的颜色叫做鲑鱼色。鲑鱼肉一般是罐装的。你自己可能就吃过哥伦比亚河里的鲑鱼肉。

世上最古老的水果是苹果。这是种在伊甸园的水果，但是人们认为夏娃给亚当的那个苹果跟现在长在华盛顿州的苹果比起来不是最好的。在华盛顿特区的人——从美国的一边到另一边——都会买从华盛顿州运过去的苹果——有3000英里远——因为华盛顿州的苹果比其他地方的苹果好吃很多。这里的苹果是"极好的"。西北部的印第安人把一些好的东西都说成是"极好的"——不管是说女孩还是说苹果。

在华盛顿州和俄勒冈州有很大的森林，森林里的树被砍倒做建造房屋的木材，我现在写字用的纸也是用俄勒冈州的树做成的。我怎么知道的呢？如果我把纸对着光线举起来，纸上有用白色印刷的字——这是水印——

华盛顿出产的苹果是"极好的"

"俄勒冈州"。

在美国的西北角，有一个地方属于美国，但是并不是一个州。这里叫做领土。这里是阿拉斯加。北美洲最高的山在这里，是麦金利山。阿拉斯加很冷，离美国很远，到达那里很困难，但是美国还是用了好几百万美元把它买了下来，不是因为那里有北美最高的山，而主要是因为阿拉斯加盛产鱼类和动物的皮毛，后来有一天，还在那里发现了金子。

金子是一个有魔力的词。阿拉斯加州发现了金子的时候就像"四九淘金者"的那个年代一样，成千上万的人抛下他们身边的一切，带着挖金子的铁铲和筛选的滤网，奔向了那个遥远的地方，希望在新年到来之前能够发一笔大财。很多人只想着挣钱却没有带任何生活用品，所以到了阿拉斯加几乎没法生活。他们似乎不知道，发现金子的地方没有食物，也没有商店可以买吃的。有些人就更聪明一些，他们随身带着罐头装的食物。当那些没有带食物的傻子们挖到金子时，这些聪明的人就用食物换他们的金子。一罐头盒的豆角，他们卖的价钱是他们当初买时的好几百倍，那些愚蠢的挖金人必须得买，不然就会饿死。因为金子不能吃，他们必须得吃饭，

阿拉斯加印第安人的图腾柱

不然就会死掉。所以那些聪明的人就带着愚蠢的淘金者挖到的金子回来了，而那些愚蠢的人能够回来就已经很幸运了。

阿拉斯加可以捕捉鱼的地方住着印第安人，他们住在小村庄里。在每一个村子的中心，他们都会竖起一根高高的柱子，上面刻着或画着小鸟和动物的形状，还有很大很丑的脸。这样的柱子叫做"图腾柱"。每一个部落或家庭都用某种鸟或动物作为他们的吉祥物，比如鹰或熊等，就像你可

71

以把自己的俱乐部叫做"狮子"或"猫头鹰"，图腾柱是部落的标志。

　　如果你在晚上突然看到北边的天空挂着火一样的幕布，燃烧的火苗从远方天空的地上蹿出来，把天空照得非常亮。你可能会像我第一次看到的时候那样，那时我还是个小男孩，我就想，地球末日就要到来了。看起来好像整个地球都在着火，像快要爆炸了一样。这种奇怪的现象叫"北极光"。在阿拉斯加经常可以看到北极光现象，在更往南的地方，有时候，可能一生只能看到一两次。对那些从来没有见过或听都没听过的人，北极光看起来很恐怖。但是北极光就像一次美丽的落日或天空中的彩虹一样，根本不会对人们有什么害处。

　　是什么引起了北极光呢？这个问题不好回答，只知道这与电和太阳黑子有关。你听说过太阳黑子吗？有时候太阳上会有黑色的点，慢慢地在太阳上移动。你看不到太阳黑子，因为太阳的光线太强了，我们不能盯着太阳看。但是通过望远镜，并戴上暗色的太阳观测眼镜保护眼睛后，就可以看到这些黑点了，然后可以用特殊的照相机拍下来。太阳上出现太阳黑子以后，一般就会有一次明亮的北极光。

　　关于北极光的形成我就知道这么多了。有一次，一个小女孩问我："我们的想法是用什么做的啊？"这个问题和北极光的形成一样，也不好回答。

第 **17** 章

美国的邻居

有句俗话说，"篱笆扎得牢，邻居处得好"。但是这还得看是什么样的邻居。美国北边的国家比美国还要大，叫加拿大。这个国家从这边的海洋一直到另一边的海洋，也就是从一边的大西洋到另一边的太平洋，横穿美洲。如果两个国家之间有篱笆的话，这个篱笆应该有3000英里长。但是那里没有——除了想象的界线什么都没有。在这条想象的界线上，两国在交界处立着一个石碑，上面写的意思大概是"加拿大和美国同意永不打仗"，就这些——君子之间的约定。这个石碑叫"和平石"。

小孩子经常会说："谁发现的谁要。"法国人最先发现的加拿大，但是英国人觉得加拿大应该属于他们，所以英国人就与法国人打仗，从他们手里夺走了加拿大。这是很久以前的事了，但是现在加拿大仍然有很多法国人，在魁北克城里，说法语的人比说英语的人多。

以前我有一只纽芬兰狗。这只狗全身毛茸茸的，个子很大，吃的像一个人吃的那么多。纽芬兰狗是从加拿大大西洋沿岸的一个岛上来的，这个岛是一个英国人发现的，给它命名纽芬兰（英语意思是新发现的土地）。纽芬兰现在是加拿大的一部分。

沿纽芬兰的海岸往海里去，有一片比较浅的地方，名叫"大浅滩"。但是浅滩是在水下的。这是钓鱼的好地方，但是很多人去那里钓鱼不是为了娱乐，而是做生意。成千上万的小船到大浅滩去，停留在那里，直到船里已经放不下更多的鱼时才回来。大浅滩经常会出现大雾，有时候从大西洋对岸驶过来的大轮船看不到小的钓鱼船，会撞到小船，小船上所有的人和东西都会沉到海底。

加拿大虽然国土辽阔，但是人口稀少。整个加拿大的人还没有纽约州的人多。大部分加拿大人住的地方都尽可能地靠近美国，因为再往北去，冬天会非常冷。靠近美国的加拿大人与美国南边的人做的事情都差不多，种植的庄稼也一样。比如，加拿大是世界上除了美国之外种植小麦最多的国家。

加拿大最大的公司之一是名叫加拿大太平洋的铁路公司。加拿大的铁路从东边的大西洋一路通到西部沿海的温哥华，横跨了整个加拿大。但是线路没有因为海洋而中断，有很大的汽船可以穿越太平洋。这个公司还拥有沿铁路线所有的宾馆。在铁路的一段，有非常漂亮的景色——有美丽的山和湖。落基山里的露易丝湖非常漂亮，每年都会有很多人去那里度假或度蜜月。

没有女人喜欢野生动物靠近她，比如一只狐狸或一只狼。但是，一旦这些动物死了，她们喜欢这些动物的毛皮靠近她，她们会花很多钱来买这些毛皮。加拿大有一个很大的海湾，与墨西哥湾差不多大小，叫哈德孙湾，但是哈德孙湾与哈得孙河没有什么关系。哈德孙湾整个冬天里都是冰，海湾周围的冬天也非常冷，人们只要不是非住不可，都不会到那里居住。有些人住在那里主要是为了打猎。在那么冷的地方，动物是没办法买外套的，所以它们自己长了外套——皮大衣，最好最暖和的外套。猎人设了陷阱把狼、狐狸还有其他动物捉住后杀死，把它们的外套剥下来，卖给那些愿意出高价的夫人。这些打猎卖它们毛皮的人都来自哈德孙湾公司。

加拿大的省份跟我们的州一样，但是加拿大只有十个省，最大的一个叫安大略省，是以安大略湖命名的。安大略省临近五大湖除了密歇根湖以外的其余四个湖。加拿大的首都就在安大略省，叫渥太华。英国会派一个人穿越大洋来到加拿大，这样的人被称为总督，但是加拿大的法律是加拿大人民自己选代表去渥太华制定的。

在加拿大，越往北走越冷。最北端的气候因为过于寒冷，树都没办法生长，只有松树和云杉等树木可以存活，我们把这些树叫做"常青树"。常青树的木头是软的。橡树、枫树等树木无法在寒冷的气候中生长，到了

秋季叶子都会落下来，这些树的木头一般都很硬。硬木树的木头主要被用来制造家具，软木树就被磨碎来造纸。

这本书的纸，还有几乎所有印刷书用的纸，所有报纸用的纸，都是用木头做的。印刷一份大的城市报纸，一天就要很多亩地的树。这相当于用一个城市街区大小的空间来种树，才能满足印刷一份报纸所需的纸张。这样你就知道加拿大的树要被砍伐得多快才能满足美国报业用纸的需求。一天接一天，很多的树木被砍倒，磨成纸浆，做成纸，一大卷一大卷地运到我们这边来，于是我们就能够看到报纸上的新闻——只是第二天报纸就被烧了。就像人吃小麦，动物吃玉米一样，印刷机每天需要吃树木才能工作，一年到头，从不停歇。

我学地理课程最早了解的一项内容就是关于因纽特人的，他们住在雪屋里，在冰里凿开一个洞钓鱼。因纽特人就生活在加拿大东北角的拉布拉多。因纽特人与印第安人有一定的血缘关系，而且他们与远方的中国人也有一定的血缘关系。我会在后面更加详细地告诉你他们的故事。

第 18 章

战神的国度

汤米·廷克正在吃一片抹了黄油的面包。他很小心地咬着面包的边，咬一口面包，就要仔细地看看面包。

"你在干什么呀？"他的爸爸问道。

"我在吃北美洲的地图，"汤米回答。他把面包小心翼翼地放在桌布上。"这个角是阿拉斯加州，拉布拉多在这个角，佛罗里达州在这个角，尤卡坦半岛在跟它相对的那个角上。"然后他卷出一个小面包条，放在另外一个角上，"这里就是下加利福尼亚。"

"我本来看你不好好吃饭，想把你赶下饭桌，"他爸爸说，"如果你能告诉我加利福尼亚湾在哪里，我就不赶你了。"

"加利福尼亚湾不在加利福尼亚州，"汤米说。"上一次你就没有难倒我。它在墨西哥，下加利福尼亚也是——两个都在墨西哥。"

"答对了，"他爸爸说。"我小的时候，老师问我加利福尼亚湾和下加利福尼亚在哪里，我没有好好看书听课，就说'加利福尼亚州'，因为我当时觉得这么说一定是对的。"

"你的老师有没有给你看过这个？"汤米问道。他把左手的食指和拇指弯起来，做成字母"G"的形状。"'G'是墨西哥湾，"他说，"我的食指是佛罗里达州，我的拇指是尤卡坦半岛，这个就是墨西哥，你看明白了吗？"

"我上学的时候地理老师没有这么教过我。"他爸爸说。

墨西哥湾　←　佛罗里达州

尤卡坦

墨西哥地图

你的老师给你看过这个吗？

"他们现在也不教，"汤米说，"是我自己想出来的。"

或许你听人说过有个地方叫"神的国度"。就在美国南边的那个国家，准确地说是"战神的国度"。这个国家叫墨西哥，以印第安人的战神"墨西卡利"的名字命名的。

当你跨越美国与加拿大的边境时，很难知道已经到了另外一个国家——人长得都是一样的，说的语言也一样。但是如果你从美国去墨西哥，你一定会知道你已经到了另外一个国家——那里的人与美国人长得不一样，他们说的也不是英语。墨西哥过去属于大西洋对岸的西班牙，现在是独立的一个国家，属于它自己。

我前面告诉过你美国和加拿大的边界上有一块"和平石"，并且加拿大和美国很早以前就约定永远不跟对方打仗。但是在美国和墨西哥的边界上却没有这样的"和平石"，美国和墨西哥过去有过很多战争。我们的得克萨斯州、新墨西哥州和亚利桑那州以前都属于墨西哥。在得克萨斯州和墨西哥之间有一条河叫"格兰德河"，意思是一条大河。因为格兰德河流经的国家太干燥，所以有些时候根本就没有河，只有以前的河流过的地方，没有水，所以沿河的某些地方，或者在一年的某些时候，人们可以直接从美国走到墨西哥。

白种人刚来到美国的时候，我们全国各地都是印第安人。白种人把印第安人一点点赶到远处的角落里，让他们不再碍事。所以现在美国印第安人很少，很多小孩除了在马戏团或5美分的硬币上见过印第安人的样子外，在其他地方都没有见过真正的印第安人。当白种人来到墨西哥时，那里也都是印第安人，但是现在，墨西哥的印第安人仍然比白种人多。很多西班牙的白人与印第安人结婚，所以有些墨西哥人是西班牙人，但是印第安人还是要多一些，当然，更多的既是西班牙人又是印第安人。

美国人说英语，很多生活习惯与英国人相同。来到墨西哥的人是西班牙的白种人，所以他们说西班牙语，很多生活习惯与西班牙人相同。

西班牙人刚来墨西哥的时候，发现印第安人都戴着银项链、银手链，还有其他银子做的饰品，所以他们就知道墨西哥一定有银子。西班牙人来墨西哥其实是要找金子的，但是银子只比金子差一点，所以他们就开始挖银子，他们现在也还在挖银子。白种人来墨西哥挖银子已经挖了400多年了，但是即使到现在，墨西哥地下的银子也比全世界其他地方的银子多，当然除了美国。银矿在山里面，是与美国落基山一个系列的山脉，只是在

墨西哥与中美洲

墨西哥，他们将这道山脉称为"马德雷山脉"。

在马德雷山脉上，有一个碗状的山谷，是墨西哥的首都，叫墨西哥城，跟国家是一个名字，你就不用记新名字了。一般来说越往北越冷，越往南越暖和，但并不总是这样的。但是山峰地势越高越冷——总是这样的。因为墨西哥城在南边，你一定认为那里很热，但其实不是，因为它在很高的山上。墨西哥城一年四季的天气都比较温和。

墨西哥城附近有一座古老的火山，它的名字很特别，叫"波波卡特佩特尔"，听起来好像波波卡特佩带儿。你或许会想他们为什么不给它起个简单的名字呢？他们是这么做的，因为在给它起名的印第安语里，波波卡特佩特尔的意思是"冒烟的山"。波波卡特佩特尔很靠近南边，我们想着那里应该比较热，但是因为太高，这里很冷，一年四季都有雪。波波卡特佩特尔现在不再冒烟了，但是一直都有硫磺烟团喷发出来，硫磺不断在火山口聚集起来。印第安的女工会沿着波波卡特佩特尔的边爬上去，然后再爬到里面去收集硫磺。硫磺可以用来制造火柴头、药物，还有其他一些东西。

在墨西哥靠近海湾的一边，沿着海滨的地方非常炎热，非常潮湿，对健康十分不利，所以除非万不得已是不会住在那里的。但是在坦皮科附近的海滨，地下发现了大量的石油湖，人们在地下挖井获取石油。这里很靠近大海，油船可以直接把石油运到美国和世界上的其他地方。用船运输石油比用火车运输便宜很多，因为一艘油船装的石油，需要1000节火车车厢才能运完。

墨西哥有一块地像人的拇指，那是尤卡坦半岛。这里有一种植物的叶子长得很高，形状像一把剑。一种看起来像灰白长头发的纤维可以从这种叶子里提取出来。这种纤维叫剑麻，可以用来制造绳子和麻线。从这里的另外一种植物中提取的果汁可以做口香糖。

第 **19** 章

这么近又那么远

我的北美洲和南美洲的地图上用大写字母写下了这两个名字：北美和南美。这两个名字听起来像兄弟的名字。它们看起来好像造物主想尽量把它们拉远，但是又不会把它们拉得很开。这两个地方被一小块地连接着，这个地方叫中美洲。中美洲最细的地方——细得就像叶子的茎——叫做"巴拿马地峡"。

巴拿马地峡的一边是大西洋，另一边是太平洋，这两个大洋离得这么近，然而又那么远。想要从一个大洋到另一个大洋的轮船不能直接从这个狭窄的巴拿马地峡通过——轮船必须得绕远路，绕得很远很远，从南美的底部绕过去，有好几千英里远。不能从北美的上面过去，因为那里的土地和冰都会阻挡轮船。仅仅是因为船不能从这个小地方过去而绕的路实在是太远了。就好像你正在驾车兜风，走到了一条河面前，那里没有桥，一个路标上写着"绕道10000英里"。这是全世界最长的绕道。一般来说，人们都会想办法找到一条路，这样就不用绕道了。有人建议用轮子把轮船从巴拿马地峡运过去。他们说："我们先用一个大型的电梯把轮船从水里抬起来，然后放在一个人的卡车上，从巴拿马地峡上把卡车推到另一个大洋边，再用另一个大型的电梯把轮船卸下来放进水里。"但是如果能在巴拿马地峡上挖一条运河应该更简单一些，因为有运河轮船就可以直接从一个大洋开到另一个大洋。从地图上看，这应该非常容易——似乎只要用剪刀剪一下或用刀子挖个口就行了。但是地图上的那一小块地横跨过去实际上却有30多英里，而且还有山阻挡着。

中美洲经常发生地震，如果这么多地震有一次能把巴拿马地峡震开，把北美和南美分开，就会方便得多。但是地震并不会做这样的好事——地震只会在你不需要的地方震开裂缝。

你可能会问：为什么轮船要从一个大洋去另一个大洋呢？为什么这些轮船不能就待在一边，另一些轮船待在另一边呢？这么说吧——你妈妈会去市区买穿的、买吃的、买家具。所以这些轮船也是去买东西——运东西，买东西——只不过轮船是在全世界运输买卖东西。从大西洋周围的国家开出来的船会到太平洋周围的国家买东西，比如茶叶、瓷器或丝袜。从太平洋周围的国家开出来的船会到大西洋周围的国家买他们自己没有的东西。这是船从一个大洋去另一个大洋的原因。这些轮船如果有办法，就不想绕很远的路多走10000多英里。所以最后在大洋那边的法国来了一些人，他们知道怎么挖运河——因为他们之前已经挖过一条很长的运河，他们开始在巴拿马地峡挖运河。

巴拿马地峡以前是全世界最不适合居住的地方。生活在那里的印第安人和黑人好像不会受影响，但是白人就不一样了。在那里的每三个白人里就有一个人由于发热而死去。从法国来的那些人在那里挖了好几年，他们死了太多的人，花了太多的钱，却挖了太少的运河，于是最后他们放弃了，不在那里挖了。

后来美国从巴拿马这个小国家永久性地租了一块地，这块地有10英里宽，正好像一个腰带横跨巴拿马地峡。这块腰带状的地叫运河区。但是美国人在开始挖运河之前，他们说："我们必须得把运河区整理得干净卫生，适合白人在那里居住才行，这样他们就不会一到那里就死掉了。"所以他们派了一个有名的医生到运河区，让他想办法弄清楚白人得病的原因，然后改善当地的环境。

这个医生发现让地峡不卫生的东西是——你认为是什么呢？——就只是小小的蚊子。但是这些蚊子跟我们平时遇到的不一样。我们平时见的蚊子只会在咬的地方留一个痒的点，但是那里的蚊子却完全不是一个品种。有一些是城镇蚊子，有一些是乡村蚊子。乡村蚊子会让人得疟疾，疟疾很不容易治好。但是更糟糕的是城镇蚊子，它们会让人得黄热病——这种病会让人变黄，得了这种病的人几乎都会死。所以这个医生说，我要找到清除这些蚊子的办法，这样它们就不会害死人了。于是，他就开始研究这些蚊子，后来他找到了杀死蚊子的办法。他用硫黄烟杀死城镇蚊子——波波卡特佩特尔的硫黄，用石油杀死乡村蚊子——也是墨西哥的石油。然后他把蚊子生活繁殖后代的沼泽地和其他地方清理干净，这样蚊子就没有地方生存了。他用这些办法把全世界最不卫生的运河区变成了全世界最干净的地方之一。

蚊子被清理掉之后，美国人才开始挖运河。然而他们并没有像法国人那样，直接从中间挖开地峡，这样大西洋和太平洋就可以流到一起——这样意味着要挖很多地，还要用炸药，因为炸药能够把地炸开，然后再把炸开的土运走。所以美国人就在土地上方横穿地峡挖了一条沟，用那里已有的一条河和一个湖的水来充满这条沟。在沟或者叫运河的两头，安装了水闸，从海里来的船只就可以在一头被水闸抬高，然后到了另一头再放低进入大海。在这个过程中，船都是在淡水上行驶，因为两个大洋的海水都不会进入运河。北美洲和南美洲没有被切开——它们还连着，以后都会连着，除非造物主要把它们分开。

第 20 章

有海盗的海

有一次我坐火车离开巴尔的摩，有一个人问我去哪里，我告诉他我要去巴尔的摩。他看着我，好像我犯了一个很大的错误，他惊奇地说："你坐错车了！这辆车是离开巴尔的摩的。"

"我知道，"我回答道，"我要绕很远的路去巴尔的摩，我绕着地球走回巴尔的摩。我就是为了到东边而先往西走。"

在地球的另一边有一个群岛叫"印度群岛"。人们很早以前一直往东走就到过那里，那里离我们很远。哥伦布以为他从相反的方向走——朝西走——也一样能够到达印度群岛。当时的人们都认为这样很傻，但是哥伦布认为地球是圆的，如果真是这样，他朝西走就一定能够到达东方的那个群岛，这与朝东走一样。所以他就起航了，开着船走啊走，总是朝着太阳落山的方向，最后他的确到达了某个群岛。他以为这些群岛就是现在的印度群岛，所以他把它们命名为"西印度群岛"。我们现在知道——他当时不知道——实际上，他根本没有到达印度群岛，一半的路都没有走到。他不知道，即使他当时再走远一点，中美洲也会挡住他的路，让他到达不了印度群岛。

这个岛上的人都是红皮肤，脸上涂抹了颜料，头发里插着羽毛，哥伦布把他们叫做"印第安人"，其他人则称他们为"加勒比人"，意思是"勇敢的人"，因为他们很勇敢。这个群岛周围的蓝色大海叫加勒比海——加勒比人的海。

哥伦布当时是在找一个新的路线，他找到了。在这之后，很多人到这里来寻找金子和银子，也找到了。有些是在墨西哥发现的，有些是在南美洲发现的，有些是他们从发现金银的印第安人手里拿走的。是他们抢的，就是这样。这些金子银子都是财富，人们发现它们，偷抢别人发现的，装在他们的船上，返回西班牙。

但是很多装着这些财富的船都没有回到西班牙。海盗——海里的强盗——在海里等着抢夺这样的船，船里都是在陆地上从别人手里抢来的金银财宝。抢夺强盗总比抢那些可怜的印第安人要好。这些海盗很大胆，很坏，很冷漠，很残酷。他们腰里都系着血红的饰带，脖子里系着血红的手绢，头上也系着血红的手绢。他们的耳朵上戴着很大的耳环，胳膊上有很大很粗的手镯，可以说"武装到牙齿"。他们藏在加勒比海的小岛后面，当看到载着金银财宝的船驶过来时，他们就在自己船的桅杆上升起一面黑色的旗子，这面旗上有一个骷髅头，还有两根交叉的骨头。然后他们就驶过来，把装着财宝的船、船上的财宝和船上的人都占为已有。海盗让船上的人成为自己的奴隶，如果这些海盗不想要奴隶了，就让他们"走木板"——把他们的眼睛蒙住，让他们在船边上的一个木板上走。他们走到木板的尽头时，会掉进海里淹死。海盗会把抢来的财宝装进一个大铁柜里，然后开船回到自己的小岛，把装着财宝的铁柜埋到沙子里。他们会在地图上把这个地方画一个"×"，这样他们需要的时候就能够找到这个地方，而其他的人不会找到。

很多年前就没有这样的海盗了，从蓝色的加勒比海经过的船只也不再害怕海盗抢他们的东西，而且很少有船装的东西是海盗想要的。但是这个海里的海水很蓝，天气很暖和，小岛也很美，所以很多人都会到那里去游玩，我自己就去过一次。

我离开纽约的时候，那里正在下雪，两天后我到了一个叫百慕大的岛上，那里气候温暖，阳光明媚。麝香百合竞相开放，新种的土豆和洋葱都正在地里长着。农民种植这些花和蔬菜就是为了运到冻得发抖的纽约，让美国人在温暖的季节到来之前就能够享受到美好的花和蔬菜。

我乘坐的船又往南开了两天，到了一个叫"拿骚"的岛上，拿骚是巴哈马国的首都，这个国家有很多小岛。在拿骚，海底下的海绵被收集上来，然后运到美国，供美国人使用。你相信你现在用的海绵以前是活的吗？它们生长在岩石上，外面有一层像果冻一样的东西，里面是海绵。人们潜到海底，把活着的海绵从它们生长的岩石上拽下来，然后把像果冻的那部分用水洗掉，剩下的就是海绵。

百慕大群岛的另一个岛，就是哥伦布当初登陆的那个岛——是全世界最有名的。人们在哥伦布走上这个岛的地方立了一块纪念碑，就是在这里，他从那个在海上行驶了很长时间的小船里走出来，跪在沙子上感谢上帝的指引，让他能够平安地找到"新大陆"。他以他的救星命名这个岛，即"神圣的救世主岛"，用西班牙语写出来就是"圣萨尔瓦多岛"。

西印度群岛有三个连在一起的大岛，还有一个稍微小一点的岛，在加勒比海附近还有很多很多小岛屿。

西印度群岛中最大的一个岛是"古巴岛"。哥伦布发现古巴的印第安人在嘴里咬着燃烧的火把，他们把烟吸进去，然后以一种非常奇怪又让人惊奇的方式把烟吐出来，就像是吞云吐雾的龙。人们做这件事时看起来很不寻常——把草燃烧的烟吸进去，他们似乎很享受。海水另一边的人以前从没有见过这样的景象——人会呼吸草燃烧的烟。但是现在，全世界的人都在效仿古巴那些红皮肤的印第安人当时做的事。燃烧的那种草叫烟草，现在世界上很多地方都在种烟草，只是全世界最好的烟草还是古巴种的。哈瓦那是古巴的首都，哈瓦那雪茄被运往世界各地。

在很长一段时间里，古巴都是西班牙的殖民地，直到后来才独立。

在世界上，几乎所有蔬菜和水果的汁里都含有糖分；蔬菜和水果都是甜的。有些含的糖分很多，有些含的很少。但是有两种蔬菜汁里面的糖分特别多，人们种植这两种蔬菜就是为了获得糖。它们是甜菜和甘蔗。你知道甜菜是什么样子的吗？甜菜长得像萝卜一样。甘蔗看起来像玉米的茎秆。人们从甘蔗的茎里面把汁挤出来，用火煮甘蔗汁就可以获得糖。古巴种植的甘蔗是全世界最多的。

三个相连大岛里的第二个岛是"海地岛"。尽管这个岛不大，上面只有两个国家。这两个国家都是像美国一样的共和国，有总统、参议员和众议院议员，都是由人们选举出来的。只是这两个国家的总统是黑人，参议员和众议院议员也是黑人。如果我告诉你这个岛上的人都是黑人，你就不会觉得奇怪了吧。

哥伦布死后就被埋在海地岛上。很多年以后，人们把一副骸骨挖出来，以为是哥伦布的，就把骨头送回了西班牙。西班牙人把这副骸骨保存在一个大教堂里。但是很多人都认为那并不是哥伦布的骸骨，而是其他人的，他们认为哥伦布的遗体还在海地。

波多黎各，是西印度群岛里的第三个大岛，属于美国。波多黎各人也种烟草，只是这里的烟草有点不一样，没有古巴人种植的烟草好。

牙买加是连在一起的三个大岛南边的一个小岛，属于英国。我们吃的很多香蕉都来自牙买加。香蕉还是绿色的时候就被摘下来了，等到这些绿香蕉被运到美国在水果店卖的时候，香蕉已经是熟的黄色了。如果你吃了生香蕉，你可能需要一点牙买加的姜，用来治肚子疼——姜也是牙买加人种的。

烟草、糖、海绵、蔬菜、香蕉和百合，如果海盗们劫获了一艘装满这些东西的船的话，一定会被气死的——白忙活了一场。

第 **21** 章

南美洲北部

南美洲看起来像一个萝卜，一根甘蓝，一个陀螺，一个漏斗，一片叶子，一个无花果，一个倒着放的梨，一根划桨，一块羔羊排骨，一只羊腿，一个蛋卷冰激凌圆锥。南美洲的主干是巴拿马，最下面的钩子是好望角。

从南美洲的最上端到最下端，也就是从巴拿马到好望角，有一个很长的高山组成的墙，叫"安第斯山脉"。这个山脉是地球西半球的最高峰，也是全世界最长的山脉。

发现美洲大陆的哥伦布，只有一个国家是以他的名字命名的，这个国家在南美洲，离巴拿马这个南美洲主干最近——巴拿马连接着南美洲和中美洲——名叫"哥伦比亚"，与哥伦布的前面两个字一样，后面则读音相近。

当白人第一次到达南美洲北边的岸边时，他们发现哥伦比亚旁边有一个国家，那里的印第安人住在水里，房子建在树桩上。这让他们想起了大洋另一边的一个城市，这个城市在意大利，名叫"威尼斯"，那里的房子就是建在水里，所以他们把这个新发现的国家叫做小威尼斯，用西班牙语说出来就是"委内瑞拉"。与委内瑞拉隔水相邻的一个独特的岛叫"特立尼达岛"。这个岛上有一个湖，湖里面没有水，而是满满的一种焦油，叫"沥青"。这里的沥青被挖出来，装到船上运到美国，用来铺路。

委内瑞拉旁边还有三个小国家，叫圭亚那地区，它们分别属于欧洲三个不同的国家。事实上，南美洲只有这三个国家属于南美洲以外的其他国家。第一个圭亚那属于英国，第二个属于荷兰，第三个属于法国。

在英国的圭亚那，荒野处有一个瀑布，比尼亚加拉大瀑布高四倍。但是因为太偏远，几乎没有白人看到过或者听说过它。这个瀑布的名字是凯

特立尼达岛

委内瑞拉

胡椒

哥伦比亚

圭亚那
苏里兰
法属圭亚那

赤道

可可豆

厄瓜多尔

橡胶树

印加遗迹

秘鲁

巴

西

咖啡豆

太

奎宁

鱼罐头

玻利维亚

里约热内卢

大

硝酸钠

智

巴拉圭

乌拉圭

桑托斯

西

平

碘酒

利

阿根廷

麦哲伦海峡

南美洲

洋

洋

火地岛

厄图尔瀑布。你可以考考你爸爸是否知道这个瀑布。

地球中间的那根线，如果那里有线的话——其实没有——就像一个很胖的人的腰带，叫"赤道"。西班牙语里的赤道是"厄瓜多尔"。厄瓜多尔也是南美洲的一个国家，这个国家骑跨着赤道。我们想着那里一定非常热，因为一般越靠近赤道就越热；但是大部分赤道都在安第斯山脉上，因为太高，所以一年四季都很凉爽。厄瓜多尔的首都是基多。从基多可以看到世界上最高的两座火山，这两座火山的名字听起来很奇怪。比较高的那座叫琛坡拉索山，它不再冒烟或喷火。另一座叫科多帕希火山，虽然没有那么高，但是还很活跃，里面的火还没有完全出来。

在厄瓜多尔，这个离我们很远很远的国家，生产一些可能你每天都会吃或喝的东西是不是有点奇怪？这里有巧克力和可可豆。这两种美食都是用豆子做成的，这种豆子生长在一个大豆荚里——豆荚有西瓜那么大。它们不是长在树枝上，而是直接长在树干上，人们把这种树称为可可树。

厄瓜多尔的印第安人非常野蛮凶狠，他们被叫做"猎人头者"。不管什么时候他们想要自己没有的东西——也可能是妻子——或者他们仅仅是想打仗，他们的一个家庭或部落就会与另一个部落打仗。每当他们杀死一个人，就会把这个人的头割下来做纪念品，就像美国的印第安人以前会把一个人的皮肤剥下来作为纪念品或战利品。最后拥有最多人头的那个人被认为最会打仗。他们经常打仗，而且用的不是用弓箭，是一种很大的吹管——像人一样长——吹出沾了毒药的泥丸或小飞镖。他们用这样的吹管杀死人和动物。这些野蛮的印第安人不用鱼竿或渔网捉鱼吃，而是把毒药放在有鱼的溪水里。毒药会把鱼毒死，鱼就会漂到水面上来，这种鱼不会影响他们食用。

厄瓜多尔的印第安人是目前已知的最野蛮的印第安人，但是就在厄瓜多尔南面的一个国家，这个国家叫"秘鲁"，那里曾经住过最文明的印第安人。秘鲁的印第安人不住在帐篷、棚屋或茅草屋里，而是住在宫殿里。他们非常聪明，也非常富裕。他们是印加人，首都是库斯科。印加人有大量的金银财宝，当西班牙人初到南美洲寻找金子银子的时候，就发现库斯科的金矿银矿已经被挖掘了。他们需要做的就是从印加人手里把金子、银子抢走。这做起来很简单，因为西班牙人有枪，而没有这类武器的印加人根本不是西班牙人的对手。所以西班牙人胜利了，印加人的金银他们随便拿，而且他们可以到矿井里继续挖掘更多的金子和银子。然而，令人感到可笑的是，这些西班牙人在将抢来的金银财宝运回西班牙的途中，都被海盗给抢了。

很多留在秘鲁的西班牙人跟印第安女人结了婚，所以现在秘鲁大部分人都是西班牙和印第安人的混血人种。

现在的库斯科，除了以前宫殿的废墟，几乎没有剩下什么。秘鲁现在的首都是利马，但是利马豆（也叫菜豆）并不是这里生产的。这里盛产一种治疗发热的药物。印第安人发现了一种树皮，如果把树皮放在水里煮，就可以得到一种茶叶，这种茶叶可以让发热的人体温降低。白人来到这里的时候，也发现这种树皮可以治疗发热。所以现在这种树皮就被收集起来，运到其他国家用来生产治疗发热的药物。这种药叫"奎宁"。

在美国，我们都是用火车或卡车等交通工具来运输货物，但是在安第斯山脉，人们却用一种小动物来运输货物。这种动物叫"美洲驼"，它们长得很像沙漠里的小骆驼，但是没有驼峰。

你有没有听说过一个叫西蒙·玻利瓦尔的人？很可能没有。可是在南美洲，每一个小男孩和小女孩都知道他，就像你知道乔治·华盛顿一样。

在安第斯山脉，美洲驼被用来运输重物

实际上，这个人就被称做"南美洲的乔治·华盛顿"。就像英国以前拥有十三个殖民地一样，西班牙过去在南美洲也有很大的殖民地。后来这个叫西蒙·玻利瓦尔的人，认为西班牙没有很好地对待他的国家。他当时住在委内瑞拉，很多人的想法和他的一样。玻利瓦尔在美国住过一段时间，了解到美国以前属于英国，但是在乔治·华盛顿的领导下，最终获得了独立。所以玻利瓦尔回到南美洲以后，也领导了一场革命，他希望自己的国家和南美洲的其他国家都能摆脱西班牙的控制，成为独立的国家。这场革命相当不容易。为了活命，他不得不一次又一次地逃离南美洲，然后又一次次地回到南美洲，最后他成功地让五个国家不再是西班牙的殖民地，成为独立的国家。玻利瓦尔去世后，他解放的五个国家里有一个国家把原来的名字从"高秘鲁"改成了"玻利维亚"，以纪念玻利瓦尔。玻利维亚完全不靠海，乘船没有办法到达海域。全球只有极少的几个国家是这样的。

世界上很多锡制品都来自玻利维亚的锡矿。锡质锅和锡质罐头都不是用纯锡做成的——那样的话就太贵了。它们是先用铁做成，然后在外面镀上一层锡。铁做的锅和罐头会生锈，那样就不适合盛食物，但是金属锡不生锈，这就是为什么要在铁锅和铁罐头外面镀上一层锡的原因。如果镀层褪掉了，里面的铁就会生锈。这就是为什么你在垃圾堆上看到的大部分锡罐头都是生锈的，因为外面的锡涂层没有了。

在玻利维亚和秘鲁之间有一个非常大的湖泊。这个湖的名字听起来很有意思，念起来好像人口吃一样，叫"的的喀喀湖"。这个湖是全世界大小相似的湖里面海拔最高的一个。我曾经在地窖里做了一只小船，做成之后我发现小船太大了，没有办法把它拿到屋外面去。所以我只能把做好的小船分成几部分拿到外面，然后再把这几部分组装到一起。的的喀喀湖上也有汽船，但是为了从造船的地方把汽船带到湖里，这些船也必须先分成几部分，拿到山上后再重新组装成汽船。

第 *22* 章

橡胶之地和咖啡之地

高山可以形成河流。如果一块大陆是平的——就像桌子一样平——那么就不会有河流了。从天上下来的雨水会从大陆上流下去，就像倒在桌子上的水会向下流一样。从安第斯山脉上流下来的水形成了地球上最大的河流——不是最长的，而是最大的。这条河的名字以"亚"开头，叫亚马孙河。在地图上，亚马孙河看起来就像有很多枝条的藤蔓植物，拥有众多支流。随着河水的流淌，河道会变得越来越宽，从河的这边看不到河的那边。亚马孙河是世界上注入海洋的水量最多的一条河。

你或许想知道，既然全世界所有的大河时时刻刻都在往大洋里注水，为什么大海不会被填满，水不会流出来呢？如果不关水龙头，水一直往浴缸里流，浴缸里的水就会淌出来。这是因为，大海里的水一直都在转变成水蒸气，从水面上升到空气中形成云彩。云彩离大海越来越高，飘到其他地方，然后变成雨。雨落到地面上，大部分雨水被树和其他植物吸收，剩下的就流到河里，河再流到海洋里，然后同样的过程再一遍一遍地重复——从河流到海洋，从海洋到云彩，从云彩到地面，从地面到河流……一直这样重复地循环下去。地球上的水不会增多也不会减少，只是以不同的形态存在于不同的地方。

南美洲所有的大河都会流入大西洋——没有河会流进太平洋，因为安第斯山脉靠近太平洋一边。

亚马孙河流经一个叫巴西的国家。巴西是南美洲最大的国家，比美国所有的州加起来都大！这个国家的名字来自于一种在那里生长的树。这种巴西树被用来生产一种染料。但是，这个国家叫"橡胶"或"咖啡"似乎更合适一些，因为巴西的橡胶树和咖啡树的数量比巴西树要多。

亚马孙河周围的地带叫"热带雨林"——意思是"树林"。但是这里不仅有树木，还有丛林和湿地。这里没有文明，非常炎热，潮湿，不适合人类居住。这里的一切都长得非常大，非常厚，非常快——睡莲的叶子大得像餐桌布一样，厚得让人几乎很难从中间穿过去，它们长得还很快，就像《巨人杀手杰克》里的魔豆，长势非常迅猛。

热带雨林里有很多动物，人却很少，主要是印第安人。雨林里有很多猴子，街上音乐演奏者卖艺时用的那种猴子。这里还有鹦鹉。水手们会捉鹦鹉，教它们说话，然后带回家去。这里有很大很漂亮的蝴蝶和飞蛾，爱收集的小男孩一定很喜欢捉它们来制成各种各样的标本。这里有巨大的蛇，叫蟒蛇。蟒蛇会挂在树枝上，看起来像厚厚的攀缘植物，用以迷惑其他动物。它们会把动物捉住，盘绕起来，等动物窒息而死后，再整个吞下去。当食物被消化的时候，蟒蛇可以睡一个星期甚至一个月。还有用脚趾挂在树上的动物，就像秋千上的小男孩，睡觉都是头朝下倒着睡。这是非常懒惰、爱睡觉的动物，好像不会醒来，也不会运动。当它们真正动的时候，动作又是懒懒的，所以它们就叫"树懒"。还有像龙一样的动物叫"美洲蜥蜴"。还有大型的牛蛙，叫起来就像狮子在吼。这里还有蚊子，让人得疟疾的乡村蚊子。你会想，既然这里是这个样子，人们为什么还要去热带雨林呢？他们是去打猎，打到的动物会送到博物馆和动物园，但是最主要的是寻找某种树的汁水，这种树生长在热带雨林里。

白种人发现亚马孙的印第安人会玩一种球，这种球可以反弹和跳跃。他们以前从来没有见过这种东西。后来他们发现这种球是用一种树的汁水做的。这让白种人想到这种汁水也可以做成球给白人小孩和大人玩，比如网球、高尔夫球。然后他们又发现一块这样的东西可以用来擦掉一些痕迹——所以他们给它起名叫"橡胶"（"橡胶"的英文意思是可以用来擦掉的东西——译者注）——然后就用这东西做成了橡皮擦、汽车轮胎、橡皮圈和胶鞋。软橡胶、硬橡胶，可以拉的橡胶和会弹跳的橡胶都是用橡胶树的

汁水做成的，只是用的方法不一样，就像厨师用不同的方法可以把糖做成
太妃糖、橡皮糖和饴糖。

人们会在热带雨林中穿行，一旦发现了橡胶树，他们就会在树的主干
上用刀子开一个口，在口下面挂一个杯子，用来接从切口流出来的橡胶汁
水，这树汁就像切破的手指流出来的血一样。然后他们继续在雨林里走，
把接到的一杯杯橡胶树汁倒进一个桶里，带回他们的住处。当他们收集到
足够多的橡胶汁水后，就把一些树汁倒在一根棍上，然后把棍子放在火上
烤干。他们会一遍遍地这么做，直到木棍上有一大块橡胶。他们把这些橡
胶堆放在小船里，运到亚马孙河，再把它们放进大船里，运往美国和其他
国家。

巴西还有一样很有名的东西，它的英文名字以"C"开头——几
乎每个家庭都会有的东西。你能猜出来是什么吗？是咖啡（英文写作
coffee——译者注）。美国人每天早餐时喝的咖啡，不像橡胶是巴西天
然生长的东西，它们是人工种植的。事实上，巴西刚开始根本就没有咖
啡，是有人将从大洋彼岸带回的咖啡树种在了巴西。他们把咖啡树种在
岸边的高地上，而不是热带雨林里。他们发现高地和那里的气候正适合
咖啡树生长。现在巴西的咖啡树比刚开始种植时多很多，当然也比世界
上其他任何地方都多。

咖啡长在一种矮树上，咖啡豆看起来像樱桃。在每一个樱桃一样的咖
啡豆里都有两粒种子，这些种子就是咖啡。但是咖啡在做成饮料之前，必
须要先烤成棕色，然后磨成粉。

很久以前的一个元旦，一个人在巴西的海岸划船，到了一个类似河
口的地方。因为当时是一月的第一天，所以他就把那条河命名为"一月
河"，在这个人的母语里，就是"里约热内卢"。后来人们发现，那里没
有河，但是在那里慢慢发展起来的城市仍然叫"里约热内卢"，现在是巴
西的首都。在里约的港口——人们把里约热内卢简称为里约——有一块巨
大的石头叫"塔糖"。从船上看里约，城市后面的山就像一个"沉睡的巨
人"，这就是这些山的名字。

里约是世界上第二大咖啡生产地。第一大生产地也在巴西的海岸线
上，就在里约的南边，叫桑托斯。你爸爸早上喝的咖啡很可能不是来自

桑托斯就是里约。如果咖啡、可可豆、锡罐头、沥青路和橡胶轮胎，都像童话里那样可以说话，它们关于自己的家和旅行会有多少故事可以讲啊！

爸爸早上喝的来自巴西的咖啡

第 **23** 章

白银之都和纤长之国

孩子一出生的时候，我们就会给他们起名字，但是有时候等孩子长大了，他们原来的名字可能就不适合他们了。"查尔斯"的意思是"强壮"，"鲁思"的意思是"漂亮"，但是小时候叫"查尔斯"的人长大后不一定强壮，"鲁思"长大后也不一定漂亮。这是谁都说不准的。白种人刚来到巴西南边的时候，他们发现那里的印第安人都戴着银手镯和银项链，就认为这里一定有大量的银子，因而把这个地方命名为"白银之都"，用他们的语言说就是"阿根廷"。但是人们后来发现，阿根廷其实没有多少银矿，但是我们还是叫它"白银之都"。

尽管阿根廷几乎没有银子，但是那里的人却都很有钱；事实上，阿根廷人的钱比南美洲任何一个国家的都多。他们的钱不是从地下挖出来的，而是通过卖小麦和卖肉得来的。所以不叫阿根廷"白银之都"，而叫"小麦之都"或"大肉之都"会更合适，只是这两个名字没有那么好听。在阿根廷，有大片种着小麦和玉米的庄稼地，还有很大一块叫潘帕斯的草原，人们在那里养牛和羊。放养牛和羊的人我们叫"牛仔"，阿根廷人则叫他们"牧人"。牧人们都穿着披风。披风是一块方形的毛毯，中间有一个洞，牧人的头就从洞里伸出来。披风对他们来说，白天是一件外套，晚上是一个毯子。牧人还总是带着一把大大的刀，能作为防身"武器"，能砍东西，还能切割食物。

阿根廷人用玉米来喂牛羊，牛羊长肉，肉可以卖钱。牛的皮可以做皮革，羊的毛可以做成布料，这两样都可以卖钱。

阿根廷在很多方面和美国很像，所以被称做"南美洲的美国"。比如说，阿根廷和美国一年中都有一段时间很热，一段时间很冷。但是又有很大的不同：阿根廷是冬天的时候美国是夏天，阿根廷是夏天的时候美国是冬天。在阿根廷，圣诞节的时候天非常热，七八月份则下雪结冰。一二月鲜花盛开，人们避暑度假，七八月可以享受滑雪橇和溜冰的乐趣。

阿根廷的首都被称为"南美洲的纽约"，因为它是南美洲最大的城市，而纽约是北美洲最大的城市。它的名字，在西班牙语里是"好空气"的意思，用西班牙语说出来是"布宜诺斯艾利斯"。这个城市在拉普拉塔河边，拉普拉塔是银子的另一个名字。在"银子之都"有一条"银子之河"，有意思吧？

穿披风的牧人

在南美洲多数国家，印第安人和印第安人与白人的混血儿的数量都比白人多很多。但是在阿根廷，大部分人都是白人。这也是阿根廷与美国相似的一个地方；不过阿根廷的白人大部分都来自西班牙，而不是英国，所以那里的人说西班牙语而不是英语。

从阿根廷沿着拉普拉塔河往上走，在几个大国之间夹着两个小国家，分别是"乌拉圭"和"巴拉圭"。这两个国家在很多地方都和阿根廷很像。他们也会养牛羊，牧人们也会穿披风。在巴拉圭有一种树，这种树的叶子可以用来做茶叶，叫做"巴拉圭茶"或"巴拉圭冬青茶"。这种茶是牧人们的主要饮料，南美洲很多人都喝这种茶。他们觉得它非常好喝，还曾经试图卖给其他国家。但是其他国家的人更喜欢普通的茶或咖啡，而不是那么喜欢巴拉圭茶。大人有时候跟小孩子一样：自己喜欢的东西才吃；不喜欢的就不吃。美国大多数人都喜欢喝苏打水，但是其他国家的人一般都不喜欢。

　　安第斯山脉把阿根廷与太平洋岸边一个非常长而且窄的国家分开了，这个国家叫"智利"。阿根廷被叫做"银子之都"，智利因为又长又细，有时候被称为"纤长之国"。智利的意思是"白雪的国度"，因为智利大部分都是山脉，山很高，山顶一年四季都有雪。虽然阿根廷和智利之间隔着安第斯山脉，但两国还是曾经发生过战争。但是最后两个国家达成了协议，就像加拿大和美国那样，他们约定不再打仗。他们在安第斯山脉的山顶上树立了一个巨大的耶稣铜像，耶稣手里拿着一个十字架——这个铜像是他们将大炮熔化后做成的——铜像的下面写着字，意思大概是："阿根廷和智利如果打仗，此山将崩溃——两国在耶稣脚下起誓。"从此以后，两个国家就再也没有打过仗。要是这种阻止打仗的简单方法在其他地方都适用该多好啊！

安第斯山脉上的基督

他们在耶稣的脚下发誓不再打仗

　　智利的国土很长很细，还有很多山，看起来好像很穷，可是事实并非如此，智利其实很富裕。如果我再告诉你智利北部是一个沙漠，那里可能十年才下一次雨，你会不会觉得更惊讶了？这个国家真的看起来不怎么好，但是它确实是地球上最富的地方之一。你可能会疑惑这是为什么呀，那里是沙漠，什么都不能种，那里也没有钻石或者金矿。他们卖钱的东西你可能从来都没有听说过，叫"硝酸钠"。这是一种盐，以前在海里的盐。它之所以珍贵，是因为全世界的农民都想把它放进自己的田里，这样庄稼就会长得更好。但奇怪的是，找到这种肥料的地方却什么都不生长。幸运的是那里没有雨，不然硝酸钠就会溶化到水里去了。智利的这一部分就像一个又长又窄的沟，以前是在海底，后来因为地震就从海底升上来成了陆地。沟里的水蒸发后留下了这种叫硝酸钠的盐。碘也产于智利。当你手上或者其他地方割破划破后，妈妈在你伤口上涂的褐色的东西就是碘酒。顾名思义，碘酒里面含碘。

天堂之谷在智利——只是这里不是你想象的天堂的样子。这个地方是智利主要的海港，风景不漂亮，气候也不宜人。在西班牙语中，它叫"瓦尔帕莱索"。

智利的首都位于高山上，那里很凉爽宜人。这座城市叫"圣地亚哥"，意思是"圣詹姆斯"。

哥伦布当初想绕地球走一圈，但是没有做到。第一个乘船绕地球一圈的人叫"麦哲伦"。麦哲伦和哥伦布一样也是向西出发，他一直走，到了美洲大陆，然后沿着南美洲继续往下走，希望能找到一条路可以通到太平洋。他沿着亚马孙河往上走，以为这样可以到达太平洋，但是没有成功。然后他又沿着拉普拉塔河往上走，还是没有成功。等他几乎走到南美洲的最南端时，终于发现了一条可以到达太平洋的通道。这条路非常蜿蜒曲折，我们称之为"海峡"，为了纪念麦哲伦，这个海峡就叫"麦哲伦海峡"。麦哲伦发现海峡左边的陆地上有熊熊大火。没有人知道那是火山喷发出来的大火还是印第安人点燃的大火。于是，他就将那个地方命名为"火地岛"，西班牙语的意思是"大火燃烧的土地"。在他的右边——现在属于阿根廷南部——他看到印第安人的脚特别大，他就叫他们"大脚人"，西班牙语是"巴塔哥尼亚人"。

几百年来，很多船只都沿着麦哲伦走过的路线环绕地球，尽管有一些船绕过它去了南美洲最南端的岛——那个地方叫"合恩角"——那一路暴风雨太多，太危险，大部分船只还是走这个海峡。一个小镇在麦哲伦海峡发展了起来——有点像加油站——小镇给船补充继续航行需要的食物等供应品，因为在附近没有其他地方可以给船只提供补给，而且在大西洋沿着南美洲往南走然后在太平洋上往北走，是很长的一段路。这个小镇叫"沙岬"，西班牙语是"彭塔阿雷纳斯"，是地球上最南边的城市。就像大多数船只都经过的巴拿马运河一样，彭塔阿雷纳斯现在也不只是扮演加油站的角色，而是开展了新的业务。他们会在火地岛养羊，羊毛从彭塔阿雷纳斯运往全球各地。

第 **24** 章
跨越大洋的桥

如果你想去欧洲，除了票和行李，必须还得带上两样东西。你能猜出是什么吗？第一样东西是足够的钱，不是自己国家的钱哦，因为这钱到了目的地就不能用了，一定是你要去的国家的钱；第二样东西是护照。护照是一个小本子，里面有一张照片——你自己的照片——还有几页纸。上面的字不是故事——而是允许你进入另一个国家的说明。就像准入证一样：只允许有护照的人进去。如果没有它，你上不了轮船和飞机，也下不了轮船和飞机。

从大西洋这边的纽约到另一边的伦敦大约有3000英里。纽约是新世界最大的城市，伦敦是旧世界最大的城市。

哥伦布从欧洲到美洲，花了一个多月的时间跨越大西洋。

我们坐轮船用不了一个星期。

如果坐飞机，用不到一天的时间！

但是还有一种东西跨越大西洋花的时间比坐飞机还要短，而且每天都如此，十分准时。你知道它是什么吗？是太阳。太阳从伦敦跨越大西洋到纽约仅需要五个小时。

当太阳在天空中最高最远的时候，伦敦的人们会把他们的钟表调到12点——正午。五个小时后，太阳到达了纽约，那里的人们也会把钟表调到12点，因为12点正是"太阳在空中最高的时候"。当太阳一点点跨越大西洋时，伦敦所有的表都在走动，当纽约是12点时，伦敦是5点。也就是说，伦敦的表比我们的表提前5个小时。

如果你想去伦敦，晚上睡觉的时候你必须把手表往前调5个小时。这样，到达伦敦后你手表的时间才和当地的一样。你回来的时候，也要记得把表再推后5个小时。如果你在早上10点钟给伦敦的人打电话，问他们那里是什么时间，他们会告诉你是下午3点。

轮船上的表和你家里的表看起来一样，但是它们响的方式却不一样。你知道我们这里的表1点钟响一下，2点钟响两下，一直这样顺延下去。但是在轮船上，从1点到4点，每个小时会响两下，这样4点钟的时候就响八下。中间每半个小时再响一下。然后又重新开始——4：30的时候响一下，5点的时候响两下，一直这样下去——总共不会超过8次。

海洋

什么东西用五个小时的时间跨越大西洋而且每天都这么做呢

在轮船上，"watch"这个词不仅是指你口袋里的手表，还有其他意思。轮船必须不停地往前走，无论白天还是晚上，所以管理船的人——船长和船员们——必须轮流管理，因为他们不可能一直醒着不睡觉。轮到他们管理船的时间就叫"值班时间"，这个时候，他们必须十分清醒，仔细观察船的行驶情况。有些人负责发动机，有些人控制船的方向，还有一些人要在别人睡觉时看着他们的船别撞上别的船。

当船离开纽约在海上航行的时候，船长和船员能看到的要么是宽广平静的水面，要么是翻滚的海浪，或者是厚厚的大雾，根本没有路标指引他们，他们是怎么知道去伦敦的路的呢？

在轮船的方向盘前面，有一个小盒子，盒子里有一个指针。不管船是起是落，朝着哪个方向，或者向下跳向上跃，这个指针都只指着一个方向。我们把这个东西叫做指南针。你知道什么是磁铁吧——一个马蹄形状的小东西，可以把附近的针和钉子吸上去。在地球的北极，也有一个地方就像磁铁一样，把所有的指南针都吸向它。这个地方叫磁极，事实上那里并没有极点。如果地球是一个橘子或一个苹果的话，磁极就是地球的茎，尽管那里并没有茎。

船长根据指南针的指向就知道该怎么走才能到达英格兰。并不是指南针指哪个方向，他就走哪个方向，这样的话他就走到地球的磁极去了。

如果天气好的话，游客们在船上也可以尽情享受。他们可以玩游戏、跳舞、照相、写信或明信片、读书，一天吃五顿饭，用毯子包着自己躺在长长的甲板的椅子上，看着大洋，跟同伴聊天或睡觉。时不时还会有像大鱼一样的小海豚在船边跟着船游，或者游到船头，从水里跳出来再潜进去，仿佛在和轮船赛跑一样。偶尔还能看到大冰块在水面上漂着，看起来如同山一样，这样的冰块叫冰山，是从结了冰的海洋上掉下来然后向南漂过来的，海洋结冰的地方在最北端。有时候还能看到鲸鱼，它们就像从水面上升起来的一座小岛。鲸鱼会向空中喷喷泉，然后就沉到水里消失了。

偶尔，除了轮船行驶时激起的浪花，海面上风平浪静，平静得就像一面镜子。这就是人们有时候会说大西洋是一个"大池塘"的原因。但是不一会儿，说不定风就会吹起来，云彩涌上来，倾盆大雨下起来，海浪越起越高，大海到处波涛汹涌，轮船一会儿往上爬，一会儿向下跌，从这边跑到那边，又从那边跑到这边。这时候有必要在餐桌上放一些围栏，不然盘子就都滑下去了。当然，还有很多人会晕船。轮船起起伏伏，若隐若现，尽管轮船很大，看起来也像快要翻了一样，但是除非它撞上了冰山或撞到了另一艘船，船被撞破了一个洞，否则是不会翻个儿或沉下去的。

不过船长最害怕的不是坏天气，而是海上的大雾，尤其是当他知道附近还有其他船只的时候。因为有雾，他根本看不清路，这就像晚上在黑暗中摸索前进，只是船还不像人有胳膊可以避免碰撞什么东西。这时候，船长就会渐渐减慢船速，直到几乎停止行驶。船长会不断地吹响又大又低沉的号角，只要海上有雾，这个号不管白天晚上，每分钟都会响一次，有时候可能会持续好几天。同时，水手们会在船上仔细地听和看，他们可以听见远处另一艘船的雾号，但是在大部分情况下，几英尺远的船是看不到的。等到大雾终于散去了，可能也就到陆地了——英格兰到了。

其实没看到陆地之前就能知道快到陆地了。你觉得我们是怎么做到的呢？这是因为，一种叫海鸥的白色大鸟会出来欢迎轮船，但是它们并不像朋友出来欢迎你那样。它们是在寻找轮船厨房里倒出来的食物。就在我们即将登陆之前，会有一个人从小船上出来迎接大轮船。大轮船不会停下来，而是在一边放下一个用绳子做的梯子，这个人就抓住绳子，把小船踢到一边去，爬到大轮船上来。你觉得他是谁呢？他们为什么会让他上船呢？他就是这艘轮船的新船长。他被称为领航员，他的工作就是把轮船领进港口。轮船实在太大了，它自己无法驶进码头，必须得有一些叫拖船的小船推拉轮船。这里的跳板都有桥那么宽，会连接码头和船上的甲板，游客和行李就从这个跳板上通过。英格兰人也说英语，所以你可以用英语问问题并且能听懂他们的回答，只是他们的英语听起来有点奇怪，而我们说的英语他们听起来也有点好笑。他们觉得我们说的英语有"美国口音"。你必须给他们看你的护照，还要把你所有的行李都打开，让一个人检查里面所有的东西，这样你才可以继续前进。所以你一定别带他不希望看到的东西。这个人叫海关官员。有时候你可能得为你带的某些东西付钱，我们把这些钱叫做"关税"。

海鸥成群地飞来，告诉水手们：快到陆地啦

欧洲
北冰洋
冰岛
大西洋
爱尔兰
伦敦
阿伯丁
北海
巴黎
法国
马德里
西班牙
里斯本
直布罗陀
挪威
瑞典
斯德哥尔摩
芬兰
波罗的海
拉多加湖
莫斯科
俄罗斯
伏尔加河
南
西伯利亚
德国
柏林
捷克
波兰
华沙
基辅
斯洛伐克
奥地利
匈牙利
威尼斯
亚得里亚海
罗马
罗马尼亚
保加利亚
雅典
伊斯坦布尔
黑海
巴统
巴库
里海
亚洲
地中海
非洲

第 25 章

盎格鲁人之地（之一）

英格兰是一个岛。

盎格鲁人曾经在这个岛上住过——不，不是天使（英语中的"盎格鲁人"是Angles，"天使"是Angels，只有一个字母顺序的差别——译者注）。

这个地方以前叫盎格鲁国。

现在叫英格兰。

通常我们叫它"英国"。

然而，这个岛上除了英格兰还有另外两个国家，分别是"威尔士"和"苏格兰"，整个岛的名字叫"大不列颠岛"。与大不列颠岛相邻的还有一个岛，名字也有"兰"字，叫做"爱尔兰"。

到达英格兰的轮船是不能随便停靠的，只有特定的地方才可以。因为有些地方海岸太浅，轮船可能会翻，有些海岸则是石头太多或者悬崖太高。去英格兰的大部分船只一般都在西边停靠，其中有个地方叫"利物浦"——这个名字多特别啊！（因为其英语名字Liverpool的字面意思是"肝池"——译者注）——或者在南安普敦，从名字我们就可以看出这个地方在英格兰的南部；也可能是在英格兰东部的伦敦停靠。如果船要停靠在伦敦，必须要沿着一条叫泰晤士的河向上走。这条河的英文名写法与其读法不太一致，英语中很多名词都是写法与读法不统一。泰晤士河直接从伦敦市流过，但是较大的轮船不能一直沿河走，只能从伦敦桥通过。你有没有玩过一个名叫"伦敦桥就要倒了"的游戏？伦敦桥的确倒过几次，但是每次都会被重新建起来；现在的伦敦桥我觉得不会再塌了。

在耶稣出生以前就有伦敦市了，不过那时候的伦敦太小，而且离得比较远，所以耶稣从来没有听说过这个地方。现在伦敦是全世界最大的城市之一。

"伦敦桥就要倒了"

纽约的建筑几乎都很高；伦敦的城市很宽广。纽约的高楼都伸到天上去了，有50层、70层，甚至100层高。伦敦的建筑一般只有几层高，但是城市却向各个方向扩展，一英里接一英里地延伸。在伦敦，人们的主要交通工具是公共汽车和双层巴士，双层巴士上下两层都有座位。伦敦人也常常乘坐地铁出行。

伦敦是英国的首都。英国的国会大楼——我指的是建筑物——当然也在伦敦，矗立在泰晤士河畔。这个建筑物叫"国会大厦"，就是首相和议员开会的地方。他们不仅在这里开会，还会制定英国的法律。英国有国王，但是英国人民会选代表到国会去制定自己的法律。因为我住的地方可以看到华盛顿的美国国会大厦，而且在那里居住了很多年，所以我当时就以为所有的国会大厦都有圆屋顶，就像牛都有角一样。所以，当我后来看到英国的国会大厦没有圆屋顶的时候，我很惊讶。英国的国会大厦只有一些方方正正的塔，其中一个塔上有一个大钟，每个小时都会响，这个大钟叫做"大本钟"。

另外，伦敦还有一座很大的建筑，这个建筑上有跟我们国会大厦一样的圆屋顶。但是这个建筑是个教堂，名字叫"圣保罗教堂"。有人说华盛顿的美国国会大厦上的圆屋顶是根据这个教堂仿建的，因为圣保罗教堂的历史要比美国国会大厦和首都华盛顿都早，甚至比美国整个国家的历史都要久。伦敦曾经发生过一场迄今为止最大的火灾，这场大火把伦敦的大部分都烧没了。火灾发生在大约300年前。后来有一个人，我们叫他克托弗·雷恩爵士，把烧毁的很多城市建筑物进行了重建。他建了很多漂亮的教堂和其他建筑。所以，现在人们说当初伦敦被烧了是件好事，城市建设因此有了重新开始的机会。圣保罗教堂就是雷恩爵士建造的教堂中的一个。

在第二次世界大战期间，成千上万的建筑物被德国人扔到伦敦的炸弹炸毁了，雷恩爵士建造的很多教堂在这期间也被烧毁或击碎了，但是因为他当初建了很多，所以到现在还能看见一些。伦敦人把德国的这种恐怖的轰炸称为"闪电战"，很多人被炸死了。像大火灾一样，闪电战也被人们深深地记住了，但是从来没有人像说大火灾那样说闪电战对城市来说是件好事。闪电战唯一的好处就是当伦敦人面对它时表现出了非凡的勇敢。

大本钟

每个小时钟都会响

伦敦还有一座非常古老的教堂，这座教堂不是雷恩爵士建造的，教堂的名字是"威斯敏斯特教堂"。它不仅是一座教堂，还是很多名人的墓地。英国的很多名人都埋在了这里：国王和王后，伟大的作家，伟大的诗人，伟大的音乐家，还有伟大的士兵。第一次世界大战以后，有一个士兵在法国的战场上战死了，但是没有人知道他的名字，他的尸体就被埋在了威斯敏斯特教堂，以此来纪念所有不知名的战士或为其他伟大事业献身的无名之人。这里因此又被叫做"无名战士墓"。

在威斯敏斯特教堂里，有一把椅子是英格兰所有国王加冕时都要坐的。它被称为"加冕宝座"。在加冕宝座的下面，有

它有跟美国国会大厦一样的圆屋顶

一块大石头。为什么椅子下面要放一块石头呢？那是因为几百年前，英格兰北部有个国家叫"苏格兰"，当时是与英格兰分开的两个国家。苏格兰的国王加冕时，他们都用一块大石头当椅子。所以当英格兰和苏格兰成为一个国家后，人们就从苏格兰把那块石头搬到了英格兰，并放在了加冕宝座的下面。这样，当国王被加冕成为两个国家的国王时，国王就把两个椅子都坐着了。

加冕椅
国王同时坐在两个椅子上

伦敦最古老的建筑物，比大火灾早得多。这个建筑物的名字听起来好像只是某个建筑物的一部分，叫做"伦敦塔"。很久以前，伦敦塔被当做监狱使用，里面都是犯了罪的名人。王子和王后犯了法也会被关在这里，有些人是要被处死的。现在这里是一个博物馆，里面放着很多很有意思的东西：那时的士兵和他们的马，甚至他们的狗都会穿着的钢盔；犯人的头被砍下来时用的石块和斧头；国王的皇冠上镶着的美丽的珠宝——像胡桃一样大小的钻石和红宝石。王后的皇冠放在一个白色的绸缎枕头上，皇冠上镶嵌着珠宝和一颗名叫"酷喜乐"的大钻石，这个名字的意思是"光之山"。当时的人们认为，男性戴这颗钻石会招来厄运，女性戴就没有问题，所以就由王后戴着。伦敦塔的卫兵叫做"吃牛肉的人"，要是有人闯进了盛放珠宝的柜子，塔的大

伦敦塔

他们被称为"吃牛肉的人"

门小门就会自动锁上，这样小偷就会被捉住成为里面的犯人。

你有没有收集过石头、邮票或者硬币？有些人收集了世界各地的许多财宝和稀有物品，他们把这些东西从国外带回来放进博物馆，供人们欣赏。大英博物馆是世界上最大的博物馆。

据说如果把伦敦所有的街道连起来成为一条街，这条街都可以绕地球一圈了。没有人能知道伦敦所有街道的名字，即使伦敦的警察也做不到。伦敦的警察被戏称为"鲍比斯"（写作Bobbies，就像中国警察有时被戏称为"条子"一样——译者注），人们都认为他们应该什么都知道。伦敦警察要想找一条路，可能得从他们衣服里面装着的一个小本本上找才知道在哪里。但是有一些路的名字所有人都知道——因为都是些很有名，或者很有意思的名字。比如，蓓尔美尔街和皮卡迪利，这里有很多漂亮的房屋、宾馆、酒吧和宫殿；佛里特街、海滨街、丽晶街和邦德街，这些都是有名的购物街；牛津和皮卡迪利是伦敦著名的广场。这两个广场都很空旷宽广，很多道路会在这里交叉，我们把这种地方叫做广场或者圆环。

第 *26* 章

盎格鲁人之地（之二）

有一次我问一个英国人是否住在伦敦。

"为什么每一个美国人都认为所有的英国人都应该住在伦敦呢？"他这样回答我，而且听起来有点困惑的样子。

"英国除了伦敦还有其他很多地方可以住。比如，彻斯特和曼彻斯特，诺威奇和哈威奇，牛津和吉尔福德，伯明翰和诺丁汉，剑桥和唐桥，北安普敦和南安普敦，普利茅斯、雅茅斯和韦茅斯等等很多城市。"

他喘气的时候我赶紧告诉他："不用把英国所有带威奇、津和茅斯的地方都告诉我。"

然后他说："英国有三千多万人都不住在伦敦，我就是其中的一个。"

不过，几乎每一个英国人，不管住在哪里，他或她的一生中总会在某个时间去过伦敦。不论你从英国的哪个地方出发，一天就能够到达伦敦，因为英国是一个太小的岛，而火车的速度又太快了。

铁路是一个英国人发明的，全世界开得最快的火车也在英国。英国的火车跟美国的看起来不太一样。英国的火车更小更轻快，车厢被分成一个个的小房间，而不像我们是一个长长的房间。每一个小房间里，有一半座位面朝前，另一半座位面朝后，因此有些人是倒着走的。有些房间上面标着"一等车厢"，但是大部分都是"三等车厢"。一等车厢的票比三等车厢的票要贵。一等车厢的座位上有垫子，而且空间比较大。三等车厢的座位上没有垫子，空间也很小。在英国，人们都在路的左手边开车或走路。

而美国人都是"靠右"行驶。如果你到了英国还像在美国一样靠右开车或走路，你很有可能会被警察抓起来。

在美国的乡村，道路两边一般都有栅栏，但是英国乡村的路边大多都是树篱笆。有时候，道路两边的树篱笆看起来就像"睡美人"城堡周围的树一样，又粗又高，人根本看不到树后面是什么。里面的房屋除了屋顶都被树篱笆遮了起来。英国的屋顶跟美国的很不一样——是用稻草堆起来的，叫"茅草屋顶"。你可能想不到茅草屋顶可以挡雨，不过这是真的；你可能以为茅草屋顶很容易烧着，其实它烧起来很困难。英国的房子很少有用木头建造的，因为英国的木材很少，不够用来建房子。几乎所有的房子都是用石头建造的，石头是从地下找到的，也有的用砖块，砖块是用地下的土烧成的。美国的木头很多，但

请靠左行

如果你靠右开车，那么可能会被抓起来

是英国却很少，因为英国的森林很少，几乎没有大的森林，小森林就跟公园差不多。由于英国的历史太悠久了，森林几乎都被砍光了。而剩下的树又很珍贵，人们不会把这些树砍下来盖房子。在美国，木头屋子比石头屋子和砖瓦屋子便宜。在英国却相反，石头屋子和砖瓦屋子比木头屋子便宜。

人们去英国旅游看的景点中，有一些就是大大小小的教堂。美国几乎没有一百年历史的教堂，在英国，几乎所有的教堂都至少有一百年，有很多大教堂甚至都超过了一千年。英格兰的大部分人都是主教徒，所以英格兰大多数的教堂也都是主教制的，我们把这种教堂叫做英国国教教堂。

英格兰人热衷足球，不怎么打棒球，喜欢一种叫板球的运动，他们还有划船比赛。世界上最有名的大学中有两所都在英格兰。这两所大学中

有一所在泰晤士河边上，叫做"牛津大学"；另一所在剑河的一座桥的旁边，叫做"剑桥大学"。

世界上很多有名的作家或者诗人都住在英格兰。你可能读过他们写的故事或学过他们的诗。英国有一个诗人，在全世界都是最伟大的，叫威廉·莎士比亚，他就住在英国的一个名叫阿文河畔斯特拉特福德的地方。

英格兰最主要的商业是"制造业"——就像美国的新英格兰最主要的商业也是"制造业"。新英格兰当地并没有制造东西用的煤矿和铁矿，而是需要从其他地方买，但在老英格兰却有大量的煤矿和铁矿。煤可以燃烧带动机器，铁可以用来制造东西；所以在英格兰人们制造一切可以用铁做成的东西，有巨大的发动机，还有小的铅笔刀。在谢菲尔德人们会制造大量的餐刀和镀银的器皿，这些餐具被称为"谢菲尔德餐具"。看看你家的餐刀和镀银器皿，找找上面是否有"谢菲尔德制造"的标签。

英格兰还生产大量的布——是用羊背上的毛做成的，这些羊都是在英格兰喂养的；或者是用棉花做成的，但是棉花不是在英格兰种植的，而是从美国运回来的。

英国也有农场，但是农场种植的农作物不足以供应全国。英国人吃的大部分食物都是从大洋彼岸的其他国家运过来的。英国人的主要食物是羊肉和烤牛肉。很多歌和故事里面都会提到"老英格兰的烤牛肉"。有一个故事讲的是英格兰的一个国王，他认为牛腰子做的牛排最好吃，他叫它"腰子爵士"，就像他叫一个骑士或者贵族一样。我们现在知道的"沙朗牛排"字面意思就是"腰子爵士牛排"。这个故事很好，但我觉得可能不是真的。

英格兰的国王不仅仅是住在

索尔兹伯里大教堂

这是英格兰最好看的尖顶

大不列颠的英国人民的国王。英国人曾经在世界很多地方考察，占领那里并在那里定居。英格兰曾经在每一块大陆上都有殖民地，刚开始所有这些殖民地国家的法律都是在伦敦制定的。然而现在，很多过去属于英格兰的殖民地国家都已经独立并制定自己的法律。这些独立的国家，却仍然称英格兰的国王为他们的国王。全世界称英格兰的国王为国王的所有国家叫做"英联邦国家"。我前面给你讲过的加拿大就是英联邦的一个成员国。

第 **27** 章

英国的邻居

这里有一个我知道的世界上最长的名字，用英语写出来有58个字母，用汉语写出来有28个汉字，"兰韦尔普尔古因吉尔戈格里惠尔恩德罗布尔兰蒂西利奥戈戈戈赫"。这些字看起来就像是小孩在电脑上乱敲出来的一样。但这是一个真实的名字，是威尔士一个小镇的名字——威尔士是与英格兰在同一个岛上的一个小国。那个小镇的长长的名字的意思是："圣玛丽教堂，在白色榛子的空洞中，在急流旋涡和圣体西利奥斯教堂的旁边，圣体西利奥斯教堂在红色洞穴的旁边。"住在那个小镇或者给那里的人们写信的人通常把这个地方简称为"兰韦尔普尔古因吉尔"——其实这个简称本身也挺长的。我倒宁愿叫它"奥戈戈戈赫"！威尔士现在是英格兰的一部分，但是很久以前不是。威尔士人说一种不同的语言——这种语言的名字很长，也很难读出来，还有很多"尔"、"韦"和"里"混杂在一起。

后来，英国的一位国王征服了威尔士，为了让那里的人们感到满意和高兴，他告诉那里的人他会给他们选一个统治者，这个人必须是在威尔士出生的，而且不会讲一句英语。威尔士的人们很高兴，因为他们认为国王会从他们自己国家的人里面选一个人来统治自己。但是国王自己的儿子就出生在威尔士——当然了，他还是个婴儿，不会讲一句英语，其他什么语言也不会。国王就让他的儿子成了威尔士的统治者，叫他"威尔士王子"。从那以后，英格兰国王的第一个儿子都叫威尔士王子，这个王子在他父亲去世后都会成为新的国王。现在，几乎所有威尔士的人都不讲自己的"母语"了，因为所有的孩子在学校学的都是英语。很多人会学习其他外语，但是想在威尔士旅游，并不一定要会讲威尔士语，因为那里的每一个人，即使他们会讲威尔士语，也都只讲英语。

通往兰韦尔普尔吉因古尔戈格里惠尔恩德罗布尔兰蒂西利奥戈戈戈赫小·镇

威尔士一个有着最长名字的镇

　　高尔夫球这项运动最早起源于苏格兰。苏格兰是英格兰北部的一个国家，与英格兰在同一个岛上。这里有全世界最好的高尔夫球场。我们把居住在苏格兰的人叫做苏格兰人，他们以前有自己的国王。苏格兰的男人过去常常——有些现在也会——戴颜色鲜艳的方披肩，不穿裤子而穿短裙，还有卷到膝盖以下的长筒袜，即便在很冷的冬天，他们的膝盖也是裸露在外的——而且苏格兰的冬季特别长。苏格兰的家族叫"宗族"，每一个宗族都会设计一种独特的格子花，用来织披肩和短裙。很多苏格兰名字和词的意思都与英语不一样，但是又有一点相似。他们把小孩叫做娃娃，把小男孩和小女孩叫做家伙和小妞，漂亮的女孩叫靓姐。

　　苏格兰人有一种独特的乐器叫"风笛"。风笛的袋子是用猪皮做成的，有一根管子可以把袋子吹起来，就像你吹气球一样，袋子上还连接着几个喇叭。表演风笛的人把袋子夹在胳膊下面，不断地朝袋子里吹气，同时又不断地用胳膊把气从袋子里挤出来，挤出来的气可以吹响袋子上的喇叭，产生一种很特别的短促而尖利的乐声，很像"猪被杀时的叫声"。

　　世界上最大的船只，比如那些横跨大洋的船都是在苏格兰制造的，在克莱德河西岸一个叫格拉斯哥的地方。格拉斯哥是这个岛上的第二大城市，但是苏格兰的首都却在克莱德河的东岸上，名叫"爱丁堡"。长老会的教堂最早建于苏格兰，苏格兰的大部分人都是长老会的会员，就像英格兰的大部分人都是主教派会员一样。

美国人把白色的马铃薯叫做"爱尔兰"，是因为爱尔兰人种植并且以马铃薯为主要食物。爱尔兰是大不列颠岛西边的一个岛。事实上，爱尔兰岛的形状看起来就像一个马铃薯。但是在哥伦布发现美洲以前，那里根本就没有马铃薯，也从来没有看过或者听说过马铃薯。马铃薯最早是在南美洲种植的，后来人们将其带到爱尔兰然后开始种植。

爱尔兰岛被分为两部分，北部较小的一部分叫做"北爱尔兰"，是大不列颠英国和北爱尔兰联合王国的一部分。也就是说英格兰的国王不仅是英格兰、苏格兰和威尔士的国王，也是北爱尔兰的国王。

爱尔兰人很会讲故事和童话。传说很久以前，在爱尔兰的北部住着一个巨人，

风笛会发出一种短促而尖利的乐声，像"猪被杀时的叫声"

他建了一座有魔力的桥，这座桥可以一路通到苏格兰。为了证明这个故事的真实性，他们会给你看从海边到海里的成千上万的石头——这是那座桥梁残留的石头——这些石头看起来好像是被一个打桩机向下推到海里去的。这些被推到海里的石头柱子被称为"巨人堤道"，意思就是"巨人桥"。

你的口袋里有没有一块手绢？手绢是用亚麻布还是用棉布做成的？如果手绢是在"聚会"等正式场合用的，很可能就是用亚麻布做的，并且是从爱尔兰运过来的。亚麻布是用一种名叫亚麻的植物纤维做成的。亚麻比棉花更结实更柔滑，但是比棉花贵。亚麻在爱尔兰的贝尔法斯特附近长得尤其好，贝尔法斯特是北爱尔兰的首都。那里生产的亚麻布，尤其是细亚麻布，大量销往全世界，产品包括手绢、餐巾和桌布。

北爱尔兰的大部分人要么是长老会的会员，要么是主教派会员，因为很多年前这里人的祖先是从苏格兰搬到北爱尔兰的。

爱尔兰岛的另一部分，也就是南部的那部分，过去也属于英格兰。但是爱尔兰人从一开始就不喜欢被英国人统治，所以他们后来建立了自己的国家，名叫"都柏林"，是南部爱尔兰的首都。人们经常说，都柏林的人说的英语比英格兰人说得好。除了英语，南部爱尔兰人还说另外一种语言，叫做"爱尔兰语"，是很多年前爱尔兰人祖先说的一种语言。爱尔兰的一些硬币和邮票上会有爱尔兰语。

南部爱尔兰人新建立的国家是有总统的共和国，英格兰的国王不再像过去那样是他们的国王。

都柏林再往南有一个城市，它的名字很奇怪，叫科克（英语意思是"瓶塞"——译者注）。附近还有一个城市叫基尔肯尼。爱尔兰人以他们的敏捷机智而闻名。从前，有一个叫肯尼的人正在喝一瓶没有酒精的姜汁，不小心把瓶塞吞了下去卡在喉咙里，差一点被卡死。有人跟他开玩笑："这可不是去科克（瓶塞）的路哦。"不停咳嗽的肯尼说："不。这是去

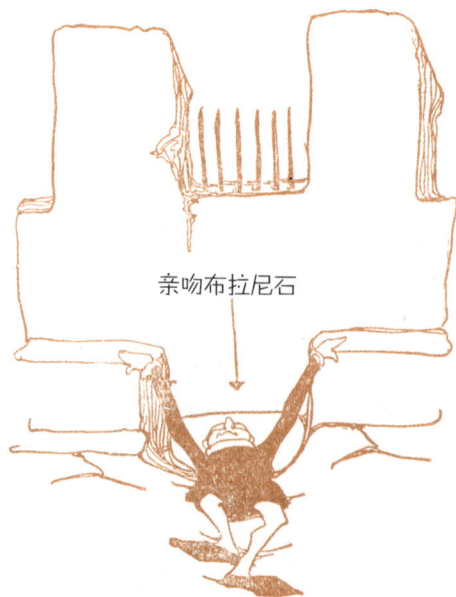

亲吻布拉尼石

人们从很远的地方到这里来亲吻"巧言石"

基尔肯尼（字面意思是'杀死肯尼'——译者注）的路。"

科克城附近有一座古老、荒废的城堡叫布拉尼。这座城堡的墙上高高地立着一块石头，相传如果你亲吻了这块石头，你就会善于对人们说他们爱听的话。所以很多人从很远的地方来到这里亲吻这块石头，我们称之为"巧言石"。人们几乎只能平躺着才能亲到这块石头。如果有人对我们说了一些好听的话，我们就会说："你一定亲吻巧言石了。"

几乎所有的爱尔兰人都是罗马天主教教徒，因为他们在耶稣诞生以前就居住在那里了，从罗马来的传教士在一千多年前就把基督教传给这里的人。

爱尔兰岛常常被叫做"绿宝石岛"，因为爱尔兰岛常年多雨，以至于整个国家都变成了绿色。这就是我们称爱尔兰为"绿宝石岛"的原因。他们的国旗也是绿色、白色和橘黄色相间的。爱尔兰有很多三叶草，三叶草是他们的国花。

你可能听说过圣帕特里克，人们都认为是他把蛇从爱尔兰赶走的。英国的国旗有三个看起来像字母组合起来的十字架。一个十字架代表英格兰的圣乔治，一个是苏格兰的圣安德鲁，另外一个就是圣帕特里克。

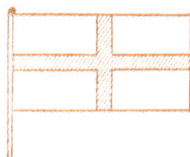

第 28 章

Parlez-vous Francais ?
（法语：你会讲法语吗？）（之一）

我认识一个小男孩，他从来没有上过学，也从来没有学过法语，但是他能说一口非常流利的法语。他也不比你聪明。怎么来解释这种现象呢？这是因为他出生在法国，他是一个法国小男孩。但是以前有一段时间，任何人，不管他或她是在哪个国家出生的，都会讲法语。英国的国王、贵族以及受过教育的人，都讲法语。他们只有对仆人说话时才讲英语，他们认为仆人不会知道更好的东西。

法国离英格兰只有24英里远，两个国家之间被水隔开，没有桥。英格兰与法国之间的水叫英吉利海峡，当然叫法国海峡也一样，因为这水既不属于英格兰，也不属于法国。全世界最好的游泳爱好者，都会从很远的地方到这里来，希望能游过英吉利海峡。但是只有很少的人才能做到。坐船一般只需要一个小时就可以渡过，坐飞机用的时间更短。

如果你从英格兰经过英吉利海峡去法国，一般会从英格兰的多佛出发，在法国的加来登陆，因为这两个城市之间的距离最短。虽然路程很短，但是通常海峡上风浪很大，船颠簸得很厉害，很多人都会晕船——这样大家就会感觉路程很长。或许有一天，两个国家会在英吉利海峡下面挖一条隧道。人们经常把这段路程叫做加来–多佛路线。关于这条路线有一个古老的急转弯一样的怪题。问："从英格兰去法国最短的路线是什么？"一般都会回答说："加来–多佛路线。"但是这个答案是错误的，因为去法国最短的路线是"多佛-加来路线"。有些人会绕道而行，在法国的其他地方登陆，其中一个地方就是勒阿弗尔。勒阿弗尔在一条河的河口处，法国人把这条河叫做"塞纳河"。

到了法国，你就可以看到飘扬的法国国旗了。法国的国旗由红色、白色和蓝色三种颜色组成，就像我们的国旗一样，不过法国国旗这三种颜色的条纹是上下横放着的，不是从左到右竖着放，而且颜色顺序是反过来的：最上面的是蓝色，然后白色，最后是红色，而不是先红色，然后白色，最后蓝色。大街上的路标和建筑物上的标牌都不是用英语写的，那里的人讲另外一种语言，当然他们用的钱也不一样，法国的钱叫"法郎"。

你可能听别人这样说过："你看起来很像你的爸爸或妈妈。"而没有人会说你的爸爸或妈妈看起来像你。法国的首都在塞纳河的上游，是法国最大的城市，叫做"巴黎"。有些人认为巴黎是全世界最漂亮的城市，当人们在其他地方看到同样漂亮的城市时，常常会说这些城市看起来"很像巴黎"，而不会说巴黎看起来像别的城市。

伦敦也在一条河的上游，水上的路程比较短，河水很深，河道很宽，只有很大的船才可以开到伦敦去。但是巴黎在河上有很长一段路程，而且

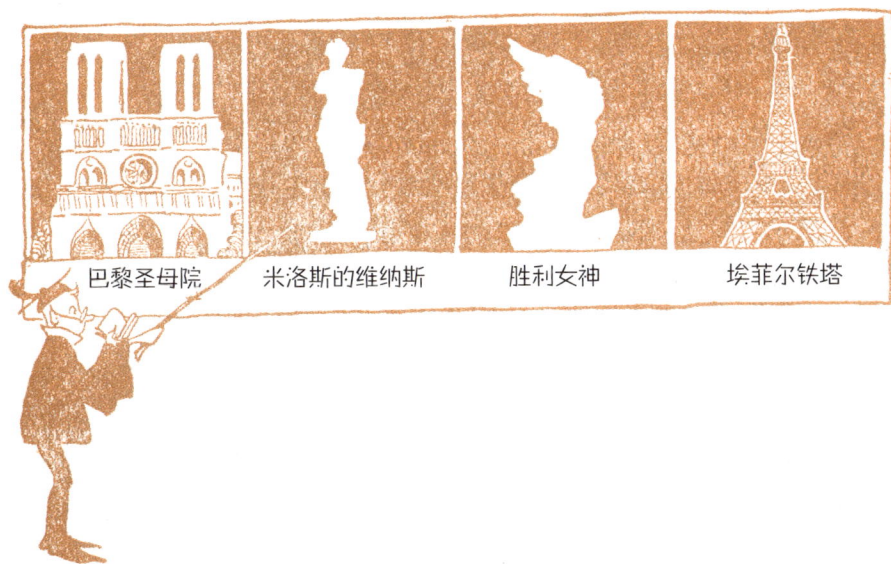

巴黎圣母院　　米洛斯的维纳斯　　胜利女神　　埃菲尔铁塔

这里是巴黎的一些景点

河水太浅，河道也太窄，大型的汽船没有办法开上去，只有小一点的船才可以。塞纳河直接穿过巴黎，或者我应该说弯弯曲曲地穿过巴黎，因为塞纳河不是笔直的一条河。

在这条河的一个小岛上有一个大教堂——为圣母玛利亚建造的大教堂，法国人把圣母玛利亚称为"我们的夫人"，这座教堂叫"巴黎圣母院"。巴黎圣母院建于数百年前，是用石头和彩色玻璃共同建造的，它的前面有两个塔，中间有一个细细的尖顶，"就像指向天空的一根手指"。长长的石柱子支撑着教堂的屋顶，这被称为"飞拱"，因为如果拿走这些石柱，屋顶就会倒塌。在巴黎圣母院屋顶周围，有一些用石头做的奇形怪状的动物，都是可怕的动物，与真实的动物完全不一样，你可能从来都没有见过或听说过，一部分像鸟，一部分像野兽，一部分像魔鬼。我们把这些动物叫做"石像鬼"。人们会把这些动物做得尽量可怕恐怖，把它们放在屋顶的边上，他们认为这些怪兽可以把邪恶的幽灵吓走，不让它们靠近教堂。

在巴黎还有一座有名的教堂，是为《圣经》里的另一个玛丽建造的，这个玛丽的全名是玛丽·马格达林。这座教堂就叫"玛德琳教堂"，因为法国人把马格达林叫做玛德琳。该教堂比巴黎圣母院晚很多年，但是看起来却好像时间更长。这座教堂的风格跟耶稣出生以前的那些神殿的风格一样——那时候还没有教堂。玛德琳教堂外面一圈都是石头圆柱，但是教堂没有窗户，没有塔，没有飞拱，没有尖顶，也没有圆屋顶。

很久以前，法国也有国王和王后，王子和公主，现在沿着塞纳河还有很多漂亮的宫殿，都是他们以前住过的地方。但是现在，法国没有国王、王后或王子，而是像我们一样有总统，因为法国也像美国一样是共和国。所以他们曾经住过的宫殿现在被改造成了博物馆、艺术画廊或者图书馆。其中一座非常有名的宫殿就是卢浮宫，那里有很多非常著名的画和雕像。

一张照片从来不会很值钱——即使这张照片跟真人非常像，或者照片上是非常有名的人。但是，一幅画，虽然不一定跟真人非常像，画上的人也不是名人，却有可能非常值钱。卢浮宫里有一幅非常有名的画，名字叫"蒙娜丽莎的微笑"。这是全世界最有价值的画之一，但是曾经被小偷从卢浮宫里偷出去了。偷这幅画其实是件很愚蠢的事，因为小偷没办法把它卖给别人，甚至不能给其他人看。当时全世界都在找这幅画。很长一段时间后才在另一个国家找到了，然后又把它放回了卢浮宫。

　　耶稣诞生以前，人们认为有很多神存在，就像既有好的精灵又有坏的精灵一样。所以这些人按照他们的想法制作了这些神的雕像，卢浮宫里有两座全世界非常有名的雕像。一座是用大理石雕刻的女神维纳斯。维纳斯是主管爱情的女神，卢浮宫里的那座雕像是两千多年前雕刻的，但是在不久之前才被发现。这座雕像是在米洛斯岛上发现的，所以也有人叫它"米洛斯岛的维纳斯"。另一座雕像就像一个展开翅膀的天使，叫"胜利女神"。这座雕像也是在耶稣诞生以前雕刻的。遗憾的是，维纳斯雕像丢失了两只胳膊，胜利女神的雕像丢失了头，但是尽管如此，这两座雕像还是比大部分有胳膊有头的健全人都漂亮。

　　法国的国会大厦没有美国国会大厦的圆屋顶，也没有英国国会大厦的尖塔。在巴黎有一个建筑，有跟美国国会大厦和伦敦圣保罗教堂差不多的屋顶，但是这个建筑既不是教堂也不是国会大厦。它是法国最著名的两个战士的坟墓。一个叫拿破仑，与我们国家的乔治·华盛顿生活的年代相同。在法国有总统以前，拿破仑曾经做过法国的皇帝，他的遗骨装在坟墓下面的一个大理石柜子里。另外一个战士是福煦元帅，他是第一次世界大战联军的总司令。

　　世界上最高的塔在巴黎塞纳河的岸边，叫"埃菲尔铁塔"，它大约有1000英尺高。整座塔都是用铁做的，下面有四条铁腿支撑着塔身。你如果从塔的铁腿之间往上看，铁塔就像一个骑在这些铁腿上的巨人。

第 29 章

Parlez-vous Francais？
（法语：你会讲法语吗？）（之二）

即使不会说法语的人，一般也能认识这两个法语词：一个是"Boulevard"，另一个是"Avenue"。（第一个词的意思是"林荫大道"，第二个是"大街"。美国很多街道的名字里都有这两个词，所以很多人都认识。——译者注）你可能一直都以为这两个词是英语，但其实它们都是法语词。巴黎有很多林荫大道，还有一条世界上最有名的大街。这条大街一直通向太阳落山的地方，街道两边树木林立，人们走在这条街上就感觉像是来到了天堂一样。街的名字是"香榭丽舍大街"，意思就是"天堂的土地"。

在伦敦，"广场"这个词也有"马戏团"的意思；但是在巴黎，广场的读音与英语里"地方"的读音一样。巴黎最美丽的地方是协和广场。在广场的中央有一座纪念碑，是用一块长长的石头竖立起来做成的。这座纪念碑叫"克丽欧佩特拉方尖碑"。协和广场在香榭丽舍大街的一个尽头，另一头是一个漂亮的拱门，就像大街上一个巨大的大门。拱门的名字叫"凯旋门"，意思就是"胜利归来之门"。但是汽车或马车都不能从凯旋门下面通过，因为门下人行道上有一个法国无名战士的坟墓，坟墓上的火苗日日夜夜地燃烧着——用来纪念那些在世界大战中死去的英勇的法国人。

法国人喜爱漂亮的东西。他们喜爱漂亮的画、雕像和建筑，而且他们知道怎么制作这些东西。所以美国和其他国家的很多年轻人都会到巴黎去学习绘画、雕刻和建筑。

法国人也爱日常生活中漂亮的东西，比如帽子、衣服、饭菜和礼节。法国的帽子，法国的衣服，法国的饭菜和法国的礼节都非常有名。奇怪的是，法国最有名的服装设计师都是男的。还有，法国最有名的厨师也是男的。这些厨师我们称之为"大厨"。我们的服装设计师会去巴黎学习，模仿法国人的衣服样式和帽子风格；我们最好的饭店也会请法国大厨为我们炒菜做饭。可能你也注意到了，很多饭

凯 旋 门

凯旋门下人行道上有一个法国无名战士的坟墓

店的菜单都是用法语写的，那是因为我们的厨师不仅模仿法国厨师炒菜做饭，还把饭菜的名字也学来了。法国厨师只用一片面包和一根骨头，就可以做出非常美味的汤。在美国，汤就叫汤，但是法国的汤叫浓汤或清汤——听起来更好听。听起来很好的东西，人们一般就觉得会很好吃，多数时候也的确如此。

美国人基本上都是在室内吃饭，这样我们看不到别人，别人也看不到我们。但是法国人经常在室外吃东西，在人行道上，或者人行道边上，这样他们可以看别人，别人也可以看他们。法国很多有名的饭店就在路边上。

法国人吃饭的时候会喝很多酒，就

汤

法国最有名的厨师都是男的

像我们喝牛奶、咖啡或茶一样。在法国，许多地方都有很大的农庄种植葡萄，用来做葡萄酒。这些农庄叫做"葡萄园"。

几种物质都可以用来制作布料——亚麻、棉花、羊毛和丝绸；亚麻、棉花和羊毛做的布料主要是供大家穿着，但是丝绸做的布料主要是为了美丽。爱尔兰用的主要是亚麻布，英格兰用的主要是棉布和羊毛布料，但是法国的衣服为了漂亮则是用丝绸做的。亚麻布和棉布都来自于植物，羊毛来自于羊，丝绸来自于一种小的毛虫。我们把这种毛虫叫做"蚕"，虽然这个字下面有个虫字，但是蚕其实不是虫类。虫子出生、活着和死去的时候都是一只虫子，但是蚕不同，它会变成一只蛾子或漂亮的蝴蝶。我们人类是想杀死大部分毛虫类动物的，因为它们会把树和其他绿色植物的叶子吃掉。但是蚕对人类来说太有用了，人们会用叶子喂养蚕，像农民养鸡一样把蚕养起来。蚕的形状就像某种叶子——桑树的叶子。在法国罗纳河的河谷，人们种植桑树——不是为了吃桑葚，而是用桑树的叶子喂蚕。

蚕吃过桑叶以后，会从身体里吐出约0.25英里长的细丝线，就像蜘蛛从自己身体里吐丝织网一样。蚕会用吐出来的丝把自己缠裹起来，直到自己被完全包在里面，整个看起来就像一颗花生。蚕躲在"花生"里面睡觉，如果它能醒来，就会变成一只蛾子；如果它不醒来，就保持不变。人们在蚕睡觉的时候用开水煮它，让它整个变软，再把蚕茧一点点展开伸直，用它来做丝绸布料、袜子、丝带和其他所有女人喜欢的丝绸制品。欧洲最好的丝绸生产地在罗纳河岸上，那个地方叫"里昂"。

罗纳河向南流进里昂海湾，里昂海湾是地中海的一部分。马塞是里昂海湾岸边最主要的城市，是法国除了巴黎的第二大城市。但是这个城市历史比巴黎悠久，因为这是很久以前船只到海里航行时出发的港口，至今仍是最大的港口之一。马赛在罗纳河口附近，但离得不是特别近。

女人喜爱的另一样东西是香水，有着芳香的气味！法国的香水也非常有名，是用花朵、甜香的草或野草提炼出来的。法国的香水非常昂贵，因为需要一整块地的花才能做很少几瓶香水。一美元只能买到极少量的香水！我一直都觉得花能从泥土里长出来很奇妙，而且花朵还会散发出芳香的气味！

当然，除了种植葡萄、养蚕和种植做香水的花，法国的农民也养其他的动物和植物。他们与美国的农民养殖种植的很多东西都一样。大多数法国人都是农民，但是他们并不住在农场里，而是住在附近的村庄里，去田地的话就从村庄走过去，然后再走回来，而且一般村庄和田地离得比较远。

我5岁的时候，家人给了我一个零钱罐："为你老的时候攒钱吧！"等我12岁的时候，我已经攒了100美圆，我感觉自己就像一个百万富翁。法国人很善于攒钱。即使一个人挣钱再少，也会

女人们都到巴黎去买帽子和衣服

从这很少的钱里取出一部分攒起来，这样即使很穷的人，等到他们老了不能工作的时候，也已经攒了足够多的钱让他们安度晚年。

未出嫁的女孩攒钱，是为了她出嫁的时候有足够的钱买家具，或许还有房子甚至更多的东西。这是她的"嫁妆"。有时候，她的父母可能会给她买，但有时候需要女孩自己攒钱准备这些。她的"嫁妆"可能只需要花几百美圆，有时候可能是几千美圆，但是很少有女孩结婚的时候没有"嫁妆"。"他们以后就幸福地在一起生活了（这句话在童话故事的圆满结尾里经常出现——译者注）。"

第 **30** 章

海下的土地

钟和战场看起来并不太相配，但是法国北部有一个地方既有钟又有战场，这个国家叫"比利时"。

教堂的塔上，市政大厅里，还有其他建筑物上都有钟。比利时的钟表每个小时都会响，但是除了响，这些钟表还会有其他表演——比利时的钟每一个小时或者不到一个小时都会弹曲子。在周末和节假日，撞钟的人会坐在键盘后面，就像坐在风琴后一样，在钟上弹各种各样的圣歌和曲调，这样城市中的每一个人在自己的家里就可以听到音乐。这种音乐不用无线电就可以传播。有些套钟里会有五十种大小不同、声音不同的钟——有高声的小钟，还有发出低沉音调的大钟，这种大钟有的都跟人一样高。钟自身不会动，而是靠钟舌摆动而产生不同的声音。钟舌用线系在钟的键上，就像钢琴或风琴上的键一样。撞钟人触碰钟键，从而触动钟舌而敲击钟的一侧。如果那里有钟音乐会，附近大街上会禁止所有的噪音——车喇叭不允许响，人也不能大声喊叫——这样才不会有杂声干扰欣赏钟声音乐的人。

钟和战场！比利时是欧洲的战场——不是比利时人自己打仗时的战场，而是欧洲其他国家打仗时就在比利时进行。在两次世界大战中，比利时都是法国和德国大战的主要战场，成千上万的建筑物在战争中被破坏，给比利时造成了无法估量的损失。一百多年前，法国一位非常伟大的元帅拿破仑——我前面告诉过你他被埋在巴黎——在比利时一个叫滑铁卢的地方，进行了一场非常有名的战役。拿破仑在滑铁卢被打败了，而且败得非常惨烈，以至于现在我们还会用"滑铁卢"来形容比较惨的失败，不管是战场上某个军队的失败，还是运动会上某个队的失败。我们会说"一个网球冠军经历了他的滑铁卢"或者"一个足球队经历了他们的滑铁卢"。

B，B，B。比利时的首都在英语里也是B开头的，第一个字的汉语拼音也是声母b，叫布鲁塞尔。你可能听说过布鲁塞尔带子、布鲁塞尔地毯或者布鲁塞尔甘蓝（汉语名字是"球芽甘蓝"——译者注）。这些都来自布鲁塞尔。

比利时另外一个以B开头的城市是布鲁日。布鲁日的很多道路上都是水，水上有桥。虽然这里也有铺砌的公路，很多路上行驶的不是马车，而是船。我们来看看比利时有多少东西在英语里是以B开头的：

比利时（Belgium）

钟（Bells）

战场（Battle-fields）

布鲁塞尔（Brussels）

布鲁日（Bruges）

桥（Bridges）

船（Boats）

比利时在靠近法国的一边有很多山，但是在相对的另一边地势却非常低。在这边，比利时土地连着荷兰土地。荷兰这个国家名字的意思就是"空地"，之所以叫这个名字是因为荷兰很多地方都比海平面低。必须筑建叫堤防的岸或墙，防止水溢出来，堤防内还需要建造很大的风车，用这些风车把里面的水抽出去。荷兰的水不会流走，因为没有更低的地方可以流；水多了只会往山上流，所以堤防内的水必须抽出来。

阻挡海水的堤防必须得建得很大很坚固，这样才能抵挡住海浪剧烈的拍击。因为堤防上即使只有很小的缺口或洞口，整个堤防都会被水冲开，水就会淹没整座城市，冲毁房屋，甚至淹死人，所以必须有人时时刻刻监视着堤防，一旦堤防上有了任何小的破损，都必须及时修补好。

但是很久很久以前——大约在700年前——有一场很严重的暴风雨。北海当时冲破了堤防，淹没了千千万万的人，以及他们居住的房屋、村庄。那些被淹没的地方，现在成了海洋，船只在上面航行，鱼儿在水里游泳。这片内陆的水叫做"南海"，用荷兰语说就是"须德海"。但是现在荷兰人计划在这里重新筑建堤防，把北海的水切断，然后把里面的水都抽出来。这样须德海就会变成干的土地了。所以在不远的将来，荷兰将不再有须德海，不再有南海，现在鱼游泳船航行的地方将会是房屋和田地。

在我们建造公路和街道的地方，荷兰建的是运河。夏天，船在运河上

堤防内需要建很大的风车把土地里的水抽出去

行驶，冬天，人们在结了冰的运河上滑冰。小孩子们溜冰去上学，大人们溜冰去上班，多好玩啊！

荷兰没有多少马，那里的人用狗来拉东西，用自行车运东西。狗比马吃得少，而且不需要马厩，自行车也不需要车库。人们可以训练狗，让它们像马一样拉小的车，比如可以拉装载牛奶桶的车。但是，如果拉着车的狗在路上遇到了猫，麻烦就出现了。

虽然荷兰的马很少，但是母牛却很多。荷兰有黑白相间的乳牛，叫"黑白花牛"。黑白花牛可以生产大量的牛奶，比其他任何一种母牛产的奶都多。牛奶用来制作奶酪，比利时的奶酪非常有名。奶酪刚制作好时都是很大块的，然后人们再把大块切割成小块，这样就可以保存很长时间了。荷兰有专门卖奶酪的市场，就叫"奶酪市场"。

荷兰人的房屋非常干净。厨房一般是与客厅和餐厅连在一起的。他们不停地清扫，清扫屋内外，有时候把人行道也清扫得非常干净，有些小镇

的人甚至把街道都洗得很干净。牛棚一般就是房屋的一部分，那里和房屋一样干净。窗户上有白色的窗帘，还有一些吊钩，挤奶的时候把奶牛的尾巴挂在吊钩上。荷兰人都穿木鞋，因为那里太潮了。他们进屋前会把鞋脱下来放在门口，就像我们换套鞋一样。荷兰有些地方的男子会穿像枕头套一样宽大的裤子，女子会穿又肥又长的裙子，还会戴没有边的女帽。但是在一些大城市，那里人的穿着和我们基本上一样。

水坝（英语是Dam，读作丹——译者注）就是堤防，因为荷兰有非常

如果拉着车的狗在路上遇到了猫，麻烦就出现了

多的水坝，所以很多小镇和城市的名字后面都有水坝即"丹"字，比如荷兰最大的两个城市阿姆斯特丹和鹿特丹。

阿姆斯特丹是钻石之城。但是钻石并不是在荷兰发现的，它们是从非洲运过来的。在非洲，钻石从钻石矿里挖出来时，看起来不像我们平时见到的那样，而是有点像小鹅卵石，你根本想不到它们可以做成漂亮的东西。但是在阿姆斯特丹，钻石确实被制成了我们见到的闪闪发亮的漂亮宝贝。钻石是地球上最坚硬的东西。钢质工具切不断钻石，在磨石上也不能把它磨碎；沙纸不能磨损钻石，锉刀也不能在钻石上留下划痕。唯一能切断或划伤钻石的东西就是另一颗钻石。在阿姆斯特丹，人们就是用钻石做的工具切割钻石，将原始钻石打磨成多面的成形钻石。

第 31 章

西班牙城堡——空中楼阁（之一）

当我还是小孩子的时候，我常常幻想长大以后有了足够的钱时能住上的房子。房子的顶楼要有一个健身房，地下室要有一个为宠物准备的动物园，客厅要有展览好玩东西的博物馆，餐厅里要有一个苏打水喷泉。我妈妈会说这是我的西班牙城堡，我会问妈妈什么是西班牙城堡，她会告诉我："西班牙城堡就是一个漂亮奇妙的家——在你的想象中，就像空中楼阁一样只是理想的东西，现实中很难实现。"

但是西班牙是一个真实存在的地方，是一个真实的国家，而且即使现在那里还有真实的城堡。

欧洲的地图看起来就像一个拼图板。如果你把地图转过来，或者从侧面看欧洲地图，你会发现它看起来很像一个小老太太，头很大，背上隆起来，一条长长的腿在往海里踢足球。老太太的头就是西班牙，老太太头上戴的帽子，也就是西班牙的上面是葡萄牙。老太太的头与下面的法国连起来是比利牛斯山脉。

曾经，西班牙不仅在地图上看起来像欧洲的头，实际上也是欧洲的头领国家，因为那时候西班牙拥有欧洲最大的领土。还有一段时间，就在哥伦布发现美洲大陆不久，西班牙不仅是欧洲的头领，还是全世界的头领国家。那时候，西班牙占有北美洲的大部分地区，及除了巴西以外的整个南美洲。所以当时的西班牙是全世界最大的国家。但是现在西班牙甚至失去了一部分原本属于自己的领土。从地图上看，西班牙看起来好像在用它的鼻子摩擦非洲的鼻子，就像有些原始人见面时摩擦鼻子一样。西班牙的这个鼻子叫"直布罗陀"，但是直布罗陀并不属于西班牙，而是属于英格兰。

　　直布罗陀在地图上看起来像一个鼻子，但是如果你在地中海的一艘船上，你将看到直布罗陀看起来像一块长长的高高的石头。在直布罗陀和非洲之间有一条水带，叫做"直布罗陀海峡"。海峡只有13英里宽，是多佛海峡的一半。但是这里的水势非常凶猛，大西洋的水不停地来回冲击海峡，直到不久前才有人能够横渡这个海峡。在直布罗陀石头的

葡萄牙
大西洋
爱尔兰
英国
地中海
西班牙
法国
意大利
瑞士
德国
奥地利
捷克
斯洛伐克
波兰
南斯拉夫
匈牙利
罗马尼亚

西班牙地图看起来像一个老奶奶

里面，英国人挖了走廊、房间和窗户，里面有远程炮，英国的士兵就在里面监视着水面。在战争年代，如果有人想通过这个水门，而英国不同意的话，士兵们就会向这些人开火。

　　很多年前，那里的人关于整个世界的了解主要在地中海周边，那时水手们都认为走出直布罗陀海峡这个大门进入大洋是很危险的——所以人们就开始编造故事了——说人们在海峡的每一个岸边都设立了像门柱一样的柱子。他们把这些柱子叫做"赫丘利之柱"（赫丘利是希腊神话和罗马神话里的人物，是宙斯与阿尔克墨涅的儿子，以力大无比著称——译者注），并在柱子上张贴了一个标牌，警告水手们走到这些柱子以外是危险的。标牌上写着："Non Plus Ultra"，意思就是"禁止出此地"。当时的人们都认为，走出赫丘利之柱不远的地方，就到了大洋边缘，然后再一直往前走就会掉到一个无底洞里面。哥伦布不相信这样的愚蠢看法，他也不害怕。

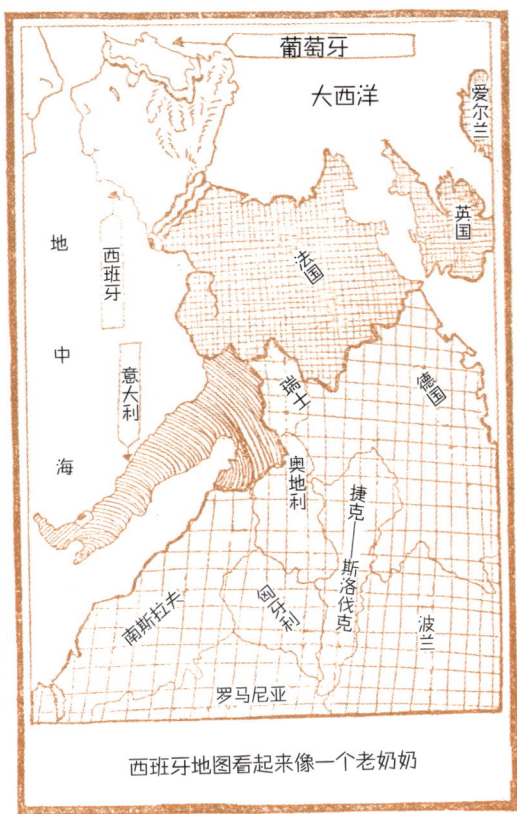

直布罗陀石头是一个巨大的堡垒，里面藏着英国士兵和他们的大炮

他从赫丘利之柱外面一个叫帕洛斯的地方乘船离开西班牙，然后一直往前走啊走，最后，他到达了美洲大陆。

就在哥伦布开始航行之前，西班牙有一些摩尔人，他们是从非洲搬过来的，在西班牙定居下来。摩尔人与欧洲人很不一样。他们不信仰耶稣，也不是基督教徒。他们信仰一个叫穆罕默德的人，和他们称之为"阿拉"的神。摩尔人建造了很漂亮的宫殿，但是他们的宫殿与基督教的宫殿不一样。摩尔人的王子们住在山上格拉纳达市的一座宫殿里，格拉纳达市离直布罗陀不远。人们把这座宫殿叫做"阿尔罕布拉宫"。

西班牙的基督教徒们不喜欢摩尔人，就发起了与摩尔人的战争，最后把他们从西班牙赶出去了，这些摩尔人又通过直布罗陀海峡回到了他们原来居住的非洲。西班牙女王在阿尔罕布拉宫接见了哥伦布，送他去探索新的世界。阿尔罕布拉宫现在无人居住，还在格拉纳达山上，西班牙保持了它原来的建筑风格，这样人们就可以去里面参观。阿尔罕布拉宫的墙没有涂抹灰泥或涂料，而是贴了五颜六色的瓷砖。门口不是方形的，而是像马蹄一样的形状，院子里有喷泉和水池，摩尔人的王子在水池里而不是浴缸里洗澡。

西班牙一个叫塞维利亚的城市里有一座大教堂，是全世界第二大的教堂。这座教堂是在摩尔人被赶出西班牙以后修建的，是用原来摩尔人的地盘建造的。这座教堂里埋着所谓的哥伦布的骨灰，我前面告诉过你，现在人们都认为那些骨灰不是哥伦布的，而是他儿子的。哥伦布的骨灰还在海地埋着。

摩尔妇女过去常常蒙着面纱。如果摩尔妇女不蒙脸就去大街的话，会被认为是不庄重的、下流的。西班牙妇女现在也常常蒙面纱，但是她们把面纱戴在头上而不是帽子上，有一些用丝绸做成的面纱非常漂亮，也非常昂贵。西班牙妇女还会在头上戴着高高的梳子，肩上披着鲜艳的丝绸披肩，夏天会随身带着漂亮的扇子，因为塞维利亚的夏天非常热，中午只要能不出去，人们就会待在屋里，因为外面实在太热了。在美国，小孩子中午的时候会有午休，但是在西班牙，大人们吃完午饭后也会午休，只不过他们不叫午休，而是有一个非常好听的名字叫"塞爱斯特"。

这位西班牙女士头上戴着一个高高的
梳子，脸上和肩膀上蒙着面纱和披肩

第 32 章

西班牙城堡——空中楼阁（之二）

当我还是小孩子的时候，有一次我爬过了一个篱笆准备到田地里去。突然，一头公牛朝我猛冲过来。我刚好有足够的时间又翻回了篱笆——真是有惊无险啊。在这个过程中我没有觉出任何好玩的地方。但是在西班牙的周末和节假日，总有很多人到一个叫"斗牛场"的地方去看斗牛。

人们坐在围栏外面的座位上看斗牛，围栏里面是一块沙地。围栏上有一扇门，门打开之后，一头又大又野蛮的牛就会冲进沙地。被称为"斗牛士"的人手里拿一件红色的斗篷，不断地在牛的面前来回挥舞。这会让公牛很生气，低着头用牛角向红斗篷冲撞。等到公牛快冲到他跟前的时候，

斗牛士用红色的斗篷逗引公牛

斗牛士就跳到一边，生气的公牛不能那么快地转弯，就从斗牛士身边冲了过去，而不会伤到斗牛士。斗牛士用这种方法一遍又一遍地刺激公牛，等到用各种方法玩够了这头牛，他就会用一把长剑一下刺死它，这就像猫把老鼠吃掉之前先戏耍老鼠一样。这在我们看起来很残忍，但是西班牙人却反驳说我们会杀死牛来吃它们的肉，却不让他们享受牛被杀前给他们带来的"乐趣"。

斗牛士必须十分勇敢，也必须得很有技巧，他的脚一定不能在沙地上打滑，否则他就躲不开公牛，甚至会被牛杀死。几乎西班牙的每一个城市和小镇都有一个斗牛场，他就像几乎美国的每一个城市都有一个棒球场或体育馆一样。斗牛是西班牙最流行的运动项目，就像棒球或足球是美国最流行的运动项目一样。即使是小孩子也会玩斗牛，一个孩子扮成公牛，另一个孩子是斗牛士。

每个国家似乎都有一些他们很擅长的运动项目。西班牙的女孩子不喜欢跳绳，但是她们喜欢跳舞，轻轻拍击手指上的小铃铛让脚合拍子，并且常常一边跳舞一边唱歌。手指上看起来像大花生的铃铛，叫做"响板"，西班牙语的意思就是"花生"。她们在人行道上、公园里或广场上，两个人或四个人一起跳舞，这是她们的游戏，就跟美国的孩子跳绳或"跳房子"一样。即使在塞维利亚的大教堂，唱诗班的小男孩们在某些特定的节日时也会在圣坛前面拿着响板跳舞。这是世界上唯一一

西班牙小女孩不喜欢跳绳，而是拿着响板跳舞

个可以在教堂跳舞的地方。

西班牙的房子外面是没有院子的，而是屋里面有一个院子，周围都是房间。这种屋里的院子叫做"天井"，经常被作为客厅或餐厅使用。

如果你乘火车在西班牙国内旅游，透过车窗你会发现外面有一种形状很奇怪的树——与美国的任何树都不一样。这种树叫软木树。我们用的暖壶或其他瓶子上的或小或大的木塞，不是像樱桃或桃子那样直接长在树上的，而是用这种软木树的树皮做成的。人们把树皮从树上大块地割下来，然后再切成大大小小的木塞。树皮割下来之后，树会再长一层新的皮，但是一般要用九年的时间才能长得比较厚，可以再次割下来做木塞。所以你现在用的木塞基本上跟你的年龄差不多大小，甚至可能会更大一些。

软木树的寿命很长，比人的寿命长多了。但是在西班牙还有一种树的年龄要更长，那是油橄榄树，结的果实像绿色的樱桃一样。据说有的油橄榄树都活了一千年了！从《圣经》时代甚至更早以前开始，橄榄就被当成了食物，但是很多人要慢慢才能习惯并喜欢上橄榄的气味。橄榄也可以被压榨做成橄榄油，我们会在做色拉的时候用橄榄油调味，因为其他种类的油没有橄榄油这么好吃。在西班牙，人们不吃黄油，主要吃橄榄油。橄榄也可以做一种非常纯净的肥皂，叫橄榄香皂，你可能用过这种香皂。

很久以前，运动项目的获奖者头上会被戴上一个用橄榄枝做成的花冠，在战争时期，传达和平信息的使者也会带一根橄榄枝。在西班牙的有些地方，你可以坐上一天的火车，从早上到晚上，窗外看到的就是橄榄树，橄榄树，橄榄树，你就会想，这么多橄榄树，人们都用来做什么用呢？西班牙人自己也会食用大量的橄榄，因为对西班牙人来说，橄榄就是面包和黄油，肉和蔬菜，但是他们也会把好几百万瓶的橄榄和橄榄油运往其他没有橄榄树的国家。

前面我们讲过人们会把有些漂亮的城市说成像巴黎，西班牙的首都就是其中一个。西班牙的首都叫马德里，在西班牙的中心附近。旧马德里的街道非常窄，房子也非常小，但是新马德里有很宽的大街和高大的建筑。如果你没有听到那里的人讲西班牙语，你可能会以为你身在巴黎或纽约。以前西班牙人常常会说"玛尼亚娜"，意思是"明天"，因为他们喜欢把一切事都推到明天再去做。新时代的西班牙人会说"现在就做"。如果你在马德里说你住在美洲，他们会认为你说的是南美洲，而且认为你应该会讲西班牙语，因为对西班牙人来说，"美洲"就是指的南美洲。在南美洲发财的西班牙人会回到"马德里的家"，然后靠他在南美洲挣的钱生活，因为马德里的房子是他的"西班牙城堡——空中楼阁"。

有时候，西班牙的两个兄弟各自结婚后还会住在一所房子里，但是一般来讲，如果住在不同的房子里，两家的关系要更好一些。葡萄牙和西班牙就像两兄弟，说相似的语言，其他生活习惯也几乎一样，但是尽管它们曾经努力过，它们的关系却一直不是很和睦。这两个国家的人都喜欢跳舞和唱歌，都种植软木树和油橄榄树，都喜欢斗牛——只不过在葡萄牙，人们不会把公牛杀死，还会把公牛的角包起来，这样牛就不会伤害别人了。

第 33 章

空中的土地

欧洲地势最低的国家是荷兰。

欧洲地势最高的国家是瑞士。

整个荷兰几乎没有小山，国家就像球场一样平坦。

瑞士也几乎没有小山，因为那里都是大山脉——西欧最高的山脉——因为山太高，山顶一年四季都被冰雪覆盖。这些山脉叫做"阿尔卑斯山"。

每一座山都有一个山谷，就跟每一个油炸圈饼都有一个洞一样。瑞士的山顶是白色的，但是山谷却是绿色的，牛戴着叮当响的铃铛在山谷的草地上吃草。山顶上的雪融化后，从山上流下来在山谷中形成瀑布和弯弯曲曲的小溪流。

你有没有见过屋顶的雪突然从上面滑下来掉在地上？那叫"雪崩"。现在假想一下，一英里长的山就像屋顶一样，上面覆盖的雪突然从山上滑了下来，落进下面的山谷里。这就是瑞士的雪崩。有时候雪崩会把附近的人和房子甚至整个村庄都埋在下面。

有一些又大又宽的山谷里面都是雪变成的冰，这些冰在山谷里，就像完全冻住的河一样，人们把它叫做"冰河"。大的冰河就像河流一样还有名字。

大部分河流都源于泉水，但是瑞士的河一般都源自冰河融化后的冰水。瑞士有一条比较大的冰河叫"罗纳河"，在罗纳河的下面，就像从一个冰洞里，流出一股冰凉的融化后的冰水。这条溪流从山谷上流下去的时候，会与其他融化的雪和冰水汇合在一起，变得越来越宽，这就是"罗纳河"了。罗纳河继续向前流，直到抵达一个又大又宽的山谷，罗纳河把山谷填满，形成一个湖——瑞士最大的湖泊——叫"日内瓦湖"。

罗纳河的水从日内瓦湖的另一端又流出来，向下流到法国，流经我前面告诉过你的里昂的桑树、养蚕农场和丝绸工厂，最后流入了地中海。

另外一条与罗纳河名字相似的河流，叫"莱茵河"，也源自冰河下面的冰水，但是莱茵河向北流，在法国和德国之间，流经荷兰，最后流入北海。

世界上有很多人都认为爬山是一项很好的运动项目——山越高，越难爬，越危险，他们就越喜欢爬。现在阿尔卑斯山脉里最高的山是"勃朗峰"，意思是"白山"。白山的一部分在瑞士，但是最高峰在法国。每个夏天，都会有很多人爬阿尔卑斯山脉的白山或其他山。爬山的人都用头上有钉子的长绳，钉子可以固定在冰上，他们还会穿带有平头钉的鞋子；他们会和当地的导游一起爬山，所有人都系在一起，这样如果有人不小心滑下岩石架，其他人可以把他或她拉上来。但是每年都会有很多人在这样的运动中丧命。他们会滑下去，撞到山底或遭遇雪崩被埋在下面。

瑞士所有的山中最难爬的是一座看起来像一个巨型角的山。这座山叫做"马特峰"。只有非常有爬山技巧并且非常大胆的人才敢尝试爬这座山，尽管冒着生命危险爬到山顶后能做的唯一的事情就是欣赏上面的风景。然而大部分人爬这座山就只是为了能够说："我做到了。"

即使不爬山，还是有很多人会到瑞士去参观那些被雪覆盖的大山，所以瑞士人就在可以观赏到山景瀑布或者其他美丽景色的地方修建了很多宾馆。整个瑞士有上千家这样的宾馆，这样瑞士人的主要工作好像就是管理家务，而且他们的

马 特 峰

人们冒着生命危险爬到山顶

确管理得很好。据说瑞士人是世界上最好的旅馆经营者。瑞士还有很多有名的东西：瑞士牛奶巧克力，你很可能吃过；中间有大孔的瑞士奶酪，你可能也吃过；还有瑞士手表、瑞士木雕、布谷鸟钟、系在母牛脖子上的铃铛和音乐盒。

大多数的国家都有陆军和海军，就像我们会有警察和看门狗来防入室贼一样。但是瑞士没有海岸线，这样的国家在世界上只有少数几个。所以瑞士没有海军，而且也不需要很多陆军，因为这个国家的山脉就像高墙一样保护着瑞士不让敌人侵入。尽管瑞士周围的每一个国家都参加了世界大战，但是瑞士两次都没有参与。

整个瑞士都被其他国家包围着。一边是法国，一边是德国，还有一边是意大利。瑞士人没有自己的语言，而是靠近意大利的瑞士人说意大利语，靠近德国的瑞士人说德语，靠近法国的瑞士人说法语。很多瑞士人三种语言都会说。

如果你想从其他国家去瑞士，或者从瑞士去其他国家，或者从瑞士的一个地方到另一个地方去，不用爬山就可以做到，可以从山和山之间比较低的地方走。但是大部分这些低的地方也至少有一英里高甚至更高。这种比较低的地方叫关口，瑞士有一个关口是辛普朗。前面我告诉过你的法国元帅拿破仑，就曾经带着他的军队从辛普朗关口去意大利。但是现在你可以从山下或者山中间穿过，因为很多地方都在山里面修了很长的隧道。

最长的隧道之一是"圣高维里"。修建这个隧道的人从山的两头开始挖，最后这两个隧道正好在中间完全接合。有些人说这真是太奇怪了，两个各自都有几英里长的隧道，竟然可以完全吻合地接上。但是修建者说："才不是呢。如果这两个隧道没有接到一块儿才奇怪呢。我们不是盲目挖洞的鼹鼠，我们在挖之前早就计算好了，我们挖的时候就知道它们能接到一起。"

世界上最长的隧道在辛普朗关口下面。这条隧道的一头是瑞士，另一头是意大利，有12英里那么长。我曾经坐着火车在关口下面的隧道通过，也曾经用自己的双脚在关口上面走过。坐火车从关口的这头到那头需要16分钟，我花了将近两天时间才步行翻过了这个关口。

在辛普朗关口的上面有一个房子，被称为"收容所"，我曾经在那里住过一夜。这个房子里住着一些被称为和尚的教士。建收容所就是为了给旅行者提供栖身的地方，万一有人遇到了暴风雨，可以在这里暂时休息。

现在几乎没有人会从关口上翻过去，因为从隧道里通过十分容易、迅速和安全；但是在关口下面的隧道没有修好以前，人们想从意大利到瑞士去只有一条路可以走，那就是从关口上面翻过去。过去很多人都是这样走的。暴风雪几乎随时都有可能发生，无论是夏天还是冬天，而且大部分情况下行人会迷路，然后被冻死。住在收容所的好心的和尚就是关口上的救生者。他们在山间的小路上修建了小棚屋，还养了些很壮也很聪明的狗，叫"圣伯纳德狗"。这些狗都受过训练，当山上有暴风雪的时候，它们就会从收容所出去寻找那些被暴风雪征服的、迷路的或者被雪掩埋的旅行者。圣伯纳德狗的脖子上挂着一个小木桶，里面有面包和酒。狗的嗅觉十分灵敏，即使人被埋在雪里面，它们也能发现，然后把人摇醒，并拖拽到最近的棚屋里，一直到暴风雪停止。辛普朗收容所是这样一个地方：任何人，不管他或她是富人还是穷人，是圣人还是罪人，都可以在这里免费过

它不会伤害你。它是一个好朋友

夜、吃饭、被好好地照顾，不会被问任何问题，也不会收取任何东西。在全世界只有少数几个地方会这么做。

你知道威廉·泰尔的故事吗？瑞士有很多湖，但是最漂亮的一个叫"光之湖"——卢塞恩湖——在这个湖的岸边有一个小教堂，就是人们认为威廉·泰尔当初从他小儿子头上射下苹果的地方。

第 **34** 章

靴子顶

英语里有一句类似绕口令的话，意思是："一位住在靴子里的老妇人，有很多小孩，不知道怎么办。"世界上有一只靴子，那里有上百万的小孩和上百万的男人、女人。这只靴子就是意大利。它是地球上最大的靴子，但是还不够大，因为它装不下那里所有的人，所以有很多人就到美洲来了。第一个到美洲来的人大约在四百年前，他就是哥伦布。他当时是开着船从西班牙出发的，但是他出生在意大利，在靴子顶端的一个城市生活，那个城市叫热那亚。哥伦布当时在热那亚住的房子现在还在，在热那亚火车站外还有一个哥伦布的雕像。现在仍然会有船从热那亚去美洲，只不过现在的人知道他们去往哪里，而哥伦布当时是不知道的。

在靴子顶的另一边是另外一座城市，这座城市不在水的附近，不在水的旁边，不在水上，而是在水里面。它是在很多小岛上建成的，城市的街道上都是水。这座城市叫威尼斯，充满水的街道叫水道，主要的街道——如果是铺砌的道路的话会是一条宽宽的大街——叫"大运河水道"。威尼斯人出行不用汽车或马车，而是用船。这里的船都被涂成黑色，船的中间有一个小舱，整个看起来就像一辆封闭的小汽车。在船的正前端有一个奇怪的东西，这个东西有牙齿，看起来像一个倒竖着的梳子。这种船叫"凤尾船"，操纵凤尾船的船夫站在船舱的后面，用一根长长的木桨划着凤尾船前进。水道交叉口没有"停止"或"前进"的标牌，所以船夫经过交叉口时会发出一种有趣的"噢"声，如果有另一个船夫从水道的其他方向过来，他也会喊一声作为回应，这样他们就不会撞到一起了。威尼斯没有车喇叭声，没有隆隆的车轮行驶声，除了有人唱歌或放音乐，威尼斯几乎都是无声的。

很久以前，威尼斯现在所在的地方只是很多小岛，没有城市。一些叫威尼蒂人的人当时受到北边一个野蛮部落的骚扰。所以那些人就搬到了这些小岛上，躲开那些烦人的部落。威尼蒂人用雪松木头做成柱子，因为这种木头不容易腐烂。他们把这些雪松柱子插进水里，然后在柱子上建造房子。威尼蒂人主要靠吃鱼生活。他们只需要往家门前的水里放一根线或者一个网就可以捉到很多鱼。他们捉的鱼实在太多了，根本吃不完，所以他们就把海水晒干，用得到的盐来腌鱼，腌制的鱼可以储存很长时间。

因为威尼蒂人都住在水上，所以他们必须会游泳，事实上他们的确是很好的水手。他们开船到了地中海的任何一个角落，把他们腌制的咸鱼卖给当地的人们，他们不仅卖鱼，还卖盐。而他们带回来的就是人们用来付款的丝绸长袍、小地毯和珠宝。然后欧洲各个地方的人都到威尼斯来买威尼蒂人通过卖咸鱼和盐换来的东西。这样，威尼斯就成了欧洲一个购物的地方，一个大市场。所以威尼斯人——后来人们把威尼蒂人称为威尼斯人——就变得越来越富裕。他们沿着水道修建漂亮的宫殿。威尼斯人认为是某个圣人给他们和威尼斯带来的好运，于是就为他修建了一座漂亮的教堂。这位圣人就是"圣马可"。他们找到了他的骸骨，并把它埋在教堂的圣坛下面。圣马可教堂看起来与我前面告诉过你的所有教堂都不一样，它有五个圆屋顶，四个方向各有一个，中间的最大。但是这些圆屋顶与圣保罗教堂或美国国会大厦的圆屋顶还不一样，这五个圆屋顶看起来像洋葱。

画一般是用染料画成的，你可能从来没有见过不用染料画成的彩色图画。但是在圣马可教堂，有数百幅图画，不是用染料画成的，而是用很多各种颜色的小石头、金子和各种颜色的玻璃做成的。这种图画叫做"马赛克"。这种不用染料画的画，不会褪色，也不会剥落，更冲洗不掉。

你可能有过一条宠物狗。人们都认为圣马可养了一头狮子作为他的宠物，所以在圣马可教堂前方的一个柱子的上方，放了一个有翅膀的铜狮子雕像。在教堂门的上面有四匹马。这些马不是活马，但是它们却走了很远的路。这些马也是铜做的，大约是在耶稣年代制造的，它们被一个又一个

威尼斯圣马可教堂

威尼斯人认为圣马可给他们带来了好运，
所以为他修建了圣马可教堂

统治者从一个地方搬迁到另一个地方，最后又回到了威尼斯。

威尼斯最大的一块土地是圣马可教堂前面铺砌的一个广场。广场上有成群的鸽子，这些鸽子被驯养得很好，它们可以停在你的手上或肩上吃食。鸽子停留在人们头上、肩上或脚上的时候，人们会拍下照片留做纪念。从前，威尼斯因为一只传信鸽带来的消息而获救，没有受到敌人的攻击，从那以后，威尼斯人都把鸽子当做神圣的动物来看待。他们会逮捕和惩罚任何一个伤害鸽子的人。你知道是鸽子发现了美洲大陆吗？是的，事实就是这样的，因为在意大利语里，"哥伦布"的意思就是"鸽子"。

威尼斯现在只是一座城市，但是过去它就像一个小国家一样。威尼斯人自己制造钱币，有自己的统治者。威尼斯统治者被称为"总督"，意思就是公爵。总督就像总统一样统治威尼斯，像国王一样住在宫殿里，像法官一样惩罚那些做错事的人。监狱与总督的宫殿只隔着一条水道，中间靠一个有屋顶的桥连接着。如果一个人被总督发配到监狱去，他经过这座桥的时候就会叹息和呻吟，所以这座桥后来人们称之为"叹息桥"。

威尼斯剧院有时候被叫做"里亚尔托",但是据说那个里亚尔托指的并不是剧院,而是连接威尼斯大运河上的一座桥。这座桥两边都有商店。威尼斯是欧洲的购物场所,里亚尔托则是威尼斯的百货商店,那里什么东西都可以买到。英国作家威廉·莎士比亚写过一个剧本,名字就是《威尼斯商人》,剧本写的就是在里亚尔托开商店的一个商人。

威尼斯的凤尾船

圣马可的翼狮

叹息桥

最初的时候,威尼斯人就是靠他们身边两样最普通的东西来挣钱生活的,那就是鱼和盐。这是他们发财的开始。威尼斯人身边还有一样丰富而普通的东西,就是沙子。沙子看起来好像没有多少价值,但是威尼斯人却发现他们可以用其他东西在炉子里把沙子熔化,然后制作成玻璃。他们还发现如果像吹肥皂泡一样用气吹熔化的玻璃,把玻璃吹成不同的形状,可以得到各种各样漂亮的瓶子、花瓶、珠子和酒杯。吹玻璃的人成了有名的人,像可以画画或谱写音乐的艺术家一样,而且他们还可以挣很多钱,因为各地的人都会花高价买他们的作品。他们是威尼斯最重要的人呢。一个非常杰出的吹玻璃的人本身就像威尼斯总督一样重要——曾经有一个吹玻璃的人后来成了总督——一些吹玻璃的人的女儿都嫁给了王子。

威尼斯现在不再是一个国家了,而只是意大利的一座城市。但是全世界的人仍会到威尼斯来参观圣马可教堂和威尼斯总督的宫殿,会在附近的利多海滨游乐场的海滩晒太阳浴,在水道上乘坐凤尾船,在暖和的夜晚,听音乐家弹奏弦乐器和唱歌。每一个女孩结婚的时候都想在威尼斯度蜜月。

一个美国女孩曾经给家里寄过一张明信片,上面写着:"我现在在威尼斯。这里非常漂亮,有金黄的宫殿,有美丽的落日,有迷人的音乐。我现在坐在威尼斯大运河的一艘凤尾船上，想把运河水都吸进去！"我们会说一个人"渴望"知识或美貌，但是这个人必须非常渴，才会想把运河水都吸进去。

意大利这个"靴子"在地中海沿岸，但是与威尼斯接壤的海的一部分叫亚得里亚海。威尼斯实在太漂亮了，被称为"亚得里亚海的女王"。这都是因为那里鱼、盐、船和沙子而得来的名声和财富！

第 35 章

天堂之门和天堂的圆屋顶

像神话中海怪的后背一样纵贯意大利的是亚平宁山脉。为了从意大利的一边去另一边，你必须得从上面翻过，从下面或从里面穿过亚平宁山脉，幸好这三种方式火车都可以做到：山上，山下，山里面，还有一个接一个的弯弯曲曲的隧道。从威尼斯到亚平宁山脉另一面的城市佛罗伦萨，需要穿过45条隧道。

佛罗伦萨可以用做一个女孩儿的名字，意思是"繁花盛开"，它也可以用做一个城市的名字。火车进入佛罗伦萨的时候，会绕着城市走。靠近城市的中心时，在其他房子的屋顶上方你可以看到一个大圆屋顶，就像一个轮子的轮轴，而火车正围着这个轴心转。圆屋顶旁边有一个巨大的方形塔。塔和圆屋顶都是在哥伦布诞生以前建造的。这个大圆屋顶看起来很像伦敦圣保罗教堂上的圆屋顶，但是，事实上，我们应该说圣保罗教堂的圆屋顶像这个大圆屋顶，华盛顿的美国国会大厦的圆屋顶也像这个大圆屋顶，因为佛罗伦萨的这个圆屋顶建造时间很早，所有其他的圆屋顶都是模仿它建造的。

以前人们也建造过小的和平的圆屋顶，但是当佛罗伦萨的人们建造一个大教堂时，他们想给这个大教堂一种不同的圆屋顶，这个圆屋顶应该比全世界任何一个圆屋顶都大都好。他们想要一个大的之前没有人建造过的圆屋顶。现在建造的圆屋顶都是用一块块石头建成的，石头必须得在不会掉下来的前提下把下面的空间遮住，就像一座桥或一个拱门一样。没有水泥能够把石头粘到一起然后把石头放在一个开放的空间上方时不会掉下来，但是如果能在每一块石头都放到合适位置之前，用一个木头做的框架在下面支撑着，石头就不会掉下来了。等所有石头都放好了，因为这时候的石头都互相支撑着，挤压着，即使把下面的木头框架取走石头也不会掉下来。这就像想同时通过一扇门的很多人：他们互相挤压着，结果谁也过不去。

但是佛罗伦萨大教堂的圆屋顶实在太大了，没有人知道建造的时候该如何支撑住上面的石头。如果像上面说的在下面放一个木头框架，支撑这么大的圆屋顶得需要一个森林的树才可以做成合适的木头框架。有人说："我们可以在土里面放入很多硬币，然后用泥土堆成一座小山，从而在这座土山上面建造巨大的圆屋顶。等屋顶建好以后，人们会为了得到土里面的硬币而把泥土拉走，这样就可以得到想要的圆屋顶了。"但是，从来没有人试验过这个非常愚蠢的主意。

最后，有两个是竞争对手的艺术家说他们知道建造巨大圆屋顶的方法，但是他们两个都不愿意说怎么建。一个艺术家的名字叫布鲁内莱斯基，因为这个名字很长，我就直接叫他布先生；另一个艺术家叫吉贝尔蒂，我称之为吉先生。布先生得到了建造大教堂圆屋顶的工作，吉先生作为他的助手。吉先生不满足于只是一个助手，所以他就到处跟人说布先生其实根本不知道如何建造圆屋顶，他永远也建不成圆屋顶。

布先生和他的建筑工人们开始工作了一段时间，圆屋顶四周的墙都已经垒起来，轮到垒教堂中间上方的悬空屋顶了。这是最难的一部分，因为圆屋顶四周的墙壁必须在中间会合，但是中间下面没有任何东西可以支撑。吉先生继续在背后说布先生的坏话，甚至取笑他。布先生最后厌烦了被吉先生这样戏弄，就假装生病，屋顶的建造也就无法继续了。时间一天天过去，布先生待在家里——病一直没有好——圆屋顶也就一直没有完成。吉先生开始说："其实布先生不是真的生病，他只是在假装生病——就像上学的小孩有时候假装生病一样——因为布先生不知道怎么继续建造屋顶了。"所以佛罗伦萨的人到布先生家去，请求他继续工作。

"我生病了，"布先生说，"吉先生关于建造屋顶懂得很多，让他完成圆屋顶的建造吧。"

佛罗伦萨大教堂

布先生是唯一知道"天堂的圆屋顶"如何建造的人

　　所以人们又到吉先生家去，让他完成。然后吉贝尔蒂开始建造屋顶，但是他只盖了一点点，就不知道下面该怎么继续了。

　　然后人们又去找布鲁内莱斯基。

　　"如果你们能够让那个吉贝尔蒂老老实实待着，关于屋顶的建造不要再说一句，"布先生说，"我就会继续我的工作。"他做到了，完成了全世界这一类型的第一个也是最漂亮的圆屋顶。直到今天，都没有人知道布先生是怎么做到的。

　　虽然吉贝尔蒂这个人心胸狭窄，但是他也是一个很了不起的雕刻家。布鲁内莱斯基建造的有大圆屋顶的大教堂的街对面，有一座低矮的六个边的建筑，名叫"洗礼堂"，因为那里的人都在那里为他们的孩子进行洗礼。洗礼堂的六个门都是用铜做的，在这些门上，吉贝尔蒂雕刻了一些铜的人像和《圣经》故事的一些场景。其中一个讲的是亚伯拉罕准备按照上帝告诉他的，在圣坛上将自己的儿子杀死作为祭品。

　　"这些门都可以做天堂的门了！"佛罗伦萨另一个伟大的艺术家看到这些门的时候说。说这话的艺术家叫米开朗琪罗，他住在意大利，与哥伦布生活在同一时代。哥伦布几乎一生都不在意大利，他总是去世界各地发现新国家。而米开朗琪罗从来没有离开过意大利，他总是待在家里。他的一生都用来画美丽的图画和油画，雕刻各种雕塑品，设计建筑物，因为那个时候的艺术家做一切跟艺术相关的工作，除了绘画和雕刻，还会做小到制作项链，大到设计、建造教堂这样的工作。

　　有一天，米开朗琪罗发现了一块大理石。它是被人扔掉的，因为石头里有一个裂缝。米开朗琪罗说他从这块大理石上看到了大卫的轮廓，大卫是《圣经》故事里一个年轻英俊的青年。于是他拿起凿子开始工作，在这块大理石上雕刻出年轻牧羊人的雕像。佛罗伦萨有两个这座雕像的大型复制品，比真实的人要大好几倍，在世界上的各个地方，也都有石膏制作的这座雕像的小型复制品，可能你自己家里就有一个呢。

　　佛罗伦萨很多漂亮的艺术品都保存在一些过去的宫殿里。这些宫殿看起来不像宫殿，更像监狱。因为它们设计得让人很不容易进去，而且进去了就很难出来。很久以前，那里的有钱人住在这些宫殿里，他们彼此的关系不好，不喜欢邻居，一家与另一家会经常吵架，所以这些宫殿必须得像堡垒一样坚固。

佛罗伦萨的维奇奥桥

"古老的桥"上的大多数商店都卖纪念品和饰品

　　佛罗伦萨没有威尼斯那样的水路，但是有一条河流经这座城市，这条河是亚诺河，河上有几座桥。其中有一座叫"维奇奥桥"，意思是"古老的桥"。"古老的桥"上的商店就像威尼斯的里亚尔托桥上的一样。大多数的商店都卖装饰品和纪念品，有的是用银子制作的，有的是用马赛克装饰的，有些是皮革的，还有一些是用龟壳做的。这些艺术品大都会卖给那些从世界各地来旅游的游客。

比萨斜塔

某一天，它可能真的会倒下去

　　塔一般都是直立的——直上直下的——就像男孩和女孩一样站得笔直。但是离佛罗伦萨不远有一个城市叫比萨，那里有一个非常独特的塔，这座塔的塔身向一边倾斜，被称为"比萨斜塔"。建造这座塔的最初是希望塔身能像其他的塔一样也是直立的，但是塔的地基朝一边下陷，这样整座塔就开始朝一个方向倾斜，看起来就像要倒塌一样。比萨斜塔已经倾斜了几百年，至今还在慢慢倾斜，如果这种倾斜不能被阻止的话，某一天，它可能真的会倒下去。

　　你还记得我前面告诉过你大理石来自于海洋生物的骨头吧。但是并不是所有的大理石都是一样光滑的——有一些表面就比较粗糙，你甚至都可以看到石头里的骨头。比萨附近的石头矿山被称为采石场，从采石场采集的大理石非常精细光滑，以那个地方的名字命名为"卡拉拉大理石"。从耶稣时代开始人们就从卡拉拉的采石场采集大理石，当人们建造房屋、壁炉架或雕塑需要非常精细光滑的大理石时，就会把卡拉拉大理石运往全国各地以及世界上很多国家供人们使用。

第 36 章

死去的和存活的城市

两千年前，你可以从任何地方朝任何地方出发，如果你一直不停地往前走，并且走得足够远的话，你最后会走到意大利的一座很大的城市，叫做"罗马"。因为在那个时候，"条条大路通罗马"。当时罗马是世界上最大的、最富有的、最美丽的，也是最重要的城市。罗马那时候是世界的首都。

罗马是在七座山上建造起来的，当时的人们认为"七"是一个幸运的数字。有一条河流穿过罗马，名叫"台伯河"。罗马人认为台伯河的水是被一位名叫"台伯老人"的神控制着的，所以他们会向台伯老人祈祷，希望他能保佑罗马人不会淹死，他们的船在航行时不会遇到事故。

古罗马现在已经消失了，剩下的绝大部分也都是废墟，但是人们认为罗马会永远活着，不会死去——也就是罗马是"永恒的"——尽管古罗马已经是废墟，但还有一个新罗马。新罗马不再是世界的首都，现在只是意大利的首都。

但是，罗马仍然是全世界罗马天主教国家的首都，全世界罗马天主教的首领就住在罗马。他被人们称为"教皇"，意思是"父亲"。

人们都认为《圣经》里圣彼得在十字架上被钉死了，他的遗体就埋在罗马。据说，在埋葬圣彼得的地方，每天都有宗教礼拜，从圣彼得时代开始一直持续到现在——大约有1900年。一开始，这些礼拜必须在晚上偷偷进行，因为大多数罗马人都不信仰耶稣，如果被他们看到谁信仰耶稣，谁就有可能被送到监狱，甚至被处死。但就是在这块地方，几百年后，建造出了世界上最大的教堂——圣彼得教堂。

在圣彼得教堂的顶端，有一个模仿佛罗伦萨布鲁内莱斯基建造的圆屋顶。圣彼得教堂的圆屋顶比佛罗伦萨教堂上的圆屋顶还要大很多。这座圆屋顶是著名艺术家米开朗琪罗建造的。我前面告诉过你这个人，他既是建筑家，还是雕刻家和画家。圣彼得教堂上面的圆屋顶实在是太大了，屋顶上还有小房子，小房子里面住着教堂的看守者。

圣彼得教堂的前门不管白天还是晚上，从来没有关闭过。但是就在这扇门的右边，还有一扇铜门，这扇门除了25年开放一次以外，平时从来都没有打开过。第二扇门叫做圣门，用石头堵塞着。每25年的最后一天，用石头垒的墙被推倒，石头挪走，圣门就可以打开了。

圣彼得教堂非常大，能够同时在里面举行30个礼拜而不会互相干扰。

圣彼得大教堂的圆顶

圣彼得教堂是全世界最大的教堂

为了配合这么大的教堂，教堂里面的一切都是巨大的。天使的雕像都像巨人一样，鸽子的雕塑像老鹰一样大小。教堂里有一座圣彼得自己的铜像，坐在教皇的宝座上。这是教堂里为数不多的几个与实际人物大小差不多的雕像。从世界各地来的天主教徒们，来到圣彼得教堂的时候，都会亲吻这座铜像的脚。因为有数百万的人亲吻，铜像的十个脚趾都被亲吻掉了。

在复活节和其他节庆日，圣彼得教堂的墙上会挂很多深红色的丝绸，成千上万的蜡烛燃烧着，唱诗班的少年歌者唱着圣歌，祭台助手则会把燃烧着的香烟挥舞到屋顶的最高处。还有数百名穿着华丽长袍的牧师、戴着红色帽子和穿着红色长袍的红衣主教，以及穿着白袍的教皇——他是全世界天主教的首领——慢慢地以很隆重的形式走下教堂里的过道，走向那座高高的祭台。祭台所在的地方，就是1900年前，圣彼得在十字架上被钉死的地方，也是当时基督教徒因为害怕被杀而不敢出现的地方。

罗马教皇住在圣彼得教堂隔壁一所庞大的房子里，房子的名字叫梵蒂冈宫。你的房子可能会有12个房间，甚至20个房间也说不定，但是据说梵蒂冈宫里的房间有1000多个。因为房间实在太多太大了，可能都没有人完全数过到底有多少。很多房间里都放着著名的画和雕塑。这些房间是艺术博物馆，人们可以到里面去参观。有一个房间是教皇自己做礼拜的地方，叫西斯廷教堂。米开朗琪罗在这个教堂的天花板和墙壁上画了很多画。如果你不想一直仰着头看天花板，你可以平躺在地上，或者也可以手里拿一

提图斯拱门

这是为纪念提图斯而建造的，因为他摧毁了耶路撒冷

面镜子，然后从镜子里面看。

在圣彼得以前的年代，人们信仰很多神，罗马就有一个是"为所有神"建造的教堂。这座建筑物直到现在还存在，名叫"万神殿"，意思就是"所有的神"。万神殿也有一个圆屋顶，但是这个圆屋顶与圣彼得教堂的圆屋顶不一样。圣彼得教堂的圆屋顶像一个倒扣的巨大茶杯，万神殿的圆屋顶像一个倒扣的巨大茶托。万神殿没有窗户，但是茶托的顶上有一个大孔，叫做望着天堂的"眼睛"。通过这个眼睛，阳光可以洒进来，雨水也可以漏进来。但是因为这个眼睛太高了，离地面很远，所以漏进来的雨水还没有到达地面就蒸发了，雨水几乎不会弄湿地面。

罗马在耶稣时代建造的建筑物大部分都已经成为废墟，但是万神殿还像初建时一样完整。在其他古老的建筑物周围，积累了两千年的灰尘和尘

罗马竞技场

过去在罗马圆形大剧场杀死基督徒的狮子的幽灵

土，越积越高，要看到遗地必须把它们从土里挖出来。

在很久很久以前，罗马有一个很大的交易市场。在市场的周围有漂亮的宫殿、法庭、庙宇和拱门。将军们从战场上获胜归来时会骑着马从拱门下面通过。其中有一座拱门叫"提图斯拱门"。"提图斯"是一位罗马皇

帝，他率领军队摧毁了犹太人的首都耶路撒冷，提图斯拱门就是为庆祝这件事而建造的。还有一座拱门叫"康斯坦丁拱门"。康斯坦丁是罗马第一位信仰耶稣的皇帝。那个时候耶稣已经去世300年了。

古罗马人娱乐的方式很独特。他们喜欢看人与野生动物打斗，如跟狮子或老虎打架，他们看着人与动物相互残杀，感到很快乐。与动物打斗的人有些是从战场上带回来的俘虏，有些是罗马皇帝想要处死的信仰基督教的人。所以古罗马就造了一个大型的建筑，罗马人可以安全地坐在上面观看人与动物搏斗，就像我们现在看足球赛或棒球赛一样。那个大型的建筑叫罗马圆形大剧场，尽管现在圆形剧场的一部分已经成为废墟，但是大部分都还完好，你现在仍然可以看到动物上场前被关押的洞穴。

罗马的基督教徒地下墓穴

因为那时候信仰基督教的人害怕被罗马人看见而不敢在地面上做礼拜，于是就藏在地下进行各种活动。在罗马，地下有很大一块像地窖一样的房间，这就是基督教徒做礼拜的地方，他们死后也会被埋在这里。这些埋葬的房间被称为地下墓穴，过去有数百万人被埋在了地下墓穴里。

第 **37** 章

一英里高的烟灰堆

烟灰堆一般都不好看，而且如果在你家后院有一堆烟灰的话，你可能还会觉得很苦恼。但是在意大利有一堆烟灰，每个人看了都认为它很好看，尽管这堆烟灰有将近一英里高，而且是在一座名叫"那不勒斯"城市的"后院"里。人们在海湾的周边建造房屋和旅馆，就是为了能观赏到这堆烟灰。这一英里高的烟灰堆的名字叫"维苏威火山"，虽然它并没有人们想象的那么高。

过去，在大人们也会相信童话的时候，他们会说地下住着一位跛脚的铁匠，他有一个巨大的炉子，用来加热铁，然后他用烧热的铁做成他想要的工具。人们说这个铁匠叫"弗尔康"。人们认为从地下冒出来的烟和火苗，以及在地面上堆积的烟灰都是从他地下的大火炉里跑出来的，所以我们用弗尔康的名字来命名这种上面有烟和火冒出来的烟灰堆，其实就是火山（英语表示"火山"的单词"volcano"与"弗尔康"的英文"Vulcan"读音相近——译者注）。

世界上的很多地方都有火山，但是维苏威火山最有名。我们现在不仅知道火山就是地下燃烧的大型的火炉，而且还知道那里并没有人、精灵或者神看着大火炉让其不停地燃烧。世界上有些地方的火山喷完烧完了，但是维苏威火山没有。维苏威火山一直不停地冒着烟和火苗。我们白天可以看到山顶上冒出的烟或蒸气，晚上可以看到火光。一般情况下，维苏威火山就像一个巨大的冒烟的烟囱一样，不会对人们造成危害，但是有时候维苏威火山的火因为燃烧得非常猛烈，火山口会向空中喷出很多石块和烟灰。很多石块被喷向空中，然后炸裂成了细小的颗粒，像灰尘一样飘浮在空中。这些灰尘可能会在空中飘拂数个月，也可能会飘到离维苏威火山相距千万英里的其他国家。令人惊奇的是，正是因为这些灰尘反射了太阳光，落日才会显现出各种颜色，才会那么绚丽多彩。

火山里的火比我们人为生的火都要热。我们生的火可以熔化铜和铁，但是还不能够熔化石头。火山里的火可以像熔化黄油一样熔化石头。被火山熔化的石头从火山口流出来，就像烧开的水从罐子里溢出来一样。像小溪一样从火山口四周流出来的滚烫的石头的液体，随着外面气温的降低而逐渐冷却变硬，这时候的石头叫做"火山岩"或"熔岩"。因为那不勒斯周围有很多的熔岩，当地的人们用熔岩来铺路。

几年前，维苏威火山爆发后，我去了那不勒斯。那里的街道上到处都是看起来像灰色的雪一样的东西。这些灰色的雪就是火山爆发后燃烧形成的灰尘，因为这种灰尘不会像真正的雪一样融化，人们必须用车子把它们拉走，倒在那不勒斯湾里。我当时很想知道火山里面是什么样子的。本来有铁路几乎可以通到火山口，但是当时却被破坏了。所以我不得不从火山底下一直爬到火山顶，花了半天的时间才爬上去，因为每一步我的脚都会陷进很厚的烟灰里。我从火山顶的边缘向燃烧的火山口观看，时不时地就

维苏威火山和那不勒斯湾

在那不勒斯湾附近有一个一英里高的烟灰堆

会看到熔化的石块喷出来。我抬头看空中射出的石块时，必须要小心地躲开它们，以免被砸到。后来掉下来的石块太多了，我不得不从火山顶上往下走。我不是走下来的，而是跳着下来的。我每走一步就像跳过一座小房子一样，而且每一步我都会摔倒，不过不会被摔伤，因为我会陷进有我膝盖那么高的烟灰堆里，还有的烟灰堆到我的腰甚至脖子那么高。不过这很有趣，就像跳进了干草堆一样。只是，忘了一件不好的事，那就是烟灰非常脏！我花了半天的时间爬上火山顶——只用了10分钟就下来了——但是却用了好几个小时来清洗我身上的灰尘，我当时穿的衣服被彻底毁了。

有一些鸟会在烟囱顶上搭窝，但是如果人们在随时都有可能喷发的火山顶上建房子就有点奇怪了，突然喷发的火山可能会把房子和人都烧毁。但是在很久很久以前，人们在维苏威火山脚下建了一座城市，这座城市比那不勒斯离维苏威火山还要近，它的名字叫"庞贝"。有一天，维苏威火

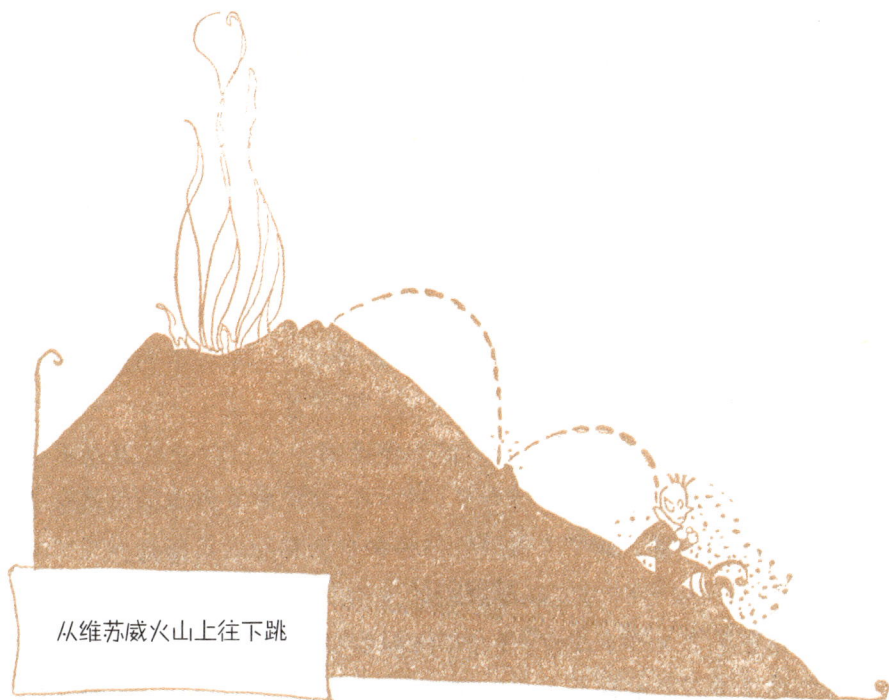

从维苏威火山上往下跳

火山顶实在太热了，我就跳着下了火山

山突然燃烧喷发起来，庞贝的人还不知道发生了什么事，都还在他们平时工作或者玩耍的地方，维苏威火山致命的火、烟和气顷刻覆盖了这座小城市。城市里的人都死了，深深地埋在了灰土和烟灰堆里。他们被埋在下面将近两千年。不久前，庞贝古城被挖了出来，城市的房屋、庙宇和剧院上面的土都被清理了，建筑群露出了本来面目，旅行者可以参观废墟，可以在街道上行走，也可以走进房屋和商店。火山喷发时人们就在这些房屋或商店里，根本没想到一眨眼的工夫，他们的世界末日就降临了。

谁也不知道维苏威火山会不会让悲剧再次发生，但是那不勒斯人好像从来没有想过这些。他们似乎一点也不担心，在街道上高兴地唱着歌。这是世界上为数不多的几个人们会在大街上唱歌的城市。

在美国，我们可以在街上听到人们吹口哨，但是很少会听到有人唱歌。唱歌不一定代表很快乐，但是那不勒斯人不停地在街上唱啊唱，尤其是到了晚上，出租车司机会唱歌，衣衫褴褛的流浪儿会唱歌，乞丐也会唱歌，他们唱的都是在音乐会或歌剧里听到的那些歌。曾有一位著名的演唱家，他虽然已经去世，但是他的歌声还能从留声机上听到。这位歌者最初就是那不勒斯大街上的一个流浪儿，后来他去了美国。他的名字叫"卢卡索"。

人们说意大利语就是唱歌的语言，音乐的语言。有人甚至说人们讲意大利语的时候会不自觉地唱歌。即使现在我们国家的很多活页乐谱都是用意大利语写的，演奏各种乐器的说明也是意大利语。意大利语里，几乎每一个词都是以元音结尾，也就是a，e，i，o，u。英语中的"钢琴"、"大提琴"、"女高音"和"男高音"都是意大利词。甚至那不勒斯这个城市的名字用意大利语写出来也是以元音结尾。

"山羊"这个名字既不好看，听起来也不悦耳，在歌里面也不会好听，但是那不勒斯海湾的另一边有一个岛屿，它的名字用英语说就是"山羊"。但是用意大利语是"卡布里"。很多意大利的歌里面都会有"美丽的卡布里岛"，英语的意思是美丽的山羊岛。

在卡布里岛多山的海岸，有一个海洞，这个海洞有一个比较低的开口，只允许一艘很小的划艇进去。这个开口比较低，人们从那里过时必须得低着头才能进去，如果海浪比较高，人根本就进不去。这个海洞叫"蓝洞"，因为这个多岩石的洞穴里面的水，非常清澈湛蓝，看起来就像你的船在空中而不是在水上漂浮。是什么让洞里面的水这么蓝的呢？如果你用一个瓶子装一些水作为纪念带回家——我知道很多人会这么做——装在瓶子里的水就像你自己家浴缸里的水一样，没有任何颜色。

第 **38** 章

战争与童话

意大利语被认为是音乐的语言，德国人其实和意大利人一样特别爱好音乐。但是德国的音乐与意大利的非常不一样。德国的一些音乐听起来就像在打仗，气势宏大，声音嘹亮，但是也有一些又非常温柔甜美，世界上最有名的摇篮曲和基督教的圣诞颂歌都是德国人谱写的。《平安夜，圣诞夜》就是其中的一首。人们把音乐表演剧叫做"歌剧"。世界上最著名的一些歌剧也是德国人谱写的。

摇篮曲和圣诞颂歌似乎和战争不是很相配，但是德国人除了非常喜好音乐，也很热爱战争。你可能听说过两次非常可怕的战争，第一次世界大战和第二次世界大战。世界上大多数国家都参加了这两次世界大战。在这两次大战中，德国几乎成了其他国家共同的敌人，还差一点获胜。

第二次世界大战以后，战胜德国的国家为了阻止德国再次发起新的战争，把德国分成了两部分。苏联控制德国的东部，美国、大不列颠英国和法国控制德国的西部。所以当时就有两个德国，东德和西德。（按：1990年10月3日，分裂的德国重新统一。）

童话故事和真实的故事，你更喜欢哪一个呢？世界上最好的童话故事中有一部分就来自德国。德国有一条河叫"莱茵河"，有很多故事、诗歌、歌曲和歌剧写的都是关于生活在莱茵河岸边的山上及山洞里的人们，有真实的人，也有虚构的童话里的人。莱茵河始于瑞士阿尔卑斯山的一个冰川，向北流经德国的西部，然后流入荷兰。

世界上最好的童话故事中有一部分来自德国

　　莱茵河的两岸都是陡峭的山石，山顶上有很多年前建造的城堡。建造城堡的人被称为"强盗大亨"，他们选择在山顶上建造城堡就是为了方便抢劫，同时还可以抵御外侵。住在山谷里的穷人们，被迫把他们自己的东西分一部分给这些强盗，因为如果他们不给，强盗大亨们就会从山上冲下来，抢走他们想要的东西，毁坏穷人们的房屋。人们知道与强盗斗争是没有用的，因为强盗们的城堡非常坚固。现在这些城堡大部分都成了废墟。

莱茵河上的城堡

强盗们以前住在这些城堡里

古龙香水是一种非常浓烈的香水。古龙的名字来自于莱茵河上的一个城市——"科隆"。科隆的意思是"殖民地"，因为科隆以前是罗马的殖民地。我们现在住的房子只需七个月就能建好，但是科隆有一个大教堂，用

科 隆 大 教 堂

了七百年才建好！这是世界上建造时间最长的房屋。

科隆是以这个大教堂而闻名的。德国最有名的城市是柏林。第二次世界大战以前，柏林是世界上最美丽最干净的城市之一。那里有宽宽的林荫大道，宏伟壮丽的石头建筑，公园和雕像。但是第二次世界大战结束后，柏林的大部分地方都被毁坏了。很多漂亮的建筑在战争时被飞机丢下来的炸弹炸成了废墟。柏林在二战后属于东德，东德是归苏联人控制的那部分，美国、大不列颠英国、法国与苏联人共同管理柏林。在第二次世界大战中，苏联与美国是在一个统一战线的，但是战后，苏联人对美国和大不列颠英国非常不友好。苏联人甚至不让控制西德的国家使用到达柏林的铁路或公路。但是柏林的人要吃饭生活，所以美国和英国不得不每天用飞机向柏林运输很多吨的食物和煤炭，这种情况持续了一年零六个月。最后，

苏联人意识到封锁铁路公路是不能阻挡美国人和英国人进入柏林的，所以又重新开放了铁路。美国和英国一开始向柏林运输食物和煤炭的方式叫"空运"，因为这些必需品都是通过空中从西德运往柏林的。

　　德国地图外面有一个看着像竖起来的大拇指一样的小国名叫"丹麦"。丹麦的一边是"北海"；另一边也是一个海，叫"波罗的海"。德国也与北海和波罗的海相邻，但是这个小国却不属于德国。德国人要想从北海边上的城市去波罗的海边上的城市，就必须围绕丹麦走一圈。后来他们就把这个"拇指"从地下切开，挖了一条运河，这条运河叫"基尔运河"。

第 39 章

丹麦大狗

以前有什么事情打扰我叔叔的时候，他就会大声地叫："斯卡格拉克和卡特加特！"他的话让我感觉很恐怖，因为我那时候不知道斯卡格拉克和卡特加特其实只是两条窄窄的水路的名字。这两条水路在丹麦附近，从北海进入波罗的海必然要经过它们。卡特加特的意思是"猫的喉咙"，斯卡格拉克的意思是"斯卡格的喉咙"。

丹麦主要由两部分构成，一部分是前面讲到的像拇指的那块地方，名字叫"日德兰半岛"，因为以前有一个名叫"朱特"的民族在那里居住。另一部分是与日德兰半岛紧挨着的一个小岛，名叫"西兰岛"，这个名字的意思是"海之地"。丹麦的首都哥本哈根就在这个小岛上，哥本哈根的意思是"商人的港湾"，因为以前从北海进入波罗的海的商人会在这里停留。但是现在的商船没有以前那么多，因为很多船现在不通过斯卡格拉克和卡特加特海峡，而是选择更近而且便利的基尔运河。哥本哈根是丹麦唯一的一个大城市，其余的都是中小城市。

你可能听说过"丹麦大狗"，这是丹麦的一种大狗的品种。但是在英语里，丹麦人与丹麦大狗的写法一样。有一位伟大的丹麦人你可能听说过，而且可能读过他写的故事。《卖火柴的小女孩》和《丑小鸭》都是他写的。他住在哥本哈根，他的全名是汉斯·克里斯蒂安·安徒生。丹麦人喜欢"克里斯蒂安"这个名字，有十位丹麦王国的名字都叫克里斯蒂安，这个名字的意思是"基督教的"。但是在一千多年前，丹麦人还不是基督教徒。很多人都是在海上抢劫其他船只的海盗。丹麦人现在已经不再做海盗，但是他们仍然是很优秀的水手。在丹麦的某些小镇，那里的人即使不是水手或造船的人，也是从事与航海有关的工作的人。

待在家里的丹麦人主要从事黄油和鸡蛋方面的生意。他们喂养奶牛和母鸡，用来制作黄油和获得鸡蛋。丹麦人会把他们制作的黄油和收得的鸡蛋运往这两样东西不能全部自给的其他国家。丹麦的鸡蛋上面都印着产下鸡蛋的那一天的日期，这样一看就知道鸡蛋是否新鲜。丹麦的黄油非常好，价格也非常高，以至于丹麦人把他们制作的大部分黄油都运往国外，而他们自己通常只吃脂肪或油脂制作的黄油仿制品。

丹麦是世界上最适合居住的国家之一。丹麦人的寿命几乎是全世界最长的，所以我们得出这样的结论：如果你想长寿，那就去丹麦吧。

尽管丹麦是一个很小的国家，但是这个小国曾拥有比它自身大十倍的两个岛。这两个岛都离丹麦很远，在地球寒冷的北部：一个岛面积比较小，叫"冰岛"；另一个大一些，叫"格陵兰岛"。格陵兰岛的字面意思是"绿岛"。格陵兰岛现在仍然属于丹麦，但是冰岛已经独立。很多人都不明白丹麦为什么想要这两个岛，因为冰岛到处都是火山和温泉——这看起来很奇怪，因为冰和火是不相容的——而格陵兰岛主要是冰。我认为如果把格陵兰岛叫做"冰岛"，把现在的冰岛叫做"火岛"应该更准确。我曾经认识一个小男孩，他长得很胖，但是他所有的朋友都叫他"瘦子"。这就像我们把被冰雪覆盖的格陵兰岛叫做"绿岛"一样，这只是一个玩笑。只有在格陵兰岛边上的一小块地方我们才能看到没有被冰雪覆盖的土地。格陵兰岛的冰大约有四分之一英里那么厚。有时候冰块会从整块大冰上掉落下来，掉下来的冰块像一座教堂那么大。掉下来的冰块在海上漂浮着，我们称之为"冰山"，就是冰构成的山。

格陵兰岛上有因纽特人居住。你可能会想，这些因纽特人吃什么，靠什么生活呢？因为他们住在格陵兰岛，那里不能种植植物。格陵兰岛的因纽特人主要吃海里的鱼，以及其他动物和鸟类。格陵兰岛有数百万的海雀。海雀飞得非常低，而且都是一群一群地飞。所以因纽特人就用网来捉海雀，就像你用网捉蝴蝶一样。他们一次可以捉很多海雀，足够吃上几个月。因为格陵兰岛到处都是冰，他们住的房子的外面就是冰箱，因纽特人就把他们捉到的海雀放在屋外而不用担心它们会腐烂变坏。因纽特人用海雀柔软的羽毛做他们衣服的里衬，这样衣服就更加暖和，穿起来也更加舒服，因为在格陵兰岛，气温可以低到零下70度。格陵兰岛还有一种鸟叫"绒鸭"。这种鸟的羽毛更加柔软，叫做"鸭绒"。鸭绒是可以想象到的最柔软最轻盈的东西，最适合做被子，因为它不仅轻盈还很保暖。因纽特人还会吃绒鸭的蛋，他们一次可以找到成千上万个绒鸭蛋。

因纽特人不吃牛肉，而是吃麝香牛这种动物的肉。麝香牛有像钩子一样的牛角，还长有一身蓬松的皮毛。这件类似外套的皮毛让麝香牛看起来很大，但是它们被杀死去掉皮毛后，看起来只是一只可怜的瘦小的动物。

因纽特人还会猎取另外一种动物，它们既可以生活在水里，也可以生活在陆地上。这种动物有大象一样暴出来的大牙，被称为"海象"。因纽特人也会捉海象吃肉，但是通常是为了获得象牙。海象的象牙是从嘴里向下长出的两颗大牙。

因纽特人最爱吃的不是精肉、瘦肉，而是肥肉。他们享受一大块油腻的肥肉就像我们享受一根香蕉一样津津有味。肥肉让人保持暖和，大自然用其奇妙的方法让因纽特人吃着肥肉也感觉很美味，因为肥肉可以让他们在寒冷的地方保持温暖。而生活在温热带地区或国家的人，就不喜欢吃肥肉，因为他们想要保持凉爽而肥肉会让他们更热。

女士们穿的毛皮大衣中最值钱的一种就是用海豹皮做的。海豹是另一种既可以生活在水里也可以生活在冰上的动物。夏天的时候，因纽特人就住在用海豹皮做的帐篷里。在格陵兰岛，有些地方的风特别大，必须用大块的石头压住帐篷，帐篷才不会被风吹走。到了冬天，因纽特人便用石头垒砌他们的住房，当然前提是他们能在那里找到石头。如果找不到合适的石头，他们就砍下雪块，用雪垒成碗状的雪屋。因为他们用雪做的房子不会太大，大人在里面几乎站不起来，而且一般雪屋里只有一间屋子，没有窗户，他们还必须想办法把屋内照亮。他们或者直接在地上生火，或者用挖空的石头做一个台灯，燃烧浸泡在油脂里的灯芯或他们杀死动物后获得的油脂。

因纽特人拥有的唯一比较温驯的动物叫"北极犬"。这种狗看起来很像狼，而且可能就是狼的变种动物。因纽特人不用马车或汽车而是用雪橇作为他们的运输工具，拉动雪橇的不是马而是北极犬。一般是4只、8只或者更多的北极犬绑在一起，组成一个队。几乎所有的狗都很喜欢水，只要有一点点机会，它们就会跑向水池或跳进小河里。但是北极犬却非常害怕水，尽管它们也会游泳，可是除非是被鞭子抽了，否则它们一旦能逃跑，决不会跳进水里。因纽特人是不怕水的，即使水里面有冰块漂浮也不害怕。因纽特人有一种轻舟叫"皮船"。这种船除了中间有一个可以坐人划桨的位置，其余整个都被封着。皮船是防水的，所以即使船翻过来，也不会有水进到船里面。因纽特人很会划船，他们会举行水上运动比赛，因纽特人会故意把皮船倒翻过来，在水里面翻来滚去地表演。

因纽特皮船上的因纽特人

第 *40* 章

鱼、峡湾、瀑布和森林（之一）

你的想象力好不好？比如说，你看到天空中的云朵，你能把它们想象成巨人、飞奔的骏马、长着长长耳朵的兔子，或者其他东西吗？现在翻到第176页，看看这一页上的地图，告诉我你看出了什么？

现在把书向右翻转九度，你能看出我看见的东西吗？我看到的是一头鲸，张着大嘴，好像随时准备把丹麦吞下去一样。斯卡格拉克海峡和卡特加特海峡就在鲸的咽喉处。

地理知识方面，我把这个像鲸的形状的地方叫做"斯堪的纳维亚半岛"——这个岛的名字很长，因为鲸本身就是一种非常庞大的动物。鲸的后背是挪威，跟挪威相对的鲸的另一面是瑞典。挪威和瑞典加起来就是斯堪的纳维亚半岛。

我之所以把这幅地图看成鲸，可能是因为挪威附近的海里有很多的鲸。你也许知道，鲸是世界上最大的动物，但鲸不是鱼。鱼和鸡、鸟一样下蛋，只不过鱼下的蛋要小得多，而且一次下得多很多。但是鲸妈妈不是下蛋产生下一代，而是像猫妈妈生小猫咪一样生小鲸。另外，鲸呼吸必须得有空气，所以它们必须要不断地从水下升到水上呼吸空气。这就像你潜到水下游泳一样，你也必须时不时地浮到水面上换气才可以。鱼类就不需要这么做，而且它们也做不到。这样你就明白鲸跟鱼不一样了，鲸不属于鱼类。

鲸主要靠吃一种小鱼为生，这种鱼叫"鲱鱼"。鲸一口可以吃很多鲱鱼，而且连着鱼骨一起咽下去。海里面有几百万、几十亿，甚至好多兆的鲱鱼，而且比我说的还要多。都是一大群鲱鱼生活在一起，关于鱼群我们有一个专门的词，就是"学校"这个词（英语里鱼群school主要是学校的意思——译者注）。一个鱼类"学校"即鱼群里的鲱鱼，比世界上所有学校的小学生加起来都要多；所以尽管鲸会吃掉一些鲱鱼，海里仍然会有足够多的鲱鱼供人类食用。挪威人都是用渔网捕捉鲱鱼，用盐把它们腌起来，然后烟熏或者晒干，这样加工过的鱼干可以存放很长时间不变质。然后挪威人把加工好的鱼干运往世界各地。我今天早上就吃了一片鲱鱼干，这条鱼可能很多年前就在挪威周围的海里游来游去——被做成鱼干后，这些年来一直都是鱼干，直到今天早上被我吃掉了。

我今天早上还吃了一千个蛋。听起来似乎不可能，但确实是这样的——只不过这一千个蛋不同于母鸡下的鸡蛋，而是鲱鱼蛋。因为母鲱鱼把她的蛋都放在肚子里随身带着，里面有成千上万个。鲱鱼的蛋有个名字，叫做"鱼卵"。

挪威的海岸并不像海水浴场那么平坦光滑，因为沿海的岸边全都是山，山与山之间的谷里充满了水。这些满是水的山谷叫做"峡湾"。

因为挪威在地球比较靠北的地方，我们会以为挪威峡湾里的水到了冬天一定非常冷；我们都知道水冷却以后会怎么样——水冻成冰。但是，令人奇怪的是，挪威峡湾里的水在冬天也不会结冰。其原因来自于墨西哥海湾上方太阳的照射。墨西哥海湾与挪威相距几千英里。你可能会想，几千英里外的墨西哥海湾上方的太阳怎么会影响到挪威峡湾里的水呢？我家地窖离房间很远，但是里面的锅炉把水烧热以后，通过管子把热水传进散热器，就能够给离地窖最远的那间房子供暖了。同样，太阳把墨西哥海湾里的水照热，海湾这时候就像一个大锅炉，热水从海湾流出来，形成海湾流。温暖的海湾流就像大海里的一条小河一样流淌着，穿越大洋，一直到达挪威的海边，把挪威峡湾里的水温提升上去。在峡湾温暖的水流里，鲱鱼群快乐地生活着，但是如果有鲸或渔民过来就糟糕了。

地球上最靠北的城市在挪威，叫"哈默菲斯特"。哈默菲斯特看起来是墨西哥海湾流的终点，会把漂在水里的木棍倾倒在哈默菲斯特的海边。有些木棍就像小河里的玩具船一样，它们从墨西哥海湾一路漂流到

斯堪的纳维亚半岛看起来像一头鲸鱼

挪

威

瑞

典

芬兰

大

西

洋

卡特加特海峡

哥德堡

波罗的海

俄罗斯

德国

波兰

哈默菲斯特。当地的人们把这些"流木"收集起来，用来生火。一般的木头燃烧时，火焰是黄色的。但是在海里漂浮很长时间的木头，里面会有从水里吸收的大量盐分，木头干了以后燃烧，火焰是五颜六色的，有蓝色、绿色和紫色等等。所以在野外点燃篝火时，燃烧这些木头能够看到非常漂亮的火焰。

你应该吃过鱼肝油吧——而且我知道你不喜欢吃——但是大人们都告诉你吃鱼肝油对身体是有好处的，的确如此。鱼肝油来自鳕鱼。鳕鱼比鲱鱼大得多，当然没有鲸那么大。鳕鱼经常出没的地方在挪威附近，在一个叫做"娄弗登"的岛周围。渔民们用船把捉到的鳕鱼拉回去，把油从鳕鱼肝里挤出来，然后用瓶子装起来，供人们补养身体。鳕鱼的骨头没有用，所以就取出来——这个工作不好做，因为鳕鱼实在太多了——鱼骨去掉以后，把鱼肉熏干或晒干，就可以食用了。

第 41 章

鱼、峡湾、瀑布和森林（之二）

世界上产鱼最多的城市在挪威的一个峡湾上。这座城市与这个峡湾都叫做"卑尔根"。娄弗登岛和附近峡湾的渔民会把他们捉到的各种各样的鱼用船运到卑尔根——有大鱼也有小鱼，有白鱼也有黑鱼，有很厚的鱼也有很薄的鱼。他们把鱼运到这里来卖，或者中转运到世界各地。

卑尔根除了是鱼最多的城市，还有一个"之最"，那就是欧洲"最潮湿的城市"。那里的人总是随身带着雨伞或雨衣，因为几乎都见不到太阳，即使天没有下雨，也许下一秒就会下了。如果用水桶接雨水，需要很多雨才能在水桶里接一英寸那么深的水。也许你见过很大的雨，街道好像都要被淹了，在十字路口积的雨水可能比你的脚面还高，但是即使这样，如果在一个固定的地方用水桶接雨水的话，可能还没有一英寸深。屋顶上的雨水流下来，流到街道上，与路上原来的水混在一起，这样路上的水看起来就很多很深。但是一般城市一整年的雨水量，也不会超过两三英尺。卑尔根一年的雨水量有六英尺。如果这些雨水一次性下下来，足以淹死这里的每一个人，幸好不会一次下这么多雨。

在美国，几乎每一个家庭都有一辆汽车。在卑尔根，几乎每一个家庭都有一艘船。挪威人很早以前就是很好的水手。

很久很久以前，挪威的水手们被称为"北欧海盗"，不过他们跟我们前面讲的那些海盗不一样，这个称呼的意思只是"峡湾人"。其中有一位比较有名的水手，名字叫"莱弗·埃里克逊"。他生活的年代比现在早一千年左右。他曾带领着水手们跨越大洋，到达了美洲，比哥伦布发现的要早五百年。但是因为莱弗对于美洲的国家不是特别重视，所以他回到挪威的时候，几乎没有说起过那里。直到哥伦布再次发现以后，那里的人才知道美洲大陆的存在。

莱弗以后，挪威历史上也出现了其他非常有名的水手和发现家。因为挪威在地球比较靠北的地方，那里的人一直都想爬到地球的顶端，希望到达一个特殊的地方。站在这个地方，"上北下南左西右东"的地理常识便不再管用。你的前后左右，就都是朝着南方。你只需原地转一圈，便可自豪地宣称自己已经"环球一周"了。这个特殊的地方叫做"北极点"。到达北极的路程很艰难，那些希望到达这里的人都是冒着生命危险而来的，而且很多人都因此丧命。有两位斯堪的纳维亚的探险家——南森和阿蒙森——虽然没有丧命，却也没有到达北极。阿蒙森虽然没有到达北极，却是到达南极的第一人。自此以后，飞机和挪威的飞艇也都通过了北极，但是从来都没有在那里停留。后来阿蒙森驾驶一辆飞机驶向北极，但是却与大家永远失去了联系。

下雪的时候，妈妈会让你穿上套鞋出去。但是挪威和瑞典的人们却没

插在北极的美国国旗

皮尔里是到达北极的第一人

有套鞋，而是每个人都有一双木头做的滑雪板，比人脚长很多。他们出去的时候把滑雪板用带子绑在鞋下，在雪上滑行，就好像在雪橇上一样。有坡的地方就直接滑下去，在平坦的地方就用一根杆辅助自己前行，这根杆对他们来说就像拐杖一样。

你有没有见过白色的乌鸦？谁都没有见过。那你有没有见过白色的煤炭？挪威和瑞典有很多白煤。这两个国家的山顶上都有大量的冰和雪，就像一个大湖上面结的霜。这些冰和雪从山顶滑到山谷，然后融化成水，汇合成溪流，这就像屋顶的雨水在排水口汇合流下来一样。这两个国家利用这种水流推动轮子的转动。轮子可以用来带动锯木厂的锯子和其他机器，其效果与燃烧煤炭带动蒸汽机转动轮子一样。挪威和瑞典没有我们平常见到的黑色煤炭，但是冰和雪融化形成的水流做的工作与煤炭一样，比如它们一样可以用来带动机器，所以那里的人就把这种水流称为"白色煤炭"。

他自己制作了一个雪橇

黑煤和白煤还是有区别的。黑煤能够燃烧给人们供暖。瑞典北部有丰富的铁矿，这里的铁是制造有利刃工具的理想金属，比如各种刀具和剃须刀。但是瑞典却没有黑煤，没有办法燃烧黑煤将铁矿石熔化而提炼里面的铁。所以这里大部分的铁矿石都被运到英格兰，因为英格兰的煤炭资源十分丰富，英国人把铁提炼出来以后用以制造精细的餐具。

　　你可能见过松树的照片，要么在雪里要么被雪覆盖。不管哪一种，松树好像总是离不开雪。挪威和瑞典的大部分森林里主要都是松树。松树长得又高又直，很适合做轮船的桅杆、旗杆、电线杆和建筑用材。松树也可以用来制造精美的火柴杆，一棵松树可以制造几百万根火柴杆。以后如果在你家里发现了火柴盒，看看上面有没有印着"瑞典制造"的字样。瑞典人把比较小的松树磨成纸浆，纸浆可以做成纸。我们现在用的几乎所有的纸，无论是报纸、包装纸，还是你写字用的纸，都是用木质纸浆做成的。所以瑞典人就砍倒树，锯成原木，放到溪流里，随水漂浮到大海里，然后运往世界各地。但是他们很注意保护树木，每砍伐一棵大树，都会同时种上几棵小树，这样就永远都会有更多的松树供他们砍伐。

第 42 章

日不落之地

童话《爱丽丝镜中奇遇记》讲《海象与木匠》的故事时，开头是这样说的：

太阳照在大海上，

用尽了它所有的能量……

但是很奇怪，因为

现在是午夜时分。

午夜的时候还有太阳！你很可能以为这不是真的，只不过是一个玩笑而已，但在挪威和瑞典靠近地球顶端的地方，这种情况却是真的。在挪威北部的顶端，有一块大石头伸到北冰洋，被称为"北角"。尽管那里没有人烟，世界各地的人却会从遥远的地方赶到北角观赏在午夜照在大海上的太阳。

很小的时候，大人们就告诉你太阳从东方升起，从西方落下。你可能从来都没想过太阳为什么会这样。但是挪威和瑞典北部的小朋友们了解的太阳却与你所知道的不一样。因为在他们生活的地方，太阳并不是从东方升起从西方落下的。在那里，太阳离地面很近，而且只是围绕房子转，一年大约有六个月的时间，太阳每天就这样绕着房子转，在这期间太阳从不落山——任何时间都能看见太阳——在这六个月的时间里，全部都是白天，没有黑夜。后来太阳在天空转得离地面越来越近，最后从地球的边上沉落下去，接下来的六个月都看不见太阳，只有黑夜没有白天。

你可能会问：怎么会有这样的事情呢？他们那里的太阳跟我们每天见到的是同一个太阳吗？

是同一个太阳，因为世界上只有一个太阳。因为我们只是住在地球的一边，当太阳照射到地球的另一边的时候，我们就看不见太阳了。然而，如果我们爬到北角那么靠近地球顶端的地方，太阳照射地球一圈，我们都可以看见太阳。这就像你住在一座山的一边，有人绕着山走一圈。你看到的是他从一边离开，从另一边回来，但是他走到山的那一边时，你是看不见他的。但是如果你在山顶，他绕着山走的时候，你都可以看到他。

地球顶端的地方经常被称为"午夜太阳的土地"，因为这里午夜的时候也可以看见太阳。这里也可以叫做"晚上十点太阳的土地"，因为这里白天和晚上每一个小时都可以看见太阳。这里也可以被称为"正午夜晚的土地"，因为看不见太阳的那六个月，这里白天和晚上的每一个小时都看不见太阳。

"午夜太阳的土地"也是盛产驯鹿的地方——是圣诞老人生活的地方。因为这里到处都是冰和雪，所以除了苔藓几乎没有其他植物生长。驯鹿是唯一一种吃苔藓就可以生存的动物。生活在那里的人们被称为"拉普兰人"，他们看起来很像因纽特人，因纽特人和拉普兰人看起来都像中国

北欧拉普兰人和他的驯鹿

这是圣诞老人生活的地方

人。所以我们猜测，可能很久很久以前，他们就是中国人。拉普兰人和驯鹿一起生活在同一间小屋里，驯鹿就像是马、牛、羊和狗集于一身的动物。拉普兰人用马具把驯鹿套在他们的雪橇上，挤驯鹿的奶喝，把驯鹿杀死以后吃鹿肉，用驯鹿皮为自己和家人做衣服和帐篷保暖。

但是挪威和瑞典其他地方的人，都与我们美国人一样，有一些人非常聪明，受教育程度很高。我知道一个瑞典人会讲12种语言，还有一个瑞典人发明了一种方法，可以很容易地把奶油从牛奶里分离出来。我还知道有两个瑞典小男孩，他们发明了一种机器，可以用热量生产冰。

瑞典和挪威过去属于同一个国家，受同一个国王的统治。但是现在是两个独立的国家，各自有自己的国王和首都。

你的爷爷学地理的时候，挪威的首都是克里斯蒂安尼亚，但是现在这个城市有了新的名字。你在地图上可以看到，这个城市就在鲸的喉咙那里，叫奥斯陆。瑞典的首都是斯德哥尔摩。这两个首都城市都位于水上，但是因为不与墨西哥海湾的水相连，所以几乎整个冬天这里的水都是结冰的，船只在这期间是不能来往的。斯德哥尔摩被称为"北方的威尼斯"，因为这里跟威尼斯一样有很多水路。

玛丽和约翰是我们最常用的名字之一。斯堪的纳维亚人希望他们孩子的名字比别人的要好。奥尔是他们尤其喜欢的名字之一，汉斯、埃里克和彼得都是比较受欢迎的名字。我们习惯在一些名字的后面加上"逊"形成姓氏，比如"约翰逊"。那里的人习惯加上"森"形成姓氏，如"奥尔森"、"汉森"、"南森"和"阿蒙森"。如果有一天你去了威斯康星州或者明尼苏达州，翻开那里的电话簿，你会发现上面有很多带"森"的姓氏，这是因为那里有很多到美国定居的瑞典人和挪威人。他们把这两个州当做自己的故乡。

很多挪威常用的词看起来就像写错的英语单词，比如他们的"灯"是"lampe"（英语里的"灯"是"lamp"，只相差一个字母——译者注）。不是他们学的我们，而是我们英语单词学的他们的词。因为很久以前，就有挪威的水手定居在英格兰，几千年以后，英语中还有稍微改变了一点的挪威词。

很多年前，斯堪的纳维亚人是很勇猛的斗士，他们喝一种名叫"蜂蜜酒"的烈性酒精，用敌人的头颅做他们的酒杯。他们信仰童话里的神。他们认为"托尔"是制造雷和闪电的神，"蒂乌"是战争之神。所以他们用这些神的名字来命名一星期的七天，这就是英文里星期二、星期三、星期四、星期五的来历（星期二Tuesday来自于Tiu's day，意思是"托尔之天"；同样星期三Wednesday是"沃登之天"，"沃登"是北欧神话里的主神；星期四Thursday是"蒂乌之天"；星期五Friday是"福瑞亚之天"，"福瑞亚"是爱神——译者注）。我们现在之所以沿用他们的叫法，是因为我们的老祖宗也信仰这些神。

你知道炸药是用来让东西爆炸的，而且很有用。炸药是一个瑞典人在很多年前发明的，他死的时候留了很多钱在银行，提出每年要把这些钱的利息用来奖励这一年为世界作出最大贡献的人，不管这个人住在哪个国家，都可以获得这个奖励。所以每年都会有评委把这一年做的事情统计一下，然后选出为世界和人民贡献最多的人，给他们颁发奖金。这位发明家叫"诺贝尔"，这些奖金被称为"诺贝尔奖"。美国历史上的两位总统——富兰克林·德拉诺·罗斯福和罗伯特·伍德罗·威尔逊——都获得过"诺贝尔和平奖"（后来2009年还有一位美国总统也获得该奖项，即巴拉克·侯赛因·奥巴马——译者注），美国一位黑人外交家也获得了这个奖，他叫拉尔夫·约翰逊。如果将来你也能做一番大事业，为人类作出很大贡献，也可以获得诺贝尔奖。你觉得你能做到吗？

第 *43* 章

大熊国

当我还是个小孩儿的时候，我最喜欢听的一个故事是有关俄国狼的。一些俄国人坐在雪橇上从雪地上走过的时候，遭到一群饿狼袭击。雪橇上的人就用鞭子使劲抽拉雪橇的马，让马快跑，但是狼群仍然越来越近。当狼就要跳到雪橇上的时候，雪橇上的人就赶紧把身边的食物扔出去。饿狼停下来吞食食物，雪橇就抓紧时间往前走。但是狼吃完后，又开始追雪橇，快追上时，雪橇上的人就再扔出一些食物，这样一遍又一遍地给狼扔食物，直到车上能吃的东西都扔完。你能猜出这个故事的结尾吗？或者你自己可以编一个结尾。

因为这个故事，我很自然地认为俄国（也叫俄罗斯）应该是一个狼之国，尽管人们会把俄国称为"大熊国"。

俄罗斯是欧洲最大的国家，欧洲所有其他国家加起来才跟俄罗斯一样大。在俄罗斯的北方，真的有狼、雪和雪橇。除了北方，俄罗斯还有中部，那里没有北方那么冷，另外俄罗斯的南方还比较暖和。

俄罗斯的北方非常寒冷以至于即使在夏天，雪都化了以后，地面上已经解冻了，地表以下的土地还是冻着的。下面的土地很硬又有冰，但是草，甚至花仍然可以在这样的土地里生长。这些冻结的土地叫做"冻土"，俄罗斯北方有数万英里的冻土地带。

俄罗斯最北边有一片海域叫"白海"，最南边有另一片海域叫"黑海"。我猜测白海之所以叫这个名字是因为那里一年大部分时间都是冻结的，上面被白雪覆盖——但是，夏天有几个月白海里的冰都融化了的时候，大轮船会驶进白海，带着各种各样的货物到白海的一个大港口进行交易。这个港口的名字是"阿尔汉格尔斯克"。

你可能会想，为什么人们愿意住在这么偏远的地方，为什么他们不搬到其他气候更舒适的地方呢？是这样，如果人们在一个地方可以谋生，他们就会选择住在这里。一般城市最开始时都只是几所房屋，然后房子越来越多，最后就形成了城市。但是阿尔汉格尔斯克南边比较远的地方有一座城市是突然一下子建造起来的，而且是按照命令建造的。这座城市是为了一个名叫"彼得"的人建造的，他当时是俄国的统治者之一。俄国的统治者被称为"沙皇"。彼得想住在水边，这样他就可以开着轮船航行——他的航行就跟你在海边划船一样——于是，他就在海边建造了一座城市，这里有街道、商店、住宅楼和宫殿。那个时候，因为他是一个沙皇，他让人们做什么，人们就得做什么，所以他就让一些人搬过来住在这座城市里。彼得是以"圣·彼得"命名的，所以他把这座城市命名为"圣彼得堡"，意思就是"圣·彼得的城市"。这是两百年前的事了。

第一次世界大战时，俄国人参加了战争。圣彼得堡的人们说，他们希望圣彼得堡能有一个真正的俄罗斯的名字，因为德国把城市叫做"堡"，而当时他们正与德国打仗，所以他们就把圣彼得堡更名为"彼得格勒"，这是"圣·彼得的城市"的俄语说法。但是那里的人都十分厌倦打仗，突然，他们宣布他们不再打仗了；他们发动了一场革命，杀死了沙皇，建立了一个属于他们自己的政府。他们希望彼得格勒这座城市的名字能以革命领导人的名字命名。这位领导人叫列宁，于是他们就把城市名改成了"列宁格勒"，意思是"列宁的城市"。人们对圣彼得堡，或彼得格勒，或列宁格勒进行改造，希望这里能成为俄罗斯的首都。但是这里实在太冷，他们就把首都搬迁到更往南的一座城市。这座城市靠近俄罗斯的中心，曾经是俄罗斯的首都，即"莫斯科"。

这些革命者把富人的宫殿和房屋夺过来以后，改造成医院或其他公共办公楼，他们把富人的土地占有后借给农民和工人耕种。他们自称为"共产主义者"。俄罗斯的省份和地区联合起来，组成"苏维埃联合共和国"，简称为"苏联"，首都在莫斯科。

莫斯科有一个很大的地方，那里四周都有墙壁，里面有房屋、宫殿和教堂。这里叫做"克里姆林宫"。现在，克里姆林宫的教堂并不像我们的教堂那样使用，因为共产主义者革命以后，就像他们改造富人的宫殿和房屋一样，这些教堂也被改造成博物馆和政府办公大楼。

克里姆林宫宫墙附近有一大片铺砌的空场地，叫做"红场"。红场的一边有一座平顶的建筑，是列宁的坟墓。俄罗斯的军队在全世界都是最大的，他们的士兵经常在红场列队行进，接受主要领导人的检阅，领导人一般站在列宁墓的上方。

这个广场之所以叫做红场，是因为人们认为红色是革命的颜色，统治俄国的人把红色作为俄国的国色。俄国的国旗是红色的，共产主义者自己也经常被称为"红军"。共产主义者不信仰基督教，他们不信仰任何宗教。

俄罗斯比地球上任何一个国家的面积都大很多。我们很难理解，为什么俄罗斯已经这么大，还是希望控制越来越多的国家。但是事实上俄罗斯确实是这么做的。俄国的共产主义者希望莫斯科不仅仅是苏维埃联合共和国的首都，而且能够成为全世界的首都。

俄罗斯人民热爱音乐，热爱他们的土地。世界上有一些非常好的音乐是俄国人创作的。不管什么时候，只要有一群俄国人在一起工作，他们就会唱歌。俄国士兵行军的时候会唱歌，田地里的工人们一边劳动一边唱歌，水手们在轮船上也会放声歌唱。甚至被关在战俘集中营的一些像奴隶一样的穷人，他们也会唱歌，只不过他们的歌一般都很悲伤。

第 **44** 章

产粮区域

在俄罗斯的北部，到处白雪皑皑。

在俄罗斯的南部，到处都是黑土地，像煤炭一样的黑土地。这里的土质非常肥沃，适合农作物生长，它们有可能是世界上最肥沃的土地。所以俄罗斯的这一部分被称为"黑色的大地"。美国有些地方的土地也很富饶，但是一般向地下几英寸就碰到石头或粘土了，植物不能在石头或粘土上生长。但是在俄罗斯，向地下挖很深才能碰到石头或粘土，可以挖到你现在身高的三四倍。美国的很多田地都被"耗尽"了，因为肥沃的土壤太少了，只有薄薄的一层，农作物很快就会把土壤里的营养吸走，这样土地就不再适宜种庄稼。新英格兰的很多农场都是这种情况，这些农场两百年前就开始种植农作物，但是现在已经没有什么养分，所以很多农民都搬走了，离开了农场，到其他地方寻求生计。但是，俄罗斯的土地好像永远都不会耗尽，他们的农场已经有几千年了，直到现在仍然很适合种植庄稼。

生活在"黑色的大地"上的人们种植了大量的小麦，所以这里被称为"产粮区域"。这里的农民还会种一种植物，其他地方的人可能会感到奇怪，因为他们除了种植小麦，还会种很多亩的向日葵。他们种向日葵不是为了欣赏向日葵花，而是希望得到向日葵的种子。他们平时吃向日葵瓜子就跟美国人吃花生一样，是一种零食；但是吃瓜子还不是他们种向日葵的主要目的，他们主要是想把瓜子里的油压榨出来，因为瓜子油可以做成色拉油，还可以用来制造肥皂和其他东西。

世界上最大的湖泊在俄罗斯靠近黑海的地方。很多河流的水都流进这个湖，但是水却不会从湖里流出来，所以这个湖是咸水湖。湖的名字是"里海"，因为这个湖看起来很像一个大海。

《爱丽丝漫游仙境》里的三月野兔曾说过："你可以从水井里打水，所以我就有理由认为你也可以从糖浆井里打出糖浆。"同样的道理，你可以从油井里获得石油。在黑海的一边有一座城市叫"巴库"，这里有非常多的油井，里面储存着大量的石油，让人感觉好像到处都有石油的存在。你可以用眼看见石油，从空气中闻到石油的气味，可以触摸到石油，甚至可以尝到石油的味道。因为没有河可以流出黑海，所以巴库的船没办法从黑海开进海洋，但是必须得找到一种办法，这样才能用船把巴库的石油运出去供人们使用。船能到达的距离巴库最近的地方是大约七百英里远的"巴统"，也在黑海附近。人们架设了一条巨大的、长达七百英里的管道，把石油从巴库运输到巴统，然后把石油装进专门运送石油的"油船"，再运往世界各地。

欧洲最高的山脉和最长的河流都在俄罗斯。俄罗斯南部边缘的"高加索山脉"是欧洲最高的山脉，地处黑海和里海之间，比阿尔卑斯山脉还要高。

大部分河都是"流动"的，但是欧洲最长的河却流得最慢。这条河叫"伏尔加河"，河里的水流得非常慢，根本看不出水流的方向。伏尔加河的水不是流进里海的，而是"蠕"进去的。伏尔加河里有一种非常大的鱼叫"鲟鱼"，人们会捕捉鲟鱼。鲟鱼的鱼卵叫做"鱼子"，是非常美味的食物，尽管刚一开始你可能不喜欢它的味道。鱼子酱可能是最贵的食物了，一点点鱼子酱就要花很多钱：购买一磅鱼子酱花的钱，几乎是买一磅牛排的钱的一百倍。这或许也是人们喜爱鱼子酱的一个原因。

世界上最贵重的金属不是白银，不是黄金，而是一种叫做"白金"的金属。白金看起来很像银子，但是因为世界上的白金非常少，所以白金非常昂贵，比黄金贵很多。在俄罗斯的东部边缘，也是欧洲的东部边缘，有一系列山脉叫"乌拉尔山脉"。这些山脉的山并不高，跟丘陵差不多。白金就是在这些山里被发现的。

俄罗斯还有一种特殊的石头，看起来像一捆捆的丝线，可以织成一种特殊的布。这种石头叫做"石棉"。因为石棉做出的布是石头材料,所以这种布不能燃烧。很久以前,一位国王有一块用石棉做成的桌布。但是那个时候的人们根本不知道石棉,所以这位国王饭后经常把这块桌布扔到火里,过一会儿,再把这块在火里都没有烧坏的桌布拿出来。这经常让他的客人大吃一惊。我们现在用石棉遮盖温度很高的管道,做成消防员的制服及房屋的屋顶,因为不管温度多高,石棉都不会燃烧。美国和加拿大的一些地方也有石棉。

第 45 章

铁幕国家

世界上有成千上万座城市和城镇我们从来都没有听说过，但是那里住着数百万人，他们的"家乡"就在这些地方。这里的人们很有可能也从来没有听说过你现在居住的城市或城镇。

在俄罗斯与欧洲的其他国家之间，有九个小国家。有些国家对于世界来说可能并不重要，但是对于生活在这些国家的人来说却很重要。可能有很多人一生都没有听说过这些国家，不过如果他们集邮的话就会知道。

这九个国家中有七个都受共产主义者的控制。这里的共产主义者与控制俄国的共产主义者是同一类人。事实上，很多共产主义者都曾在俄国接受培训。共产主义国家不喜欢世界上其他国家的人到他们的国家参观，也不情愿他们自己国家的人到其他国家旅游。这就好比他们与世界其他地方被铁栅栏隔离开一样，就像一位有名的英国人曾经说过的："这个铁栅栏就是一道铁幕。"因此，我们把这些国家称为"铁幕国家"。

这个铁幕是看不见的，真正的铁幕是共产主义战士们手里的武器，这些士兵保卫着他们的国界，阻止外面的人进到他们的国家，也阻止国内的人走出去。

俄罗斯周边的九个国家里不是共产主义国家的是芬兰和奥地利。芬兰是这九个国家里最大的一个，在俄罗斯和斯堪的纳维亚半岛之间。芬兰的意思是"沼泽地"，因为这个国家有很多沼泽和湖泊。另外，芬兰在某些地方跟挪威和瑞典有点相像，因为这里也有峡湾，也会造纸、造火柴。芬兰是一个由总统统治的共和国。

还有一个名字里有"兰"字的国家是波兰，意思是"平地"。波兰和芬兰差不多大小，有很多农场，铁矿和煤矿也很丰富。很多著名的音乐家都是波兰人。

波兰南边的国家的名字很长，叫"捷克斯洛伐克"。我有一套瓷盘，盘子底部就印着"捷克斯洛伐克制造"的字样，因为这个国家过去制造了大量的瓷器和玻璃器皿。可能那里的人们现在也在制造，但是我不确定，因为我的瓷盘制造出来以后，捷克斯洛伐克就成了一个铁幕国家。

过去有一个国家的名字是"奥地利-匈牙利"，现在这个国家分成了两部分：奥地利和匈牙利。有一条有名的河流经这两个国家，这条河就像莱茵河一样有名，叫"多瑙河"。多瑙河岸边跟莱茵河的两岸一样，也有住着强盗大亨的城堡。很多童话故事、诗歌和歌曲里都描写过多瑙河。有一首非常有名的华尔兹舞曲的名字就叫《蓝色多瑙河》，而"蓝色"多瑙河流向"黑"海。奥地利的首都是维也纳，这里的饭店和烹饪曾经非常有名。即使你没有去过奥地利，你可能也吃过维也纳小面包，或者去维也纳饭店吃过饭，因为美国也有维也纳小面包和维也纳饭店。

"匈牙利"这个名字可能会让你想到"凶巴巴"或"尖牙利齿"，但是这个名字的意思是"匈奴之国"。匈牙利种植了大量的小麦，用来做面包。你有没有吃过一种名叫匈牙利牛肉炖菜的杂烩菜？这道菜里面有很多辣椒，美国有一些饭店有这道菜，在有些匈牙利饭店里，有管弦乐队会演奏匈牙利音乐。吉卜赛人跳舞时用的就是匈牙利音乐，这种音乐开始缓慢而甜蜜，然后变得快速而激烈，并有节奏可以跳和蹦。奇怪的是，匈牙利的很多人的祖先都与中国人有关系，他们叫做"马札尔人"。

你有没有让人给你看过手相或让人给你算过命？吉卜赛人在全国各地到处流浪，谋求生计。大部分吉卜赛人都来自于匈牙利旁边的一个国家，这个国家在黑海岸边，叫"罗马尼亚"。人们认为很久以前，从罗马来的人到这里来定居，所以就叫这个国家罗马尼亚。这里的人说的语言仍然与罗马语或意大利语有点相似。

保加利亚是黑海岸边的另一个铁幕国家。这里不仅有农场，还有很多森林和山脉。森林里有熊、野猫和野猪。这里还有一种野生山羊，在山里

她会给你算命

面有一种看起来像山羊的羚羊叫"岩羚羊"。以前我们的羚羊皮衣服都是用岩羚羊的皮做成的软皮，但是现在我们也会用其他材料做衣服。

保加利亚人一项重要的生意是香料店。他们种植大片的玫瑰，用玫瑰做成一种非常香也非常昂贵的香水，名叫"玫瑰油"。需要整整一个房间的玫瑰花瓣才能做成一小瓶的玫瑰油，这就是玫瑰油非常昂贵的原因。

阿尔巴尼亚是一个小国家，这里的大部分人都种庄稼或养牛羊。在阿尔巴尼亚的有些地方，男人也会穿过膝的短裙，像跳舞的人穿的裙子一样。苏格兰的男人穿的裙子是深色的布料做成的，但是阿尔巴尼亚男人穿的裙子是白色的。

南斯拉夫与意大利相隔亚得里亚海，那里有很多森林，也有大量的铜矿。事实上，在南斯拉夫开采的铜矿，比欧洲其他国家都多。

当我听到一个地方或一个人的名字的时候，我的大脑里通常会蹦出来一样东西，尽管这个东西可能一点都不重要。

当我听到"乔治·华盛顿"的时候，我大脑里第一个反应就是"樱桃树"（美国的小朋友从小就听过一个关于华盛顿的故事：华盛顿小时候用斧头砍倒了一棵樱桃树，然后他诚实地告诉了爸爸是他砍了树——译者注）。

当我听到"纽约"的时候，首先想到的是"摩天大楼"。

当我听到"芬兰"的时候，首先想到的是沼泽地。

当我听到"波兰"的时候，首先想到的是音乐。

当我听到"奥地利"的时候，首先想到的是奥地利小面包。

当我听到"匈牙利"的时候，首先想到的是"蓝色多瑙河"。

当我听到"罗马尼亚"的时候，首先想到的是吉卜赛人。

当我听到"阿尔巴尼亚"的时候，首先想到的是穿着短裙的男人。

当我听到"捷克斯洛伐克"的时候，首先想到的是瓷器和玻璃器皿。

当我听到"南斯拉夫"的时候，首先想到的是铜矿。

当你听到"铁幕国家"的时候，首先想到的是什么？

第 46 章

众神之国

我读的第一本书是《伊索寓言》。伊索是一个小国家的奴隶，这个国家叫做"希腊"。因为伊索写出的寓言非常好，他的主人就给了他自由，不再让他做奴隶。我读的《伊索寓言》是用英语写成的，但是伊索写寓言的时候是用希腊语写出来的。

希腊这个国家非常小，在欧洲南边的一个小角落。如果我用手指在地图上指给你看的话，我的手指尖就会把这个国家完全遮盖住。尽管这个国家很小，它却曾经是世界上最强大的国家，它的民族曾经是最强大的民族，它的语言也曾是世界上最强大的语言。当希腊人开始写书，建造漂亮的建筑，雕刻美丽的雕像和开办世界上最有名的学校的时候，欧洲其他地方的人都还只是无知的没有文明的野蛮人。有一本最开始用希腊语写成的书，现在已经用八百多种语言印刷过，而且读过这本书的人，比读任何一本其他书的人都要多。这本书就是《圣经·新约》。

但是希腊人最开始的时候并不信仰《圣经》或耶稣。他们认为世界上不只有一个神，而是有很多神。他们认为这些神住在一座山顶上的云层里，这座山的名字叫"奥林匹斯山"。这座山也在希腊，但是如果你爬到山顶，你就会知道其实那里是没有神的。当太阳照在大地上的时候，希腊人就认为是"阿波罗"太阳神在空中驾着他的黄金战车在行驶。下雨的时候，他们认为另外一个叫"朱庇特"的神在给大地浇水；有雷声和闪电的时候，他们说是因为朱庇特生气了，大发雷霆。他们还认为有主管爱情的神、主管战争的神，世间的每一件事情几乎都有一个神在主管。

希腊主要由两部分构成，就像缩小版的北美洲和南美洲。希腊的这两个部分由一块狭窄的土地连接起来，这块地叫"科林斯地峡"，只有4英里宽。在希腊的北部，从古至今都有一座非常有名的城市叫"雅典"。雅典人认为专门有一位女神照看这座城市。这位女神是主管智慧之神，名字叫"雅典娜·帕提农"，所以他们就以她的名字给这座城市命名。在一座高山的山顶上，他们为她建造了一座世界上最漂亮的庙宇，这座庙宇以她的姓命名，被称为"帕提农神庙"。神庙里有一座巨大的雅典娜雕像，是用黄金和象牙做成的。只不过这座雕像已经不在那里了，也没有人知道雕像现在何处，而且神庙也在一场战争中被炸，现在已经成为废墟。庙宇墙壁上的美丽雕塑品被取下来，带到了伦敦，现在大英博物馆里。所以如果你想看看希腊人以前做的那些雕塑，不能去雅典，而要去伦敦才能看到。帕提农神庙所在的那座山的一边，以及雅典城市的很多地方，都有为其他神建造的庙宇。这些庙宇像基督教的教堂一样没有圆屋顶或尖顶，但是外面都有圆柱。

这些建筑和雕像用到的大理石都是从雅典附近的一座小山上运下来

雅典帕提农神殿

世界上最漂亮的庙宇现在成了废墟

的，这座山叫"潘泰列克山"。有人曾经说过，很久以前希腊人就能建造这么漂亮的建筑物和雕像，是因为那里有这么漂亮的大理石。但是现在潘泰列克山上仍然有十分漂亮的大理石，却没有人能造出那么漂亮的东西了。

很久以前，人们会去一个叫"神谕"的地方算命。最有名的神谕之一就在离雅典比较远的一个叫德尔斐的地方。那里的地面上有一个裂缝，气体不停地从裂缝里冒出来。在这个裂缝的上方，曾经坐着一位女神，她也是一位女预言家，名字叫"西比尔"。在女神的上方有一座小庙宇。从地下冒出来的气体让女神陷入睡眠，就像医生或者牙医用的麻醉剂一样，让人们陷入沉睡，这样就不会感觉到任何疼痛了。然后睡着的女神开始说梦话，会回答问她的问题。人们从世界各地赶到这里，来聆听神谕的话。这座神谕，就像雅典娜的雕像一样，也不翼而飞了，没有人知道是在什么时候怎么消失的，也不知道现在何处。

你知道吗？其实你也会说希腊语。当你说"音乐"、"博物馆"或者"娱乐"的时候，你就在说希腊语，因为这三个词都是从九个漂亮的名为"缪斯"的女神的名字得来的（"缪斯"写成英语即Muse，"音乐"，"博物馆"和"娱乐"对应的英语分别是music，museum和amusement，这三个词都有Muse这个词根——译者注）。这九位缪斯女神住在德尔斐的一个泉水旁边，泉水被称为"诗之泉"，因为当时的人们认为喝了诗之泉里的泉水的人，就会作曲写诗。诗之泉现在仍然在德尔斐，山羊、绵羊和人都喝里面的泉水，只是可以解渴，没有传说中的神效。

在耶稣诞生的很久以前，希腊每四年都会组织一次体育运动会，被称为"奥林匹克运动会"。从希腊各地选拔出来的跑步、跳高、跳远等等各项冠军，都会聚在一起竞争一个奖品。这个奖品只是一个简单的用月桂树的叶子做成的皇冠，被称为"桂冠"。雅典有一个巨大的体育场，这类大型的比赛和运动会就在这个体育场里举行，但是现在这个体育场也成了一片废墟。后来，有一个发了财的希腊人想为家乡做一件有意义的事，就用大理石把体育场重新修建起来，然后，奥林匹克运动会又得以在这个体育场举行。

在雅典的附近还有一座山，这座山的名字叫"海默突斯山"，人们在那里发现了一种非常好吃的蜂蜜。据说这蜂蜜尝起来就像花一样，过去人们认为神仙们就是靠吃这种蜂蜜生存的，因此它被称为"神的食物"。现在你在雅典的有些饭店仍然可以吃到这种蜂蜜，但是已经没有靠吃蜂蜜而生存的神仙了。

你觉得今天的希腊是以什么闻名呢？以诗歌闻名？不是。以音乐闻名？不是。以雕塑闻名？不是。以美丽的建筑闻名？也不是。我认为希腊现在以"葡萄干"而闻名。葡萄干就是葡萄晒干大部分水分后剩下的东西，放在蛋糕或布丁里作为辅料。葡萄干的英文名字来自科林斯地峡，就是连接南北希腊的那块地。或者更确切地说，曾经连接南北希腊的地方，因为后来希腊人直接穿过地峡挖了一条4英里宽的运河，这样船只可以直接通过科林斯地峡到达另一边，而不用绕着希腊走一大圈。

我居住的城市的市区有一个餐馆，这个餐馆是由一个到美国来做生意的年轻的希腊人经营的。他把这个餐馆命名为"德尔斐餐馆"。上个星期我到那里去吃午饭，我随口问那个希腊老板是否有神的事物。"没有，"他说，"我们今天有咸牛肉和卷心菜。"

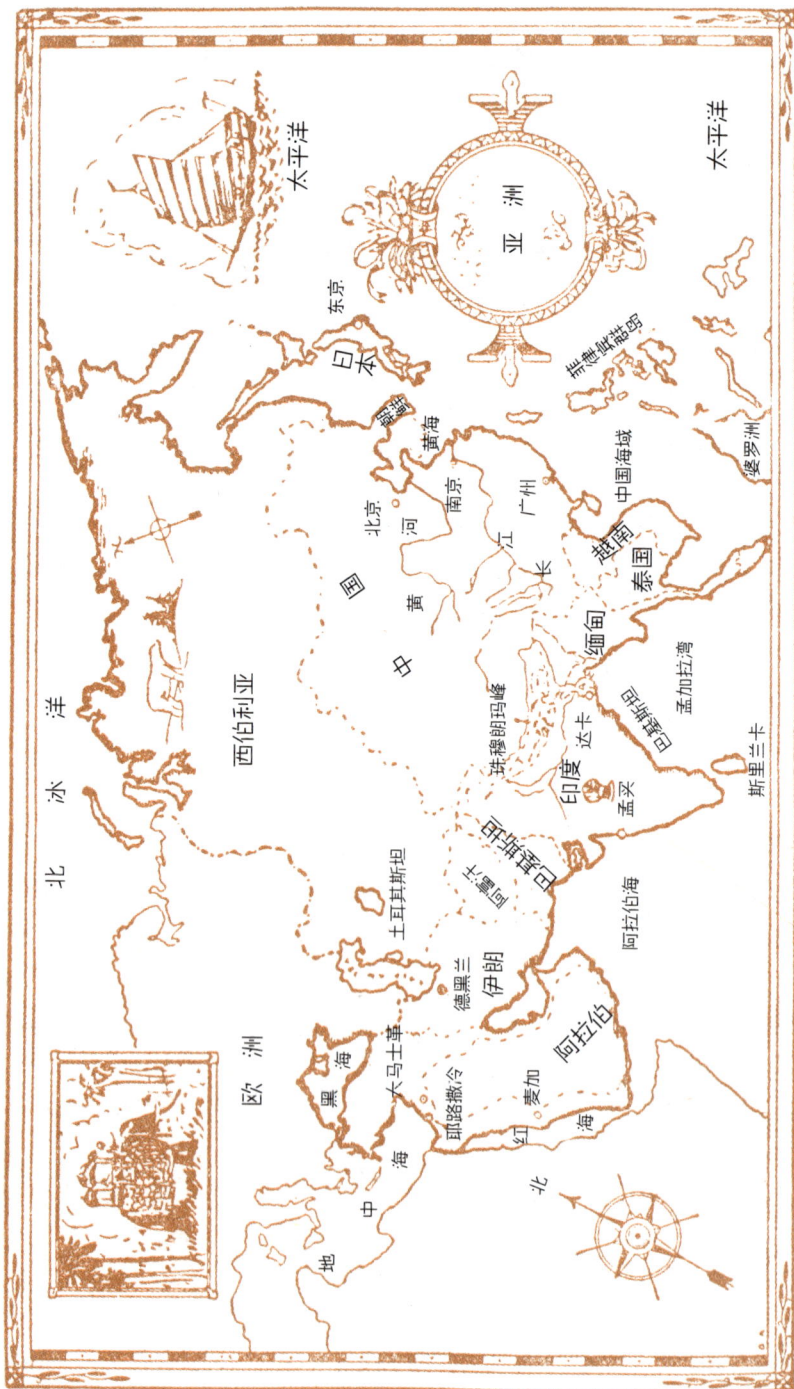

第 **47** 章

新月之国

　　每一个地方都可以说成在另一个地方的东边，比如美国在中国的东边，欧洲在美洲的东边。但是世界上只有一个地方被叫做"东方国家"，这个地方在欧洲的东边，名字叫"亚洲"，是世界上最大的大陆。

　　在很久以前，大家都还相信童话的时候，人们相信住在亚洲的一位神爱上了一个漂亮的女孩，她的名字叫"欧罗巴"。因为那时候神不能爱上人，所以这位神就把自己变成了一头雪白的公牛，它说服欧罗巴爬上了自己的背，带着她逃跑了。后来，公牛来到了一处海峡，欧罗巴在它的背上跟着它游过了海峡。公牛和欧罗巴在海峡的彼岸停了下来，这里就变成了一块新的大陆。后来人们就把这块大陆以欧罗巴的名字来命名，即"欧洲"。

　　然而，不相信童话的人就认为"欧洲"的意思是"太阳落山的地方"，而公牛和欧

欧罗巴与公牛

神把自己变成一头白色的公牛，带着欧罗巴逃跑了

罗巴来的地方"亚洲"是"太阳升起的地方"。

公牛带着欧罗巴游过的海峡，现在被称为"博斯普鲁斯海峡"。在希腊语里，"博斯普鲁斯"的意思就是"公牛运载"。

人们在欧罗巴被公牛放下来的地方建了一座城市。城市建好后一千年左右，有一位叫"康斯坦丁"的罗马皇帝把首都从罗马搬到了这里。这位皇帝是第一位信仰基督教的皇帝，这座城市后来就以他的名字命名，称为"君士坦丁堡"。

大约又过了一千年，君士坦丁堡被一些从亚洲来的人抢去了，这些亚洲人是土耳其人，他们的统治者被叫做"苏丹"。欧洲大部分人都信仰基督教，但是土耳其人不是基督教信徒，他们不信仰耶稣，而是信仰另外一位被他们称为"阿拉"的神，还有一位名叫"穆罕默德"的人。他们认为穆罕默德是真主阿拉派在地球上的使者。我们把这些相信穆罕默德的人称为"回教徒"或"伊斯兰教徒"。

很多年前，一个漆黑的夜晚，一支军队悄悄地靠近了君士坦丁堡。因为当时天色很暗，君士坦丁堡里的人没有看到逐渐靠拢的军队，也不知道有人正要偷袭他们。突然，月亮从云彩后面露了出来，天色稍微亮了一些。借着月光，君士坦丁堡的巡视人看到了敌人，于是拉响了警报，这座城市因此幸免于难。从那以后，土耳其人的教堂上就开始用新月的标志，就像基督教的每座教堂上都有十字架一样。土耳其的国旗上有一弯新月和一颗星，因为是月亮和星星拯救了他们，给他们带来了好运。土耳其人有一个跟我们的"红十字会"一样的团体，但是因为十字是基督教的符号，所以他们不用这个标记，他们的团体叫"红新月会"。

世界上最大的基督教堂之一就在君士坦丁堡，是在土耳其夺取这个城市之前建造的。教堂的名字是"圣索菲亚大教堂"，在希腊语里是"智慧"的意思。可能你认识一个名叫"索菲亚"的女孩，不管她聪明与否，是否拥有智慧，她的名字的意思就是智慧。土耳其人占领了君士坦丁堡这个基督教城市以后，把"圣索菲亚大教堂"以及这里的其他基督教堂都改成了伊斯兰教教堂。他们的教堂叫做"清真寺"，他们把教堂上原来的十字架全部换成了新月标记。现在这里有八百多座清真寺。后来，没过多久，他们又把城市的名字从君士坦丁堡改成了"伊斯坦布尔"。

　　你可能会想，如果我不告诉你伊斯坦布尔以前的名字可能会更好，这样你就不用再多记一个很长的名字了。但是，这座城市被称为"君士坦丁堡"的时间比叫"伊斯坦布尔"的时间要长得多。即使现在，知道君士坦丁堡的人也比知道伊斯坦布尔的人多。但是我不会告诉你这座城市被叫做君士坦丁堡以前的名字，知道这两个名字已经足够了。如果你想知道伊斯坦布尔最早的名字，那么必须问问别人或到其他书上去查找。

　　在每一座清真寺的旁边，土耳其人都建了一座或多座像蜡烛一样的塔，叫做"尖塔"。尖塔的中间有一个阳台，每天，一位教士会在阳台上出现五次，召集人们做祈祷。这与基督教堂里的响铃一样，但是伊斯兰教徒不用铃，即使在他们自己家里也没有铃。他们召唤仆人的方法是拍手。一天中教士第一次出现在阳台上的时间大约在早上的五点钟，他会说："来祈祷吧！祈祷胜于睡觉。"这就像闹钟一样。

他们把教堂变成了清真寺

　　但是那个时间起来的人却不多。教士说完后，虔诚的教徒会到最近的清真寺祈祷，或者在自己家，双膝跪在地上，头向下低，直到头碰到地面。每次走进清真寺之前，伊斯兰教徒都必须把脸、手和脚洗干净。所以几乎每一座清真寺都有一个水池或喷泉，有的在台阶上，有的在院子里，人们进入教堂前可以用里面的水洗干净。因为这个原因，伊斯坦布尔这个城市到处都是喷泉。这里面的水不是供人们饮用的，而是用来洗手或洗脸的。但是只有男人才可以进入清真寺。以前，女人们只能走进清真寺隐蔽的小房间，在这里其他人看不见她们，因为女人和小孩是不应该让别人看见或听见的。伊斯兰教徒做礼拜的日子是星期五。其实，伊斯兰教徒可以每天都去清真寺，但是每个周五他们必须要去。

罗马字母

阿拉伯字母

博斯普鲁斯海峡的一个入口像一个角一样进入伊斯坦布尔，这个地方被称为"金角湾"。在金角湾的入口处，过去有一条铁链子，用以阻挡不想让其进入土耳其的船只。金角湾上方有一座桥，名为"加拉塔桥"。到目前为止，世界上最有名的桥梁，我已经告诉过你几个，比如：布鲁克林大桥、伦敦桥、威尼斯大运河上的大石桥和维琪奥桥。加拉塔桥是世界上最古老、最有名的桥梁之一。每天都有来自不同国家、不同肤色、身着各种服装和讲不同语言的人通过这座桥，从不间断。

土耳其语的书写体看起来像速记，很难看懂，更难写。因为土耳其语难写又难看懂，而且与其他语言非常不同，土耳其很早就已经开始使用跟我们相似的字母表，现在每一个四十岁以下的人都要求学习新的书写体。

事实上，土耳其的现在与过去有很大的不同。过去土耳其由苏丹一个人统治，他的命令无论正确与否都必须执行。现在的土耳其也有一个统治者，但不再是他一个人的统治，而是与人们选出来的人一起管理这个国家。过去，女人如果没有蒙住脸就上街，会被认为不守礼节，所以她们必须戴面纱。但是现在，她们跟基督教的女人们一样可以戴帽子，可以穿裙子。土耳其的男人过去可以有很多妻子，每一座房子里都有一个隔开的房间，叫做"闺房"，男人所有的妻子都住在这里。

土耳其男女的穿着

从前和现在

你可能会想，我们在感恩节和圣诞节吃的鸡为什么叫火鸡（"火鸡"的英语为"turkey"与"土耳其"的英语"Turkey"一样——译者注）？美国的火鸡最早来自墨西哥，但是当时的人们以为火鸡是从土耳其来的，所以就给它起了这样的名字。

第 **48** 章

沙漠之舟

伊斯坦布尔有一些骆驼，但是，欧洲最开始并没有骆驼，骆驼必须从亚洲通过博斯普鲁斯海峡运到欧洲，因为据说骆驼是唯一不会游泳而且也学不会游泳的动物。大多数动物都跟狗一样，生下来就会游泳。骆驼不会游泳，但是它们可以穿过沙漠，其他动物是做不到的。

骆驼是属于沙漠的动物，每当看到骆驼的时候，我们就知道附近应该有沙漠。骆驼喜欢炎热和干燥，喜欢太阳和沙漠。人类和大多数动物在天气很炎热的时候，都喜欢到阴凉处休息凉快，但是骆驼休息的时候就直接在太阳下面，不管太阳有多炽热。人们经常称骆驼为"沙漠之舟"，因为只有这一种动物可以像"船"一样运载乘客或货物通过沙漠海洋。骆驼的脚像垫子一样，这样就不会沉到沙子下面。骆驼体内有几个像蓄水槽一样的袋子用来储存水，因为可能需要好几天才能穿越沙漠，这几天在沙漠里很难找到水源，所以它就在出发前先在体内储存足够的水供路上用。

亚洲骆驼的背上只有一个驼峰，叫做"单峰骆驼"。还有一些骆驼有两个驼峰。驼峰里面都是脂肪。当骆驼在外面吃不到食物的时候，就会消化驼峰里的脂肪充饥，就像消化胃里的食物一样。

骆驼像游戏里那样"追随领头动物"，因为领头的动物去哪里，骆驼就会追随到哪里，所以经常用很多骆驼来长途运输大量货物，这些骆驼都头尾相连地系成一条线，就像一列有很多车厢的火车。领头的动物一般会是一头驴，就像火车头一样领着一列骆驼。驴的方向感很强，而骆驼几乎没有方向感，这就是为什么要用驴做领头动物的原因。这一长列的骆驼叫做"骆驼队"。骆驼的样子看起来很高傲，好像它是最优秀、最聪明的，但实际上，骆驼是一种大脑很小的愚蠢动物。然而，骆驼的脾气却比较温和，虽然有时候也很令人讨厌。骆驼的腿就像高跷一样又细又长，但是走路比较慢，而且嘴里还会发出咕噜声。人们训练骆驼下跪，这样人们就可以把货物放在它的背上，然后骆驼就背着重重的货物跟着主人行走。但是，如果放在骆驼背上的货物太重了，跪着的骆驼根本就不站起来；而一旦骆驼驮着重物站了起来，不管货物有多重，它都不会再跪下，而是一直坚持送达目的地。这时候你可以往骆驼背上放任何东西，直到把它压倒在地。如果骆驼背负的重量是它所能承受的最大重量，哪怕往它背上多放一根稻草，都有可能把骆驼的背压断。所以当你给一个人的工作太多了的时候，人们就会说："最后添加的一根稻草会压断骆驼的脊背。"

骆驼不仅仅是一种运输工具，还有很多其他用途。母骆驼可以提供骆驼奶，小骆驼会被杀死吃肉，骆驼毛可以织成毛毯、衣服和帐篷。在美国，最好的画笔就是用骆驼毛做成的。

骆驼与最后一根稻草

"最后添加的一根稻草会压断骆驼的脊背"

第 **49** 章
一个曾经辉煌的国家

所有人没有长大之前都是"小孩"。在博斯普鲁斯海峡的另一边，是亚洲的一片又小又细的角落，被称为"小亚细亚"。尽管小亚细亚的两个地方都与欧洲离得非常近，却没有与欧洲接壤。这两个地方与欧洲之间的距离非常小，一个巨人一步就可以跨越过去。博斯普鲁斯海峡就是两个可以横越的地方之一，只有半英里宽。另外一个是达达尼尔海峡，在最窄的地方也只有一英里宽。人们曾经横渡过达达尼尔海峡，这里还曾有过一座用连在一起的船只构成的浮桥，但是现在亚洲与欧洲之间没有桥梁了，人和动物就必须坐船才能从亚洲去欧洲或反之。

小亚细亚曾经是一个很辉煌的国家。那时，这里是地球上最富有的地方，但是现在，它却成了世界上最贫穷的国家之一。

克罗苏斯曾经是世界首富，他当时就住在小亚细亚。

海伦曾被认为是世界上最漂亮的女人，她的家乡在希腊，但是被人抢走后带到了小亚细亚一个叫做"特洛伊"的地方。特洛伊战争就是为海伦而发动的一场战争。

荷马被认为是有史以来最伟大的写史诗的诗人，据说他出生在小亚细亚。

圣保罗是耶稣的十二门徒之一，也出生在小亚细亚的一个小城镇里，名字叫"塔尔苏斯"，圣保罗在这里为战士们搭建帐篷。

你可能听说过世界上的七大奇迹。这七个地方是人们认为迄今为止人类创造的最令人惊奇的建筑,七大奇迹中的三处都在小亚细亚。

为戴安娜女神建造的庙宇就是七大奇迹之一。这座庙宇在小亚细亚的以弗所,那里的银器匠做了很多这座庙宇的小复制品,作为纪念品卖给前来旅游观光的游客。圣保罗在布道的时候是反对戴安娜女神的,因为她是个异教徒。靠制作神庙复制品挣钱的银器匠们害怕圣保罗的传教会影响他们的生意,所以他们曾经想聚众袭击圣保罗。现在,戴安娜女神庙已成为一片废墟,以前的那些复制品也都找不到了。但是圣保罗在以弗所写给人们的字仍然被数以亿计的人阅读,因为这些文字都记载在《圣经》里。

世界上最大的陵墓曾经也在小亚细亚,是莫色乐斯夫人为她的丈夫莫色乐斯王建造的。这是小亚细亚的另一个世界七大奇迹之一,但是现在陵墓所剩无几。然而现在英语里表示陵墓的词仍然来自莫色乐斯("陵墓"的英语是mausoleum,来自莫色乐斯王的名字Mausolus——译者注)。

小亚细亚有一个小岛屿,名字叫"罗得斯"。这里有一座巨大的太阳神铜像,名字叫"罗得斯上的阿波罗巨像"。这座雕塑有十层楼那么高,是小亚细亚的第三个世界七大奇迹之一,但是后来雕像在一次地震中被震毁,震碎的部分都被当成废品卖了。

小亚细亚曾经所有的辉煌都已经不复存在。我们现在可以看到只是那些壮丽建筑物的废墟,但是除了为数不多的几座大城市里的建筑,现在大部分的住房都是用泥土建造的,只有一扇门,没有窗户,屋顶上长满了草。

雕像在地震中被震倒,掉进了海里

小亚细亚现在属于土耳其。事实上,这里是除了伊斯坦布尔以外剩下的唯一属于土耳其的地方。在第一次世界大战以前,上耳其的领七面积比现在大得多。

你可能见过安哥拉猫,这种猫有长长的毛,浓密的尾巴,非常漂亮。

安哥拉猫来自于安哥拉，是新土耳其的首都。安哥拉附近的农村，喂养着一种独特的山羊，这种山羊的毛细长柔滑。安哥拉山羊的毛可以织成可爱的小地毯和美丽的披肩，这些地毯和披肩在美国也可以买到。男士们夏天穿的马海毛西装既薄又凉快，就是用安哥拉山羊毛做成的，当然必须是真品才会比较凉快。

小亚细亚有一条非常弯曲的河，流速非常慢，这边绕一下，那边曲一回，好像没有明确的目的地一样，但是最终还是会流到海洋里。这条河的名字是"米安德河"。所以如果一个小男孩去上学或跑腿的时候，不是直接奔向目的地，而是绕来绕去，就像米安德河一样迂回曲折地流到海里，我们就说这个小男孩在"漫游"。当然，有时候女孩子也会"漫游"。

米安德河的河谷里有无花果，在亚洲的很多地方都种植大枣。无花果和大枣都是靠骆驼运到地中海沿岸一个漂亮的城市，名字叫"士麦那"。轮船从这里将无花果和大枣运到世界其他地方，比如美国。在你家路口的杂货店，你可能可以找到一包士麦那的无花果或"单峰骆驼大枣"。这些无花果和大枣都是从士麦那通过骆驼队和轮船运过来的。从士麦那还会运来另一种东西，即海绵。小亚细亚附近的海域里生长着很多海绵。海绵生长在海底，当地的人们就憋着气潜到海里，将海绵从海底的岩石上拉下来，一次采集尽量多的海绵，然后带到岸上。

第 50 章

鱼米之乡

我参加主日学校（指星期日对儿童进行宗教教育的学校——译者注）的时候听说过伯利恒和耶路撒冷，还有《圣经》上提到的其他地方的名字，

但是我当时根本不知道，那些地方现在还有人居住。事实的确如此。我们把这些地方称为"圣经之地"，因为《圣经》里多次讲到这些地方。"圣经之地"在地中海东边的尽头，其北部是叙利亚，南部是巴勒斯坦。

很多耶稣时代的叙利亚和巴勒斯坦城市，现在都有人居住。还有很多城市现在已经不复存在，仅剩下一片废墟。不过《圣经》里提到的一个城市，耶稣诞生的时候这座城市已经存在了一千年，而且现在依然存在，它是世界上最古老的城市，名

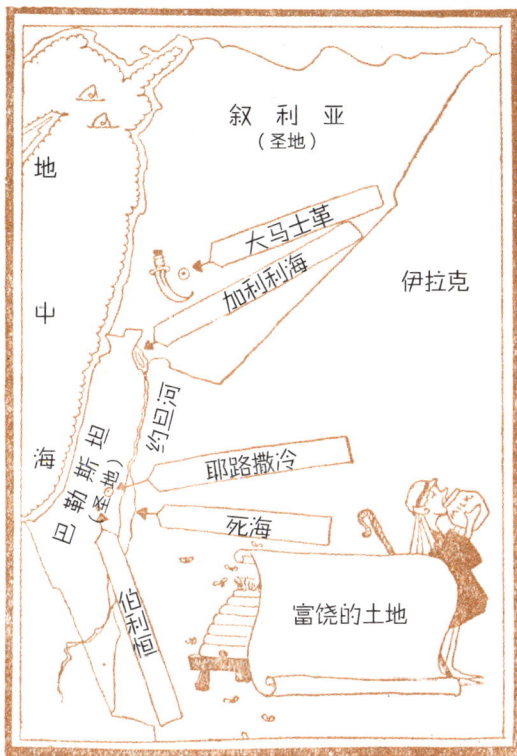

地中海

叙利亚
（圣地）

大马士革

加利利海

伊拉克

约旦河

巴勒斯坦（圣地）

耶路撒冷

死海

伯利恒

富饶的土地

字叫"大马士革"。

大马士革的主要道路被叫做"直路"，因为这些路不像其他小路那样弯曲。大马士革曾经是东方最大的购物城市，现在直路的两旁都还是商店。这些商店被称为"集市"。有些集市里甚至都放不开一架钢琴。纽约的一个百货商店比大马士革所有的集市加起来还要大好几倍。过去大马士革的集市里卖的都是他们自己手工制作的商品，比如金银珠宝、地毯、披肩、刀剑、丝绸等等。所有这些都是用双手制造出来的，因为那时候根本没有机器。现在这些东西都可以用机器制造生产，但是大马士革仍然用手工制作。现在大马士革卖的很多商品都是在英格兰用机器制造出来以后运到那里的。所以经常会出现这种情况，游客在大马士革的集市上买的一些手工制作品，后来却发现上面印着"伯明翰制造"的标签（伯明翰是英格兰的一座城市——译者注）。

在白色的画纸上画白画，或者在红色的画纸上画红画，一般都是很难显现出来的。但是在大马士革却曾制造过一种花布，这种布上的花与花布颜色一样，是手工织成的。这种布被称为"大马士革锦缎"。白色的锦缎上有白色的图案，红色的锦缎上是红色的图案，而且都可以显现出来。你自己家可能就有亚麻布的大马士革锦缎桌布、餐巾或座椅上的布罩。但是我们现在买的大马士革锦缎都是用机器织出来的，而且并不是来自大马士革。

大马士革的人过去还常用铁制造一种珠宝，铁里镶嵌着金子做的图案，被称为"大马士革波状花纹"。大马士革波状花纹主要用来装饰刀剑。他们过去会制作非常锋利的刀和剑，甚至可以切断铁块，至少那里的人是这么说的，被称为"大马士革刀刃"。现在的士兵除了表演或者作为装饰才会佩带刀剑，因为现代战争中，双方使用的都是枪支弹药等武器，已经不使用刀剑了。

叙利亚的南边是巴勒斯坦，也被称为"圣地"。小一点的地图上都没有办法把一些地方的名字印在上面，像巴勒斯坦，一边靠近地中海，另一边则与沙漠相邻，没有足够的空间把国家名字写在它的领土上，否则国家名就完全把领土遮盖住了。

圣地的面积很小，最北端有一个城镇，名字叫"丹"。圣地的最南端也有一个城镇，名字叫"比尔谢巴"，所以那里的人们经常用"从丹到比尔谢巴"来描述从上到下或者从一端到另一端。丹和比尔谢巴两个城镇之间的距离只有一百五十英里，横跨巴勒斯坦的距离也仅有大约五十英里，所以现在坐着汽车，只用一天就可以从巴勒斯坦的南端走到北端，从东边走到西边。

巴勒斯坦有两个湖，一个在南边，一个在北边。但是这两个湖的名字里都有"海"。北边的叫"加利利海"，南边的叫"死海"，之所以叫它死海，是因为任何动植物在死海的水里及周边都不能生存。

《圣经》里提到耶稣曾在水上行走，而且从水里捞出了不计其数的鱼，那个地方就是现在的加利利海。耶稣的很多好朋友都是渔民，耶稣曾让他们帮助他教育别人，说这样他们就成了"渔人之民"。加利利海的渔民们就组成了一个团体，用一条鱼的图案作为他们这个团体的标记。现在的加利利海仍然像《圣经》里描写的那样，海上会突然有暴风雨，而且水里仍然有大量的鱼。

从加利利海到死海，有一条河叫"约旦河"。《圣经》里洗礼家约翰就是在约旦河里给耶稣做的洗礼。现在世界各地的人都来这里参观耶稣接受洗礼的地方。有些人自己也在这里接受洗礼，因为任何时候这里都有一个牧师可以给来人进行洗礼。很多人还会把约旦河的泥水用瓶子带回家当做"圣水"来用，或者用来给他们自己的孩子进行洗礼，因为那是耶稣接受洗礼的水。约旦河里泥沙很多，因为河水流得很快，将河两岸及河底的泥土都冲到了河水里。约旦河的黄河水全部流进了死海，但是奇怪的是，死海的水却像地中海一样清澈。

基督教徒当时以一条鱼作为他们团体的标志

死海位于一个非常深的山谷的底部，因为地势非常低，通常水都是向下流而不能向上流，所以这里的水根本流不出去。你可能会想，既然水只流进来而流不出去，死海有一天会不会被填满呢？但是这种情况是不会发生的。这是因为那里空气的温度很高，而且十分干燥，所以死海的水很快就会蒸发。但是河水里都有盐分，而盐是不会随着水蒸发的。这样死海就像美国的大盐湖一样，会变得越来越咸，盐分含量越来越高，其含量比海洋中水的含盐量要高十倍，所以人在死海里是不会被淹死的。然而即使不会被淹死，人们也不会去死海游泳，因为水里面盐分含量太高，如果水溅到人的眼睛里、身体上的抓痕处或者有破口的皮肤上，都会像往伤口上抹碘酒一样刺痛。因为死海周围含有的盐分也很高，任何植物都不能存活。即使咸水鱼也不能适应死海里的水。世界上公认的最邪恶的两座城市"所多玛"和"俄摩拉城"，都在死海附近。《圣经》里面写道："因为这两座城市罪恶太多，上帝决定毁灭它们。"现在这里只剩下沙漠，而且沙子表面有一层盐壳。《圣经》里还讲道："上帝在毁灭这两座城市之前，告诉罗得带着他的家人从所多玛逃走，而且严禁他和他的家人逃离的时候向后看。罗得的妻子没有听话，扭头往后看了，结果被上帝变成了一根盐柱。"如果你到那里参观，导游会指着一堆盐，告诉你那就是罗得的妻子！

罗得的妻子，一根盐柱

罗得的妻子没有听上帝的话，向后看了一眼，立刻被变成了一根盐柱

第 *51* 章

确切的地点

巴勒斯坦有三个非常有名的地方，第一个是耶稣出生的地方，第二个是耶稣生活的地方，第三个是耶稣去世的地方。

耶稣出生在伯利恒，现在这里是一个又脏又小的村庄。你在一些画上见到的有天使在上空盘旋，看起来像天堂一样，实际上根本不是这样的。耶稣出生的时候，他的父母正在旅行，走到伯利恒的时候耶稣诞生了。人们在他出生的地方建立了一座教堂，地面上有一颗银星来标记"确切的地点"。但是事实上，没有人知道确切的地点真正在哪里。不过我们知道的是，那座教堂是世界上最古老的教堂。

尽管耶稣出生在伯利恒，他的前半生大部分时间都生活在巴勒斯坦的另外一个城镇，名字叫"拿撒勒"。拿撒勒被认为是耶稣的家乡，因为耶稣的父亲约瑟夫就在这里生活和工作。约瑟夫是一位木匠，现在你去拿撒勒旅游，导游还会指给你看约瑟夫的商铺，以及耶稣当时使用的钢锯、锤子和他当时坐过的板凳。他们还会指给你耶稣的母亲玛丽为全家人做饭的厨房。但是就跟我们不相信"确切的地点"就是耶稣出生的地方一样，我们也不会相信在拿撒勒他们告诉我们的那些地点。然而，有一个地方是可以相信的，就是那里汲水的井。这口井很可能就是同一口井，因为拿撒勒只有这一个地方可以打水，那时候家家都没有自来水。

第三个地方就是耶稣去世的地方——耶路撒冷。基督教徒把这里称为"圣城"。然而奇怪的是，伊斯兰教徒也把这里称为伊斯兰教的"圣

巴勒斯坦的玛丽井

城"，而且这里还曾是犹太人的首都。穆罕默德在耶稣去世六百年后生活在这里，而且伊斯兰教徒相信的一些有关穆罕默德的事迹，与基督教徒相信发生在耶稣身上的事迹一样。比如伊斯兰教徒也认为穆罕默德在耶路撒冷死去，而且是在这里升入了天堂。伊斯兰教徒占领了耶路撒冷并在此统治了近一千年。

在这些年里，基督教徒一次又一次地尝试从伊斯兰教徒手里夺回耶路撒冷。全欧洲的基督教徒组成一支队伍，向耶路撒冷进军，希望能将耶路撒冷夺回来。然而每次他们都被伊斯兰教徒打败。虽然有时候基督教徒也会占领耶路撒冷一段时间，但伊斯兰教徒总是又夺回去。这种状况一直持续到了第一次世界大战，英国人占领了耶路撒冷。

在全世界，耶路撒冷很可能是被毁坏后重建次数最多的一座城市。大卫王在耶稣出生前的一千年左右建立了耶路撒冷，然后所罗门在这里建造了一座非常壮丽辉煌的庙宇，不过建好不久，耶路撒冷就被其他国家的人占领，城市被摧毁了。以后每隔一段时间耶路撒冷就又会被占领毁坏然后又重新建造。所以有人就说，实际上有八个耶路撒冷，一个在另一个的上面。这也是为什么很难知道《圣经》里提到的很多地点的确切位置的原因。

有人说他们在耶路撒冷发现了亚当的坟墓，基督教认为亚当是世界上的第一个男人。他们还发现了耶稣的坟墓。他们在耶稣坟墓旁边的石头里发现了一个洞，说是耶稣在十字架上被钉死之前，那个十字架就放在这个小洞里。那里的人在这里建造了一座教堂，称之为"圣墓教堂"，也就是耶稣升入天堂的地方，因为这个地点就在耶路撒冷外面的一座小山上，叫做"橄榄山"。

伊斯兰教徒认为穆罕默德也升入了天堂，而且就在离圣墓教堂不远的地方。伊斯兰教徒在这里修建了一座建筑，名字叫"奥玛尔清真寺"，尽管它实际上并不是一座清真寺，而且不是奥玛尔修建的。这座建筑比圣墓教堂漂亮得多，甚至有人说这是世界上最漂亮的教堂之一。奥玛尔清真寺所在的地点就是所罗门庙宇以前的地方，是用漂亮的大理石和瓷砖建造的，有一个形状看起来像碗一样的屋顶。

奥玛尔清真寺

在奥玛尔清真寺的下面有一块巨石，过去就在这块石头上将牛杀死作为祭祀品。基督教徒认为，在这块石头上，希伯来

在奥玛尔清真寺的下方有一块巨石，过去人们就在这块石头上杀牛作为祭祀品

人的始祖亚伯拉罕要杀死自己的儿子献祭。因为上帝要考验他，特地命令他杀死自己的小儿子作为祭祀品。在亚伯拉罕动手前，上帝派来的一个天使及时阻止了他。伊斯兰教徒认为，穆罕默德也是从这块石头上升入天堂的，当时石头想随着穆罕默德而去，但是七大天使长之一的加百利拉住了石头。你去参观这块石头的时候，导游会给你看上面的手印，来证明这个故事是真实的。

所罗门庙宇的一部分仍然存在，是一面地基墙。自从这座庙宇被摧毁以后，犹太人就常常到这面墙下哭泣，祈祷他们的国家能早日回归，他们的国家被古罗马人占领了，这面墙因此被称为"哭墙"。很多国家都有犹

犹太人的哭墙

太人，但是犹太人没有一个属于自己的国家。第二次世界大战以后，联合国投票决定把巴勒斯坦分成两部分：一部分应属于犹太人，这是犹太人两千年来一直祈祷拥有的。另一部分，联合国成员国认为应该属于众多住在巴勒斯坦的阿拉伯伊斯兰教徒。所以直到那时候，犹太人终于有了一个属于他们自己的国家。他们把国家命名为"以色列"。以色列是巴勒斯坦的一部分，在东半部分，靠近地中海。巴勒斯坦的西半部分成了阿拉伯国家约旦的一部分。耶路撒冷，既是伊斯兰教徒也是犹太人的圣城，也被分成了两部分。其西部及历史比较短的一部分属于以色列，东部及历史比较长的一部分属于伊斯兰教徒。

以色列是一个共和国。尽管世界上最古老的一些城市在以色列，但是犹太人建造了世界上最新的城市之一，那就是他们新国家的首都"特拉维夫"。特拉维夫有现代建筑，有笔直宽阔的道路，非常干净整洁，与那些只有狭窄脏乱小道的古老城市迥然不同。很多其他国家的犹太人也搬到以色列生活。他们在那里很受欢迎，因为以色列就是犹太人的祖国。

第 52 章

伊甸园

你听说过伊甸园吗？（伊甸园是《圣经》中所说的世界上最早的两个人亚当和夏娃居住的地方——译者注）当我还是一个小男孩的时候，我就想，等我长大可以一个人去旅行的时候，我想自己去伊甸园看一看。我想知道那些带着利剑的天使是不是还在那里。所以我就问我主日学校的老师伊甸园在哪里。她告诉我："伊甸园在《圣经》里。"这等于没有说。但是大人们寻找伊甸园已经找了好多年，有些人说他们找到了，确切地说是找到了伊甸园的遗址，因为现在看起来根本不像一个园子，更不用说像天堂了。

如果你去了大马士革，在街上问一个人："怎么去伊甸园？"他可能会认为你是疯子，或者他也有可能会说："我也是来旅游的。"但是，如果他的确知道路线，他会指着东方告诉你："穿过沙漠，朝着太阳升起的方向一直向前走。走路需要一个月左右的时间；如果你坐骆驼，需要几天；如果开车的话，你会遇到一条泥河，这条河叫做'幼发拉底河'。跨过幼发拉底河，继续向前走一段路，你会遇到另一条河，这条河的名字是'底格里斯河'。这两条河相通，在两条河交汇的地方，你就能找到伊甸园了。走这条路没错。"

现在那里已经没有伊甸园了。因为那里现在大部分都是泥土，你可能想知道过去那里怎么会有一个伊甸园。如果那里长时间不下雨，那里晒干的土地看起来根本不可能像是伊甸园。然而，人们认为这里的确就是伊甸

伊甸园

有些人说他们找到了伊甸园

园曾经在的地方。他们甚至说一棵曾结出很多苹果的树就是"最开始的那棵树"，认为夏娃就是从这棵树上摘下苹果和亚当一起吃的，然后他们就变得聪明了。他们认为《圣经》里提到的"大水灾"就发生在幼发拉底河和底格里斯河之间。他们还说诺亚就住在附近，而且就是在那里造的诺亚方舟。大水灾来的时候，将这两条河之间的谷地全部淹没，水退去之后，诺亚方舟就停留在阿勒山顶上。阿勒山比水平面要高很多。两条河之间的谷地过去叫做"美索不达米亚"，现在叫做"伊拉克"，在地图上看到的就是这个名字。

在底格里斯河的上游，过去有一个大城市"尼尼微"；在幼发拉底河，靠近两河交汇的下游，过去也有一个大城市"巴比伦"。这两座城市是耶稣诞生以前世界上最大的两座城市。但是现在几乎完全消失了。

你小时候有没有在沙滩或沙地上用沙子堆积房子和道路，然后来了一个爱欺负弱小的人，一脚踩在你的房子上，全部毁坏了？尼尼微和巴比伦看起来就像某个巨人走过来，踩在了这两座城市上面，用脚踩、踢得十分凌乱，因为现在能看见的就只是土堆。人们在这些土堆里挖了好多年，他们发现土里埋着一些过去这两座城市的人使用的一些东西，有家里用的，有商店学校用的，还有宫殿里的东西，因为这两座城市有世上建造得最漂亮、最辉煌的房屋和宫殿。巴比伦的墙和花园曾经是世界上的七大奇迹之一，但是现在什么也没有剩下。

尽管尼尼微和巴比伦已经不复存在，现在地图上看不到这两座城市的名字，但是现在底格里斯河流域却仍然有两座城市，并且有人生活在那里。一个与过去尼尼微所在的地方隔河相望，叫做"摩苏尔"。有一种薄细的棉布最早就是在摩苏尔制造的。

不久以前，人们在摩苏尔的附近找到了储存在地下的石油，这里的石油足够世界上所有汽车使用。但是问题是如何把这些石油运输出去。过去从油井到地中海修建了几英里长的石油运输管道。油泵将石油从地下汲取出来，运输到管道里，然后装上轮船运往世界各地。运输石油的轮船实际上就是漂浮的大桶，被称为"油轮"。油轮将这里的石油主要运往美洲和欧洲。

摩苏尔是一个穆斯林城镇。在这里最大的清真寺上方，有一个倾斜的尖塔，看起来有点像比萨斜塔。当地人说，这是因为有一次穆罕默德从这里经过，尖塔向他鞠躬，但是后来就再也直不起来了。现在还在不断地倾斜。你有没有听过 "阿里巴巴"和 "水手辛巴达"的故事？（阿里巴巴是《一千零一夜》里的一个故事。阿里巴巴是一个穷苦的伐木工人，他因得知了四十大盗的神奇咒语'芝麻开门'而进入了大盗的藏宝洞。水手辛巴达的故事主要是辛巴达在海上航行寻宝历险记——译者注）在底格里斯河摩苏尔的下方，有一个叫做"巴格达"的大城市。那里大街上的人，看起来就像《一千零一夜》故事书上画的人一样。巴格达的夏天非常热，是世界上最热的地方之一，有时候可以达到一百二十华氏度。其实人所能承受的最高温度差不多是一百华氏度。那里的街道过去就像乡间小道一样狭窄，而且很脏，空气中充满各种难闻的气味。但是第

巴格达的街道

难题：找出阿里巴巴和那四十名强盗

一次世界大战以后，英国开始统治伊拉克和巴格达，英国人做了很大的改善。比如，他们在巴格达修建了一条穿过整个城市的宽敞道路，并命名为"新街"。他们安装了电灯，修建了冰工厂，这些都是巴格达以前所没有的。然后，他们让当地人投票选举了一位国王，从那以后，伊拉克就成了一个王国。现在伊拉克仍然受英国保护，但是，只有少数的英国人在这里帮助训练伊拉克军队。

第 **53** 章

睡前故事之国

你有过非常渴的感觉吗？其实，在美国很少有人真正体验过非常渴的感觉。你有没有整整一天或者更长时间都没有喝过一滴水？有些人可能几天甚至几个星期都没有吃过东西，但是没有人一星期不喝水还能活下来。假设你住在一个这样的国家，这里没有一条河或者一个湖，而且雨水——如果有的话——也是极其少，几乎没有可以喝的水，更不用说洗脸洗澡的水。虽然这个国家周边几乎都是水，但是这些水都不能喝，因为是咸的。这个国家除了国界边缘和零星的几处湿地，其余全是沙漠。这个国家的名字叫"阿拉伯"，是阿拉伯人的故乡。这里怎么能有人生存呢？答案是人们只能在国界边上或那几处有点水的地方生存。那几处湿地被称为"绿洲"。枣椰子对于阿拉伯人来说，既是面包又是黄油，既是肉又是甜点。枣椰子长在棕榈树上，所以阿拉伯人就挖很深的洞将棕榈树的根埋在地下，因为只有比较往下土壤里才可能有水分供棕榈树生长。比较富裕的阿拉伯人都有一匹骆驼，因为只有这一种动物可以忍受长时间不吃东西不喝水。阿拉伯人也会喂养山羊、绵羊或马。阿拉伯的马比较小，但是跑得非常快。有些人说阿拉伯马是世界上最好的马，我们的很多赛马都来自阿拉伯。

阿拉伯人在一个方面很像小孩子，那就是他们非常喜欢听故事，尤其是在晚上。他们听故事永远听不够。曾经有一位国王，他想让谁死谁就得死。有一次，这位国王想第二天处死他的妻子。但是妻子睡前给国王讲了

阿拉伯人的马、绵羊和山羊

一个非常有趣的故事，国王还想再听这样的故事。所以，妻子要求他让她多活一天作为条件，她答应第二天晚上再给他讲一个故事。然后，她讲的故事国王又非常爱听，于是一天接一天地讲，国王一天又一天地往后推迟处死王后。她讲了一千零一夜总共一千零一个故事以后，国王不听王后讲故事就过不下去了，所以王后就没有被处死。这一千零一个故事的一部分被翻译成英语，编辑成一本书叫《一千零一夜》（也叫《天方夜谭》）。

伊斯兰教的创始者穆罕默德就出生在阿拉伯。他出生的地方叫"麦加"，出生的时间比耶稣大概晚六百年。他最开始是一位富有的寡妇的骆驼夫，但是寡妇爱上了他，并嫁给了他。穆罕默德认为上帝召唤自己做上帝的使者，他的妻子和朋友都相信他，但是他的邻居们并不相信他说的，而且把他赶出了麦加。他跑到了另外一个城镇——麦地那，他在那里继续向人们传教，不久就有数百万的人追随他，遵从他的教导。现在信仰穆罕默德的人，大约是信仰耶稣的人数的三分之一。伊斯兰教徒认为麦加是世界的中心，耶路撒冷只是他们认为神圣的城市之一，麦加才是最神圣的城市。伊斯兰教徒认为在麦地那祈祷一次，抵得上在任何其他地方祈祷一千次，所以他们就长途跋涉到麦地那为自己祈祷。

伊斯兰教徒跟基督教徒一样，也有戒律。基督教有十条戒律；伊斯兰教有四条，或者再多些。他们有一条戒律就是每天至少要祈祷五次。第二条是给每一位向他们乞讨的乞丐一份礼物。不管这个礼物有多小多么不值钱，都算数。第三条戒律就是每年都要有一个月斋戒。第四条是一生中要找时间去麦加，去麦加被称为"朝圣"。每一个伊斯兰教徒，不管他或她住在哪里，离麦加有多远，都希望在死前能够去麦加朝圣。有一位信仰伊斯兰教的国王，他的名字叫"正义亚伦"，从巴格达走了几百英里去麦加，全程都是步行。因为他是一位国王，所以全程都在地上为他铺上地毯让他走在上面。

你见过流星吗？大部分流星在它们掉在地上之前就都燃烧完了，但是有一些却不是这样的。在麦加的一个清真寺里，有一块黑色的石头，被认

通往麦加

哈伦·拉希德

几百英里的路程，地上全部铺着地毯让国王走在上面

为是"神圣黑石"。伊斯兰教徒说它是从天上派下来的。这可能是真的，因为很可能这块石头就是还没有燃烧完就掉在地上的流星。然而，伊斯兰教徒认为，如果他们亲吻这块神圣黑石，他们所有的罪恶都可以被原谅，等他们死了以后，就可以升入天堂，而且可以有一个高的职位。他们说这块石头以前是白色的，但是却被不计其数亲吻它的教徒的罪恶染黑了。从大马士革到麦加，修建了一条长达一千英里的铁路，现在从麦地那到麦加也有一条公交路线，但是铁路和公交车都只是为朝圣的人准备的，因为只有伊斯兰教徒才能进入麦加和麦地那。

我前面给你介绍过白海和黑海，现在我要告诉你"红海"。红海与阿拉伯相邻，是一片非常狭长的海。我不知道为什么这个海叫做红海，除非

是因为这里比较热。我去过红海，那里的水像地中海的水一样湛蓝。有一片狭长的陆地把红海和地中海分开了，当时的人们在陆地中间挖了一条运河，这样船只就可以从红海航行到地中海或者反过来。这片狭长的土地叫做"苏伊士地峡"，穿过地峡的运河就叫做"苏伊士运河"。

苏伊士运河是世界上最重要的运河之一。这是因为，在没有苏伊士运河以前，苏伊士地峡连接着非洲和亚洲两个大陆，阻拦了船只在两个海之间互行，所以船只那时候必须绕过整个非洲才能到达世界的东方。苏伊士运河就像一个入口，控制着去世界东方的路。英国人现在拥有这个入口。

世界上最干燥的地方在红海比较低的那一端，叫做"亚丁"。亚丁经常被称为"东方的直布罗陀海峡"，因为英国人也拥有亚丁，尽管这个地方非常干燥，英国人也不会放手，这是因为他们可以控制通过红海的船只。大西洋和印度洋之间有三个入口：直布罗陀、苏伊士和亚丁。这三个入口全部被英国控制着！

亚丁没有泉水、湖泊，也没有河流，通常连续几年都不下雨，所以那里的人们就不能像其他地方的人那样获取饮用水。但是英国人发现了一种方法。他们把海水煮开，把海水里的盐分分离出来以后，用庞大的水桶储存起来，这样他们时刻都有足够的淡水可以饮用。

你可能以前从没有听说过阿拉伯，但是你每天都在写阿拉伯字，因为我们用的数字就是阿拉伯数字，即1，2，3，4，5……阿拉伯数字只有十个数字，但是用这十个数字，可以组成任何数。

阿拉伯，一个干旱荒凉的地方，好像离我们很遥远，跟我们没有什么联系。但是如果没有阿拉伯这个国家的话，我们可能就没有数字可以用，也没有《一千零一夜》可以看。

第 54 章

狮子和太阳

你有没有见过波斯猫？波斯猫非常漂亮，个头比较大，毛厚而且柔软。波斯猫来自波斯。

波斯曾经是非常辉煌的国家之一，也是地球上最大的国家之一，但是现在很多人都不知道波斯在哪里，即使在地图上也找不到它。因为波斯的名字用波斯语写出来是"伊朗"，大部分地图现在都用伊朗而不用波斯。我在写这本书的时候，往周围看了一圈，发现了一件令我很吃惊的事，那就是我身边有十多件东西都来自波斯或者至少跟波斯有关系。

我脚下的小地毯是波斯制造的，完全手工制做，有用羊毛线织成的各种漂亮的五颜六色的图案，我想波斯人一定花了好几个月或者一年甚至更长的时间才织成。有些波斯地毯，需要一个人用一辈子的时间才能织好。

我的妻子有一条丝绸披肩，也是在波斯用手工织成的。那里也养殖桑蚕，蚕茧是松散的，丝可以纺成线，染上各种颜色，然后织成一条披肩。

她还有一枚戒指，是有点发绿的蓝色石头，叫做"绿宝石"。绿宝石是十二月份出生的人的生日石，也产自波斯。东方有些国家的人会戴绿宝石，以避开"邪恶的眼睛"。有些人只是被"邪恶的眼睛"看到就会给他们造成伤害，而绿宝石可以阻止这样的伤害。

我妻子的梳妆台上有一小瓶香水，叫做"玫瑰油"。在波斯的一些地方，玫瑰最漂亮最芳香，这一小瓶香水就是用玫瑰花瓣做出来的。

我有一个领带针，上面有一颗珍珠。这颗珍珠来自波斯湾底的一个牡蛎，是一个潜水者捞上来的。

我洗澡时用的拖鞋，非常宽松肥大，很容易穿上或脱下，鞋跟向下翻。这双拖鞋也来自波斯。

我现在写字用的电灯是"麦芝达"牌的，麦芝达是古代波斯神话里的光神。

我的书架里有一本书是《鲁拜集》，是古代波斯诗人奥玛尔·伽亚谟的诗集。

早餐的时候我可能会吃一个小瓜，瓜最早种植于波斯。现在美国的瓜都起源于很多年前从波斯带回来的瓜种。

我今天早上吃了几个桃子，桃子最早也是在波斯种植的。桃核是从波斯带到美国的，桃树就是从桃核上长出来的。

如果我再有一只波斯猫，波斯在我们身边的东西就几乎比较全了，可惜我只有一条狗。

伊朗被称为"狮子和太阳之国"，它的国旗上就有一头狮子和一个太阳。我不知道为什么国旗上要有狮子，但是我知道上面有太阳是因为波斯人过去很崇拜太阳。太阳就是他们的神。他们也崇拜星星、月亮、火，所以我们会称他们为"拜火教徒"，但是他们把自己称为"帕西人"。拜火教徒最主要的神就是麦芝达，电灯的一个品牌名就来自这个名字。拜火教徒认为，一切有光的东西都是好的，一切黑暗的东西都是邪恶的。现在还

有一些人信仰拜火教，但是大部分伊朗人现在都信仰伊斯兰教。

伊朗好的地方，就像有着小小卷发的小女孩，怎么看怎么好。但是不好的地方也非常可怕。在好的地方，有美丽的玫瑰花，甜美的瓜和桃子；但是伊朗的大部分都是沙漠。世界上大多数的河都是越流越宽，但是伊朗的河却是越流越窄，最后缩小直至没有了。伊朗有很多山，当山上的雪融化后流下来时，就形成了小溪，只是这些小溪还没有流出去就干涸了，所以伊朗没有入海口。

伊朗的首都是德黑兰。他们的统治者不叫国王，而是叫"沙"。很久以前，伊朗的沙也就是君王可以对他的人民做任何他想做的事。如果他愿意，就可以拿走他们的钱，甚至处死他们。但是现在已经不是这样了。在德黑兰，有世界上最有名的饰有宝石的王座，被称为"孔雀宝座"。这个王座完全是用金子做成的，后面是孔雀开屏的样式，上面有红宝石、绿宝石和蓝宝石。

所有的珠宝，像钻石、红宝石和绿宝石，都是从地下挖出来的，但是只有一种不是来自地下，而是从水中来的，从水里的牡蛎中挖出来的，那就是"珍珠"。如果一粒沙子进入了牡蛎的壳内，让牡蛎不舒服，它就会分泌某种物质将沙子包裹起来，最终就形成了珍珠。要形成一个豌豆大小的珍珠，需要一只牡蛎四五年的时间。世界上最好的珍珠产自波斯湾。那里的牡蛎不好吃，但是，为了得到里面的珍珠，人们会采集很多牡蛎。人们潜到水底，装满一篮子牡蛎之后浮到水面上，整个过程都是憋着一口气完成的。你也许只能憋住一口气三十秒，但是采珠人能憋一分钟或

打捞珍珠的人

采珠人憋气的时间是你憋气时间的两倍

者更长时间，甚至有人说有些人可以憋气一个小时，但事实上这只是在童话故事里才会发生的。有一个小孩写了一篇文章，就是关于采珠的过程："他们用衣服夹子夹住自己的鼻子，用蜡堵住耳朵，这样水就不会流进去。然后，他们把沉重的石头系在他们的脚上，从小船上跳到水里去。"每年都有很多采珠人在采珠的时候丧命，他们的血管有时候会绷破，或者被淹死，或者被一种毒鱼的鳍刺刺死。但是每年都有价值数百万的珍珠被采摘上来，用来装饰世界各地的女王或女士的脖子和手指。

第 **55** 章

地球上与美国位置正相对的国家（之一）

我们这里市中心有一个地下超市，超市上面就是街道。街道是用厚厚的玻璃铺设的，所以如果你在超市购物的话，抬起头就可以看到人行道上的人群在你的头顶来来往往。如果地球也是用玻璃制作的，你往地下看，就可以看到地球另一半的人，跟你在地下商场看人行道上面的人一样，那里的人也是倒着走路的。这个地方就是地球上与美国位置正相对的国家。这个国家在地球的另一半，形状有点像馅饼，名字叫"印度"。如果从美国出发环绕地球一周，印度就处于这一周的中间位置。你从家里出发去印度，到了之后继续按原来的方向前进，走过同样的路程之后，你就又回到家了。有一次我和一位朋友同时从美国出发，我朝西走，他朝东走，约定在印度会面。当我到达一个叫加尔各答的城市的时候，我的朋友已经在那里的港口等我了。以前加尔各答会生产一种名叫"卡利克"的平纹印花布，该布料的名字来源于其产地印度西南部的城市卡利卡特。

如果我说到"印度人"的时候，你可能会想到汤米鹰，涂着颜色的羽毛，或者在身上涂抹颜料。其实你想到的是美洲印第安人（英语里的"Indian"既表示"印度人"，也表示"印第安人"——译者注），就是在白人到美洲生活以前那里居住的人。现在美洲印第安人很少，他们是红肤色的人种。

印度人属于白肤色人种，跟大部分美国人一样，而且那里的人的数量比美国所有人的两倍还要多。哥伦布当初围绕世界航行，就是希望能够找到印度这个国家。当他的船在美洲大陆停靠时，他以为他已经到达了印度。到后来才发现其实他找到的并不是印度，而是一个新的不为人知的大陆，那里的人也不是印度人，而是红肤色的人。

印度属于亚洲，但是与亚洲的其他国家相隔离，因为印度的北部是世

来自卡利卡特的卡利克棉布

界上最高的山脉，叫做"喜马拉雅山脉"，这个山脉里的一个山峰是地球上的最高峰，即"珠穆朗玛峰"。这个山峰的英文名字"Everest"来自一位英国工程师埃佛勒斯，因为是他最早测量出了珠穆朗玛峰的高度。尽管还没有人到达过珠穆朗玛峰的最高点，但是我们很精确地知道它有多高。工程师有方法测量，他不用离开地面就能精确地说出一棵树有多高，教堂的尖塔有多高，或者一座山有多高。这座山峰有8848米高，其峰顶及两侧都常年被雪覆盖，从未融化过，或许只有等到世界末日才会融化。

很多人都曾经尝试过，希望能够爬到珠穆朗玛峰的顶峰，很多人在攀登的时候丧命，但是还没有人能够爬到最高点。因为峰顶太高，那里几乎没有空气，所以攀登的人必须得自己带着罐装氧气才可以呼吸。如果不随身带着罐装氧气就攀登珠穆朗玛峰，他们一次可能就只能爬一步，然后就必须呼吸好几次，每走几步，都必须停下来休息一会儿才能继续。有两个

英国人，爬了几个星期以后，已经爬到了之前其他人都没有爬到的高度，这里离峰顶只有几百英尺。有一个队友在他们上一次休息的时候留在了后面，他在那里看着这两个人继续向上做最后的努力攀登。但是，突然，一阵刺骨的冰雪从上面席卷而来，之后就再也没有看见这两个人。当地的人认为珠穆朗玛峰的顶上住着一位女神，她不会让任何人靠近她。如果有人想爬上这个神圣的地方，就会有不好的运气，甚至会因此丧命。

在喜马拉雅山脉的另外一端，有一个很高的山谷，那个地方非常漂亮，名字叫做"喀什米尔山谷"。一位诗人曾写道："谁没有听说过喀什米尔山谷，那个到处充满玫瑰，那个世界上最明亮的地方？"被雪覆盖的山峰，美丽的湖泊，到处都开满芳香的玫瑰花，好像这里才应该是伊甸园，而不是底格里斯河和幼发拉底河之间干涸的河堤。

如果你仔细看看亚洲的地图，你会发现与印度接壤的两个国家很奇怪。印度东边的国家与印度西边的国家名字一样，都是"巴基斯坦"。为什么这两个分开的地方会有同样的名字呢？答案就是这是巴基斯坦国家的

珠穆朗玛峰是地球上的最高峰

233

两个部分。第二次世界大战以前，这两个现在叫做巴基斯坦的地方都是印度的一部分，而那时候印度属于英国。印度的人民，与许多其他地方被英国殖民的人民一样，都希望能够成为独立的国家，最后英国同意放弃印度，让印度人来统治这个国家，这让印度人很高兴。但是这个计划还存在一个问题。大多数印度人都信仰"印度教"，但是还有很多人是伊斯兰教徒。这两个宗教的教徒关系不是特别好。印度人希望从英国独立以后印度能够保持一个大国家，但是伊斯兰教徒不想这样，因为他们知道印度的印度教徒比伊斯兰教徒多，所以如果保持一个国家，印度教的教徒会掌控大多数的控制权。伊斯兰教徒希望印度能够分成两个国家，分别由印度教徒和伊斯兰教徒来统治。这样，伊斯兰教徒就有了一个属于他们自己的国家，而不再是印度的一部分。双方因此还差一点打起仗来，但是后来同意将印度分成两个国家，伊斯兰教统治的国家叫"巴基斯坦"，印度教统治的国家继续叫"印度"。

现在伊斯兰教徒大部分都住在印度的东边和西边，印度人主要住在中间，所以巴基斯坦就成了一个拥有两个分开部分的新的国家，一个新的印度夹在这两个部分的中间。对巴基斯坦来说，这应该像住在这样的一个房子里，厨房在大街的一边，而客厅却在大街的另一边。但是他们没觉得这有什么不方便。

印度和巴基斯坦都是英联邦的成员国家。

第 56 章

地球上与美国位置正相对的国家（之二）

印度像美国一样把国家分成州进行管理。很多州都有独立的统治者，称为"王侯"。然而，很多王侯都对统治不是特别感兴趣，而是更注重炫耀和享受。他们很喜欢珠宝，比如钻石和珍珠，他们收集这些东西就跟你收集漂亮的大理石块一样，虽然他们的一颗钻石可能比你的一块宝贵的大理石块要贵一百万倍。他们的一些珠宝是世界上最大最好的。在美国，一般认为只有女人才会佩戴钻石和珍珠项链，但是印度的王侯们接见他们的国民或者在大街上游行的时候——他们喜欢到大街上游行——就会戴上很多漂亮的宝石，有些像胡桃那么大，还有饰有珍珠、红宝石、蓝宝石和绿宝石的领子。在这样的游行中，王侯会骑着一头大象，这头大象也会被盛装打扮。大象身上有一个高高的华盖，王侯就坐在华盖下面。因为大象很高，所以必须要借助梯子人才能爬上去。

在印度，大象是一种神圣的动物，尽管那里有很多野生大象，但法律不允许人们射击大象。所以人们只能猎获大象，捉住以后，驯服它们。人们发现大象以后，好几百人会把这个地方围起来，敲锣打鼓，吹响喇叭来恐吓大象。大象就会朝着远离噪音的方向逃跑，这样就跑进一个专门为它们准备的敞开的围栏。于是大象就被赶进了围栏。大象被捉住后，必须要驯服才可以。这个工作不好做，因为大象是非常危险的动物，它很容易就能把一个人踩死。然而大象一旦被驯服，可以给人们带来很多好处，就像阿拉伯的骆驼、欧洲的马或者美国的汽车、拖拉机或者机器一样。大象可

印度王侯坐在一个盛装打扮的大象身上游行

以用它的长鼻子将一根木头卷起来放在火车或轮船上，做的工作与转臂起重机差不多。

印度王侯最喜欢做的事情之一是猎取老虎。老虎是一种巨大的橘色的猫科动物，身上有黑色的斑纹，这种动物非常可怕。印度的丛林里生活着很多老虎，老虎饿了的时候，会跑到附近的村庄里，吃掉家养的动物，甚至把人吃掉。去打猎老虎的王侯必须保证他的人身安全。一般王侯会带着一些朋友，还有成百上千的仆人，一起去丛林。他们会爬上一棵树，找到一个安全的地方，搭建一个平台。然后仆人在丛林周围敲锣打鼓，用任何可以发出声的东西制造持续的嘈杂声，把老虎逼向王侯及他的朋友们所在的大树。等老虎靠近，王侯和他的朋友们就开始向老虎射击，然后他们把老虎皮带回去，放在王侯宫殿的地板上或者挂在墙壁上。

印度有一百多种不同的宗教，但是就像我前一章讲到的，大部分印度人都信仰印度教。印度教认为，人死后的灵魂会以一种动物或另外一个人的形式重新回到这个世界，这也是人们善待动物的原因之一。印度教徒认为，一个好人死后的一瞬间就会再次出生，生在一个富裕的家庭，或者以一种上等的动物再世。但如果是一个坏人，他死后就会出生在一个贫困的家庭，或者以一种低等的动物再世。当我看见我家狗的善良的眼睛，看它摇着尾巴，伸出爪子，发出"呜，呜，呜"的声音的时候，我几乎跟印度教徒一样相信，狗的身体里其实是某个人有可能是一个王侯的灵魂。

印度的西部有一个名叫"孟买"的大城市，不过孟买看起来跟欧洲的其他大城市没有什么区别，那里的建筑物看起来跟伦敦的或者纽约的都一样。

从孟买继续向北走，大约走两天，会走到一个城镇，这里有两个建筑跟世界上的其他地方完全不一样。这个城镇名叫"亚格拉"。两个建筑，一个是坟墓，一个是清真寺。坟墓是一位信仰伊斯兰教的王子为他的一个妻子建造的，这个妻子是他在四个妻子里最喜爱的。这个建筑叫做"泰姬陵"，有些人认为这是世界上最漂亮的建筑。我曾经绕了半个地球到这里来参观这个建筑，而且在特别炎热的天气里旅行了好几天，在这里害怕中暑就像害怕闪电一样。我看到泰姬陵的时候是在晚上，因为只忙于欣赏建筑，不小心掉进了一个深到膝盖的水池里。当我费劲地爬出来，从一个平台上向下走的时候却又不小心把脚踝崴了。但这也是值得的。只是对于我来说，世界上最漂亮的建筑不是泰姬陵，而是"珍珠清真寺"，也就是亚格拉的另外一个建筑。我不知道天堂的建筑是什么样子的，但是我觉得它们不会比珍珠清真寺更漂亮。

印度的东部有一条神圣的河叫"恒河"。这条河有几个河口，其

我曾经绕了半个地球来参观泰姬陵

中一个便在加尔各答。加尔各答是印度的一个城市，但是恒河大部分的河口都在巴基斯坦境内。

　　沿着恒河向上走，就来到了印度的圣城"贝拿勒斯"。前面说到只有伊斯兰教徒才可以去圣城麦加，但是任何人都可以去圣城贝拿勒斯。贝拿勒斯在恒河的两岸，河岸都是石头台阶，一直伸向恒河。全印度的印度教徒都到这里来在恒河里洗澡，不是为了洗掉身上的污垢，而是为了洗掉他们身上的罪孽。他们走到河水过腰的地方，用一个碗或者类似的容器装满恒河里的圣水，然后从头上浇下来。尤其是当他们感觉自己快要死的时候，都会到恒河里洗清罪恶。虔诚的印度教徒是不害怕死亡的。事实上，如果他们现在很贫穷而且不幸福的话，死亡对于他们反而是件高兴的事，因为如果他们的罪恶能够像他们期望的那样都被洗掉，他们死后会马上以另外一种更快乐的生物再世。

　　印度人死后不像美国人那样被掩埋，而是用篝火将尸体火化。在贝拿勒斯死去的人的尸体会在河岸上的台阶上被火化。因为很多人的尸体都在那里火化，有些人就专门在那里售卖火化用的柴火。死去的人越有钱，火化他尸体的火就越大。但是经常是死去的人太穷了，甚至都没有留下足够的钱买几根柴火。

　　印度人口非常多，所以那里的食物经常不够吃。尽管有些印度人一天只能吃几把米，但是还有成千上万的人因为没有这点米而饿死。印度王侯和一些富人看起来很胖，吃得也很好，但是穷人们却瘦得皮包骨头。印度人穿的衣服不多，所以几乎可以看到他们身体的每一根骨头。

　　从戴满数百万价值珠宝的王侯，到没有钱买柴火火化尸体的穷人，这就是"地球上与美国位置正相对的国家"。

　　印度南部有一个名叫"锡兰"（现在称为"斯里兰卡"——译者注）的岛屿，那里的男人穿短裙，头发里别着梳子。我们饮用的大部分茶叶都来自这里。锡兰岛的附近是世界上最大的采集珍珠的地方，比波斯湾的还要大。印度王侯戴的很多有名的珍珠都是在这里采摘的。我也有一颗来自这里的黑色珍珠，不管戴不戴，据说都会带来好运。不过我通常不会戴。

　　有些印度人还是很有名的魔术师，在锡兰的科伦坡，我看到了一些表演。有一个印度人把他的妻子放在一个篮子里，用围巾把篮子盖住，然后用刀子从各个方向穿刺篮子数次，把围巾去掉以后，发现他的妻子还活生生地在篮子里微笑着。我还看过魔术师把一粒种子放在花盆里，观众看着花盆的时候，种子就长成了一棵植物。他们是怎么做到的？我们只能发挥自己的想象。

第 **57** 章

白象——无用之物

印度曾经有一位王子名叫"释迦牟尼"。他非常富有，他想要什么，只要世界上有，他就可以得到，所以他的成长历程非常幸福、轻松。他年轻的时候从来没有见过穷人，所以根本不知道普通人生活中的各种疾苦，他还以为所有人都跟他一样过着幸福的日子。他长大后，有一次出去旅行，当他有生以来第一次看到生活在水深火热中的穷人和病人的时候，他非常吃惊。人们忍受痛苦的场景激发了他内心的怜悯，于是他放弃了拥有的一切，一直到死都致力于帮助那些穷人。释迦牟尼从一个地方到另一个地方，向人们宣教是非。人们开始称呼他"佛陀"，意思是"无所不知的人"，人们开始崇拜他，因此诞生了一个新的宗教——"佛教"。佛教产生的年代比耶稣诞生的年代大概要早五百年。

佛陀去世后，佛教的传教士继续到其他国家去宣讲佛教，就像基督教的传教士一样。很久以后，大多数印度人开始厌倦佛教，开始了新的信仰，很多人因此成了伊斯兰教徒，但是在印度东边的一些国家，人们始终相信佛教。

缅甸和泰国与印度相邻。伊斯兰教的教堂叫做清真寺，佛教的教堂叫宝塔。在缅甸的首都仰光，有世界上最大最漂亮的宝塔之一——缅甸仰光大金塔，这座塔看起来就像一个倒立着的巨大的冰激凌，几乎与华盛顿纪念碑一样高。缅甸仰光大金塔是用砖头垒起来的，但是外面都用实心金皮覆盖着，在太阳底下闪闪发光，非常壮丽。在宝塔的底部周围，有一些很小的单人房间，每一个小房间里都有一位佛教的偶像。在宝塔中间的下面，有一个盒子，据说盒子里有释迦牟尼的八根头发。你知道宝塔的塔尖上有什么吗？基督教的教堂顶尖有一个十字架，清真寺有一个新月，而宝塔上却是一把雨伞！雨伞上还有随风作响的小铃铛。

大部分亚洲人主要吃大米，大米似乎是他们唯一的食物。他们只是把大米煮熟了吃，不放糖，也不放奶油，他们一日三餐都吃大米。仰光是世界上主要的大米交易市场。

缅甸人和泰国人与印度人不太一样，而是更像中国人。缅甸是一个共和国，而泰国是一个王国。

缅甸仰光大金塔之行

缅甸仰光大金塔看起来就像一个倒立着的冰激凌

第二次世界大战以前，泰国的名字其实是"暹罗"；二战以后，人们把国家的名字改成"泰国"。如果一个人本来叫"琼斯"，后来改成"贝克"，有些人还是把他当做"琼斯"而继续叫他"琼斯"而不是"贝克"。所以现在还有不少人把这个国家叫做"暹罗"。

过去，暹罗的国王想让他的国民做什么都可以，这叫做"君主专制政体"。当我还是个小男孩的时候，如果有人喜欢对周围的人发号施令或者命令周围的人做这做那，我们就会说："你以为你是暹罗的国王啊？"

但是现在泰国的国王必须根据法律管理国家，不能像他的祖先那样为所欲为。

241

飞翔的天使

泰陵的舞姬

佛教徒相信死后他们的灵魂会进入动物的躯体。他们认为国王的灵魂会进入白象的身体，所以在泰国，白象是神圣的动物。然而实际上，白象并不是特别白，更确切地说应该是灰色的。过去，每发现一头白象，人们都必须呈献给国王，认为白象会给国王和整个国家带来好运。因为这些白象什么活都不用做，人们就把自己没有用处却还继续保留的东西称为"白象"，意思就是"无用的东西"。我的一位朋友有一辆破旧的已经不能行驶的汽车，他既不能把它卖掉，也没有办法送人，只能放在车库，占用了很大地方，所以他就把这辆车叫做他的"白象"。

在缅甸，普通大象的用途跟我们的汽车、卡车或拖拉机差不多，而且一头灰色大象的价钱差不多可以买一辆汽车。大象可以载人、载货物、搬运木头，甚至可以犁地。驾驭大象的人坐在大象的头上，轻拍大象的这边或者那边，告诉大象应该做什么，大象就会照做。大象的工作时间非常有秩序，它知道什么时候开始工作，什么时候需要休息。就好像大象属于某个工会，如果想要大象多工作，必须每天给它洗澡才可以，一次或者多次！

我们总说木头在水上是漂浮的，但是缅甸就有一种木头太沉了，在水里是漂浮不起来的，这种木头叫做"柚木"。缅甸人做家具的时候都使用柚木，因为如果用更柔软的木头，白蚁就会把家具一点点地吃掉。大象的一项工作便是拖拉、举起和装载沉重的柚木。曾经我也想拥有一头大象，所以我就买了一个好看的，一路带回了家。现在大象在我的书桌上，是用铜做的。

从泰国向下有一块像大象鼻子一样的半岛，这个半岛的名字叫"马来半岛"。与这个"大象鼻子"半岛相距半英里的地方，还有一个小岛，名字叫"新加坡"。过去新加坡只是一片丛林，里面潜伏着很多毒蛇和可怕的老虎。拥有这个小岛的人想把这个地方卖出去，但是没有人愿意要。然而后来，他卖给了一个叫"拉弗尔斯"的英国人，价格非常低。英国人在那里建了一座城市。你知道为什么英国人看上了这个小岛吗？因为这里是轮船到东边或西边去的另外一个水门入口，也就是岛与岛之间狭窄的水上通道，这是船只通过的唯一捷径。就像前面提到的直布罗陀海峡、苏伊士运河和亚丁海峡一样，英国也想要控制新加坡这个水门。第二次世界大战的时候，日本占领了新加坡，不是用海上的轮船，而是从新加坡旁边的陆地上进攻的。日本在二战中被打败以后，英国又重新夺回了新加坡。新加坡现在是轮船停靠最主要的港口之一，那里有一个名叫"拉弗尔斯"的大宾馆，宾馆的大厅里，可以看到来自世界各地的人。

新加坡几乎就在赤道上，赤道是平分地球的中间的那条线，这里到南极的距离与到北极的距离相等。水手们把赤道称为"这条线"。如果你是第一次通过赤道，按照那里的习俗你应该接受神父尼普顿的洗礼，尼普

神父尼普顿颁发证书

神父尼普顿递给我一个证书，并告诉我说我已经接受了正式的洗礼

顿是海神的名字。所以我当时第一次走到"这条线"的时候，就接受了洗礼。当时我刚走出甲板，有两个水手突然出现在我的两边，一个抓住我的胳膊，一个抱住我的腿，把我举起来，然后将我扔进了甲板上一个用帆布做的大池子。我当时穿着衣服而池子里都是水。当我从另一端爬上来的时候，他们用划桨在我背上敲击了一下，然后我就被带到了神父尼普顿的面前。他当时坐在一个御座上，穿着一件浴袍一样的外衣，头上戴着一个用纸板做的皇冠，手里拿着一根长柄草耙一样的东西。他递给我一个证书，好像我从大学毕业一样，他还告诉我说我已经接受了正式的洗礼，可以被接纳为所有跨越"这条线"团体的一员。

在马来半岛的附近有东印度群岛和香料群岛，这也是哥伦布一直想要到达的地方。苏门答腊岛看起来有点像胖胖的雪茄，这里种植了很多烟草，用来制造雪茄的外皮。爪哇岛是东印度群岛的一个岛屿，过去那里的咖啡非常有名。我曾非常期望能在那里喝一杯美味咖啡，但是我试了好几个地方，最后终于买到了一杯咖啡，却发现咖啡是从巴西进口的！

在爪哇岛，蝙蝠像鹰一样大，蝴蝶的两个翅膀就像你的两只手那样大。

第 58 章

温度计冻住的地方

大部分温度计的最低温度都在零下四十度，再低的温度就不能显示了，因为再冷的话，温度计里的水银就会冻住。但是世界上有几个地方的温度就是低于零下四十度的，温度计在这些地方就会被冻住不能显示。世界上最冷的地方不在北极，而是在西伯利亚。

西伯利亚是中国北面的一个地区。在西伯利亚的北部，整个冬天都见不到太阳，就像前面讲到的挪威和瑞典的冬天一样，都是黑夜。这里没有海湾暖流流经，非常的寒冷，温度一般都在零下四十度以下，所以在这里必须用一种特殊的温度计才可以测量。这里个别的地区温度可以达到零下九十度，是世界上最冷的地方。人不能像动物一样在皮肤上长出厚厚的毛为自己保暖，所以那里的人出门时，必须用动物皮毛从头到脚把自己包裹起来，否则他们很快就会被冻死。

但是，并不是西伯利亚的所有地区都这么冷。西伯利亚分为北部、中部和南部。几乎没有人住在西伯利亚的北部，因为那里实在太冷了，地下几英尺的土壤都被冻住了，树都无法生长。而这里的夏天又非常热，温度甚至可以达到零上九十度。这时候地表就会解冻，尽管地表以下的土壤仍然冻着，但仍然会有苔藓或其他植物能短暂地存活一段时间。西伯利亚的面积比美国还要大，它属于俄罗斯，但是也有其他国家的人在这里定居。

西伯利亚的中部没有这么冷，这里有大片的森林，森林里有很多野生动物，如狐狸、狼、紫貂和白貂。这些动物的皮毛很漂亮也很厚，可以保暖。捕猎手为了获得它们的皮毛而设陷阱捕捉这些动物，然后用它们的皮毛做成大衣给人们保暖。白貂这种小动物拥有雪白的皮毛，尾巴顶端有一点黑。白貂非常讨厌尘土或者任何会弄脏它们白毛的东西，它们时刻保持自身的毛雪白无瑕。正是因为这个原因，法官和国王的正式外衣都是用白貂毛做成的，以表示法官和国王都是纯洁干净的。人们还会用很多只白貂的皮毛缝在一起做一件披肩或者外套，整件衣服看起来都很白，除了貂尾巴上零星的黑毛。

世界上最长的铁路在西伯利亚的南部。因为这条路实在太长了，火车需要两个星期的时间才能从铁路的这端走到另一端。铁路的一端在太平洋岸上一个叫"符拉迪沃斯托克"（中国传统称海参崴——译者注）的地方，另一端在俄罗斯的莫斯科。这条铁路叫"西伯利亚大铁路"，意思是跨越

穿着貂皮大衣的国王

白貂这种动物与大部分小男孩不一样，它们不喜欢脏

整个西伯利亚的铁路。

西伯利亚的大部分人都住在铁路的两边，但是可能火车走了几百英里都看不见一个城镇，甚至看不见一座房子。通常情况下，西伯利亚人住的房子都离铁路比较远，所以从火车站到城镇还有很长的一段距离。拉动火车的火车头是靠燃烧木头而不是煤提供动力的，沿着铁路，有很多木头堆，火车会不断地停下来将这些木头放在车上补充燃料，就像汽车会停下来加油一样。西伯利亚主要的城市名字都是以"斯克"或者"茨克"结尾，如鄂木斯克、托木斯克和伊尔库茨克。

有一次，一个外地人在西伯利亚的某条街上问另一个人，问从那里到火车站有多远。那个人回答说："如果你朝着你现在的方向走，需要两万五千英里。但是如果你转过来的话，走两个街区就到了。"

你觉得从西伯利亚到美国有多远呢？你可能会说有多少英里，比如八千英里或者一万英里。事实上，从西伯利亚到美国大约只有五十英里。是的，就是只有五十英里，只不过不是到在美洲大陆上的美国本土，而是到美国的阿拉斯加州。在西伯利亚和阿拉斯加州之间有一条狭窄的海峡，叫"白令海峡"。如果白令海峡的水结冰冻住了，人们就可以直接从西伯利亚走到美国的阿拉斯加。在地图上还可以看到一长串小岛，看起来就像踏脚石一样，但是实际上必须得是一个巨人才能把这些小岛当踏脚石走过去。有些人说阿拉斯加州人和美国本土的印第安人及因纽特人可能很早以前就是从亚洲通过白令海峡走到那里的，他们之所以看起来像中国人，是因为他们很久以前就是中国人。

第一次世界大战以前，俄国由沙皇统治。那个时候，如果有人痛恨沙皇，或者别人认为他痛恨沙皇，或者谁说了沙皇的坏话，甚至只是想了沙皇的坏处，都会被抓到监狱，远离他们的家人和朋友，而且会被派到很远的西伯利亚去挖矿。很多人还没有到达西伯利亚就死了，大部分人都没能再回来。

第一次世界大战后，俄国发生了一次革命。俄国人起义，推翻了沙皇政府，由共产主义者建立了一个新的政权。这些共产主义者杀死了沙皇和他的家人，还有俄国大部分富裕的人。他们对这个国家进行了很多变革。他们建立学校，杀死那些拥有大片土地的人，并把他们的土地分给穷人耕种。他们建立了工厂，开设了商店，修建了铁路和航线。他们还在河流上修建了大坝，这样就可以用水发电带动工厂的机器了。

第 **59** 章
巨大的海蛇怪

很久很久以前，人们认为在中国附近的海上有一只巨大的长达一万英里的海蛇怪（一种自古代就被航海者所传说的体大、蛇状海栖动物，但是未被完全证实——译者注）。海蛇怪背上突起的地方露出水面以后看起来就像一个个小岛，当海蛇怪在它长久的睡眠中翻身的时候，这些小岛就会摇动。然而，虽然海蛇怪在睡眠中会不时地蠕动，人类还是在很久以前就搬到了海蛇怪的小岛上，在那里定居下来。现在我们知道这些岛屿只是水里古老的火山留下的痕迹，大多数火山已经燃尽，这些岛摇动的时候，就是发生了地震。现在这些岛基本上天天都会有小小的震动。我们把海蛇怪身上的这些小岛称为"日本"，那里的人就叫"日本人"。日本人称呼自己国家的名字的意思是"太阳升起的地方"。太阳当然也从其他岛上升起，但是当日本人最早来到日本的时候，这里就是太阳升起的地方（因为日本在中国的东方，所以是太阳升起的地方——译者注）。日本的国旗上就有一轮红日。

中国人和日本人都是黄种人，但是这两国人在很多地方都不一样，就像美国的白人与印度的白人也是有差异的。日本人过去都是模仿中国汉字的写法，中国的佛教，中国用筷子吃饭的方式，因为他们那时候只知道中国和中国人，不知道其他国家和人民。日本人过去也像中国人一样，不让其他国家的人进入他们的国家，就好像他们立了一个标牌，上面写着"禁止入内"。

　　不知道为什么，现在大多数人每当看到"禁止入内"的标牌时，就都想"进入"了，他们想做一些别人不让他们做的事。他们很好奇，他们想知道，想亲自看一看为什么"禁止入内"。所以，一百多年前，一位名字叫"佩里"的海军准将就去了日本，希望能够进入日本。他从美国为日本皇帝带了一船的礼物。这些礼物几乎都是日本皇帝从来没有听说过或见过的东西，他看到后非常高兴，希望可以买到更多的这样的礼物，而且希望能了解制造这些东西的国家，所以佩里海军准将就告诉他："让美国人进入到日本，我们就会卖给你们这些东西，也会从你们那里买我们没有的东西。"日本皇帝同意了，这样，日本就开启了国门开始国际贸易，日本人的眼界从此变得开阔起来。因为在此之前，他们根本不知道除了中国以外的其他国家，更不知道那里发生了什么。当他们听说铁路上的火车、电报等我们拥有的一些机器时，他们感到非常惊讶。然后日本就派了成千上万最聪明的年轻人到美国、欧洲去学习这些东西的制造方法。他们回到日本后，教给其他善于学习的日本人。很快，日本就生产出了我们拥有的所有东西，日本也因此成为了一个现代化国家。但是如果只是模仿的话，可能模仿出好的东西，也可能模仿不好的方面。日本就是这样。他们不仅模仿美国的有轨电车、电灯和汽车，还模仿了战舰、飞机、坦克和枪炮。他们建立了一支非常现代化的军队，然后往美国夏威夷岛的一些船上扔炸弹，从而引发了一场浩大的战争。日本人在战争中被打败后，他们不被允许拥有大规模的军队，也不允许建造战争中使用的机械武器，如战舰、坦克和枪炮。

　　日本人最早模仿的东西里有一样是婴儿车，只是他们用婴儿车来承载成年人。日本的马很少，而且吃得太多。所以生活在日本的一位美国水手，就为自己的妻子造了一辆大型婴儿车，用人来拉动这辆车，因为在日本养一个人比养一匹马要省钱。日本人把这种车称为"人力车"，意思就是"人拉的车"。这种车也被叫做"黄包车"，日本人好像很喜欢这种车，所以造了几千辆，直到现在，日本还在把人力车当做一种交通工具，而且不仅是日本有，在中国和其他一些东方的国家也都有这种车。拉这种车的人叫"苦力"，苦力一天不停地拉着人力车小跑，好像感觉不到累一样。如果你站在路上看人力车的背影，你看不见苦力这个人，你只能看见他的双腿，这样看起来黄包车就好像长了两条腿在跑一样。

在城市里，日本人穿的衣服与美国人一样，但是大部分人，无论男人还是女人，他们在自己家的时候会穿和服。

日本的男孩和女孩有两个非常重要的节日。女孩的节日在第三个月的第三天，也就是三月三号。这一天被叫做"女孩子节"，因为日本女孩子会在这一天把她们所有的玩偶都拿出来，摆放整齐，然后和它们玩耍。日本男孩子的节日在第五个月的第五天，即五月五号。这一天，家里有男孩儿的，会在屋子前面的杆子上挂大的纸风筝，风筝的形状是"鲤鱼"。鲤鱼在水里是逆水而行的，从水的下游向上游，这样游比顺流而下困难得多。所以鲤鱼就成了日本男孩子的模范，就是要做最难的事，而不是做最简单的事。

可能日本人在全世界所有的民族里面是最爱花的。当繁花盛开的时候，日本人会有各种节日。春天樱树、李子树和桃树开花的时候，以及秋天菊花盛开的时候，他们都有节日。日本的每一所房子里都有一个花园，不管这个花园有多小。花园就是农村的一个微小缩影，里面有微型湖泊、微型山、微型河流和微型桥，而且摆放得非常逼真，如果为这样的花园拍一张照片，看起来一定像真的山湖河流一样。日本人会种植矮乔木，比如橡树和枫树，在照片上看这些树，好像树有一百英尺那么高，有一百年那么古老，实际上，它们可能只有一英尺左右，但是也许真的有一百年那么久远。

日本学校的学生好像对知识非常"饥渴"。有一次在日本，我正在看一个商店的橱窗，里面摆放着漂亮的日本伞，这时，一个日本小男孩向我走过来，用英语问我是否可以为我免费当一天导游。

我问他："为什么你想领我到处参观呢？"

他回答道："我想练习说英语。"

我参观过日本的一所学校，有十几名小学生都给了我他们的名片，希望我回到美国后能给他们写信，并且向我承诺，如果我给他们写信，他们会用英语给我回信的。

第 60 章

有图画的明信片

我从日本回到美国后，给那些留给我名片的日本小学生寄去了有图画的明信片。我选择的那些明信片上的图画，我认为可以让他们更加了解美国的大小和重要性。有一张明信片上是华盛顿的国会大厦，另一张是尼亚加拉瀑布，还有一张是纽约的摩天大楼。这些小学生给我回信的时候，都是写在薄薄的纸上，上面会画着或者附着日本某个景色或日常风景的图片。

其中有三张图片上的景色是一样的，都是一座有着雪白山顶的漂亮的山。这座山是日本的圣山，叫"富士山"。其实它都不能算做是山，因为它本身是一座死火山，雪白的山顶是因为山上常年被积雪覆盖，人们从很远的地方就能够看见它。日本人非常喜爱这座山，他们把富士山的图片放在一切可以进行装饰的地方，比如电扇、盒子、盘子、雨伞、灯笼，还有各种屏幕等等。日本的电影明星在富士山拍的照片比在其他地方拍的都要多。

富士山日本神圣的火山

有两张图片上是一个巨大的铜佛陀像，背景是室外的小树林里。佛像非常大，仅手指上就可以坐五六个人。铜像的眼睛是用纯金做的，有一码（3英尺）多长。铜像的前额有一个大球，球是纯银的。日本人把这尊佛陀像称为"大佛"，美国人可能会把这叫做偶像。美国人会为有名的人或者圣者树立纪念碑，但是日本人就是制作佛陀雕塑，以此来提醒人们佛陀是大智大善的。佛陀的一生是所有信仰佛教以及其他宗教教徒学习的典范。

下面还有一些图片，都是日本的小学生寄给我的：

东京街头的景色

东京是日本的首都，也是日本最大的城市，在全世界也属于大城市。日本的古都名字是"京都"。东京和京都两座城市与美国的大城市不一样，这里没有摩天大楼，甚至很少有两层以上的建筑，而且大部分都是用竹子建造的。他们用竹子盖房子的原因是海蛇怪几乎每天都在摇动，日本地震频繁，高层建筑都会被震倒，所以房屋都建得比较矮。日本几乎每天都会有轻微地震，比较严重的地震也会时不时地发生。如果地震把房子震倒了，这里的人们可以很快地再建起来。地震带来的最大的灾难是大火，地震的时候，燃烧的火或者炉子可能会被摇倒，从而引发火灾，这样很多

一座佛像

佛陀雕塑是用来提醒人们佛陀是大智大善的

房屋就会被大火烧毁。

日本还有一些建筑是抗震的。这种建筑的地基是地下水泥平台，不是石头，这样，地震来了大地摇晃的时候，建筑的地基就不会被摇裂开；而是像一块躺在地上的大石头一样，虽然也会随着大地晃动，但是却不会裂开。

日本房子的一张图片

日本的房子可以做很好的篝火燃料，因为不仅整个房屋都是用木头做的，窗户还是纸糊的，地板上都放着草垫子。日本的地板是根据垫子的大小来确定的，因为这些垫子的大小都是固定的，所以房屋在建造的时候就需要设计好是放六块垫子那么大，还是十块垫子那么大等等。为了保持垫子的干净，日本人进屋以前都会把鞋脱掉，穿着袜子在屋里走来走去。他们的袜子有点像连指手套，脚趾与脚趾之间都有布隔着，他们不会在屋里垫子上穿鞋，就像我们不会穿着鞋上床睡觉一样。

日本人的屋里是没有椅子的，因为他们通常都是坐在地板上的。对于其他国家的人来说，无论在地板上坐多长时间，都会觉得不舒服，但是日本人却宁愿坐在地板上也不愿意坐在椅子上。我有一次在日本火车站，看到一些日本人蹲坐在地板上，即使在他们的旁边就有很多凳子。我不知道日本人为什么会喜欢这样，但是我也经常看到美国的小女孩蹲坐在椅子上，把双脚埋在身体下，就好像她们坐在地板上一样，可是我从来没有见到男孩子这么坐过。可能美国的女孩子有一部分就是日本人吧。日本屋子里的桌子只有几英寸那么高，其实这都不能算做饭桌，而是像我们生病时在床上吃饭用的托盘。日本人吃饭的时候，每个人都蹲坐在地板上，每个人面前放一个这样的托盘。日本的屋子里也没有床，他们睡在垫子上，用一件比较厚的和服当被子，用一块硬的木头作为枕头。

日本人像大象一样。下面有三个方面，你来猜，是哪个方面让你感觉日本人像大象。一个是日本人经常洗澡。中国人洗澡没有那么频繁，他们会认为日本人一定很脏，所以才需要经常洗澡。但是令美国人觉得奇怪的是，日本一家子人洗澡用的水都是一样的，一个洗完，另一个接着洗，而不会换水。日本人的浴盆就像锯短了的木桶，人可以坐在里面，但是没有

一道日式木门

足够大的空间让人躺在里面。木桶里的水一般很烫，是用来"打开毛孔"的，人们等它把自己烫得很热以后，就从桶里爬出来，开始擦洗自己。

两个日本人在肩膀上用一根杆子抬着一个大桶的图片

虽然我没办法看到桶里面，但我也知道里面装的是活鱼。日本人很少吃肉，因为日本本土的牛．羊、猪都很少，另外也因为很多日本人信仰佛教，虔诚的佛教徒是不吃肉的。但是他们并不认为鱼也属于肉类，因而吃很多鱼，他们很可能是世界上吃鱼最多的一个民族，比挪威人吃的鱼都多。因为日本是个岛国，每个地方都离海很近，所以每天都能有鲜鱼。小贩们用水桶装着活鱼沿街叫卖，鱼都是鲜活的。

种着水稻的水田图片

日本人主要而且几乎只吃大米，喝的饮料主要是茶，他们喝的茶既不放糖也不放奶油。在日本，有很多茶馆和茶室，里面为人们服务的女服务生叫做"艺伎"，她们除了端茶倒水，还会跳舞或者演奏一种乐器供顾客娱乐。这种乐器脖颈很长，看起来有点像班卓琴。

一封信里的图片是一个高大的木头门，叫做"牌坊"。日本随处可见牌坊，有时候只有一个，有时候几个连成一排。牌坊的意思是"鸟巢"，在日本，这是神圣的门，人们要从牌坊下面通过，才能走进一座寺庙或者神殿。

还有一封信里的照片上，是一个个大石头灯笼，这些石灯笼在日本的寺庙或者花园里都可以看到。灯笼的灯光很微弱，但是比我们平常用的灯笼更好看。日本人很注重灯笼的装饰作用，不是很在意实际作用。日本有一个节日就是灯笼节，不过那时候用的灯笼就都是我们在室外用的那种纸灯笼了。

另外一封信里的图片，是在日本最大的寺庙——"日光"寺里拍的用木头雕刻的三只猴子。一只猴子的爪子放在耳朵上，另外一只的爪子放在嘴上，还有一只的爪子放在眼睛上，意思是"不听、不说、不看邪恶的东西"。

两个胖子面对面蹲坐在一个大型建筑的中心，旁边坐着成千上万个观看的人

这两个胖子是摔跤手，摔跤是日本最流行的一项运动，就像斗牛是西班牙最流行的运动，足球是美国最流行的运动一样。有两种摔跤方式：一种是在重几百磅的胖人之间进行的，他们在观众面前摔跤，比如在棒球赛或足球赛之前为观众表演。两个摔跤手面对面地蹲坐在地上，就像两只牛蛙一样盯着对方看，而且大部分时间都是这样看着对方，都在寻找能够抓住对方的机会。在美国人看来这种摔跤其实就是"注视"和"等待"，因为一旦一方抓住了另一方，比赛就结束了。另外一种摔跤叫做"柔道"。这种摔跤主要依靠技巧，一个小个子的摔跤手可能会把一个更重更强壮的人扔出去，而且会用一种方法抓住对方的胳膊、手或者腿，用很快的动作把它们扭曲起来，以至于对方根本无法抵抗。在日本的某个学校，我就看到全校的人都两两成对，在那里练习各种各样的"投扔"方法。

摔跤在日本是一项历史悠久的运动。但是，日本人也会从其他国家模仿新的运动方式，比如他们模仿了棒球，在日本观看棒球的观众并不比在美国观看棒球的人少。

最后一封信里面有一张日本皇帝的照片。很多国家现在都不再有皇帝，而是由总统管理国家，但是在日本，虽然它在其他方面改变的速度很快，却很难改成总统制。有一个家族已经在日本统治了两千年，即使日本在第二次世界大战中战败，其他国家还是允许日本继续保留他们的君主立宪制。在二战以前，日本人都认为皇帝就像神一样神圣，现在人们虽然会很尊敬他，却不再像以前那样崇拜他了。

第 61 章

人造"山峰"

世界上的七大洲中有六个的英语名字都是以"A"开头的，比如，最大的洲亚洲的英文是"Asia"，第二大洲非洲是"Africa"。但是非洲是一个"挡道"的大洲，挡住了那些想去亚洲的人的道路。大家都想"绕"过非洲到达亚洲，都不想通过非洲去亚洲。因为有很多水手都在非洲海岸遇难了，几乎没有人能活着告诉我们非洲丛林里的野生动物和黑人到底做了什么。非洲过去被称为"黑暗大陆"，因为那时候人们对它的了解非常少，而且很少有人想去了解它。就像小孩子们害怕黑暗一样，大人们害怕黑暗大陆。在非洲的边缘，也就是地中海的海岸线上，住着一些白人。这里再往南是一个大沙漠，很少有人敢穿越这个沙漠。沙漠再往南就是野生动物和黑人居住的地方。但是在非洲的一个角落，具体说，是靠近亚洲和红海的角落里，已经有白人在那里居住了几千年，那里有强大的国王统治着，这个国家就是"埃及"。

你见过一百岁的人吗？我见过一个五千岁的人，他是一个真实的人，只不过已经干枯了。这个人曾是埃及最有权势的一个国王，他不想死去后变成尘埃，他认为那样的话，他在"上帝最后审判日"时就不能重新崛起了，所以他在死之前就下令，他的尸体要用药水浸泡后用绷带包裹起来，然后在尸体上放一座石头山，这样就不会有人触摸或者搬运他的尸体了。事实上，为了保证命令能够顺利执行，他在死之前就已经开始建造自己的坟墓了。但是人死后再发生什么事自己是无法知道的，即使他的尸体上放

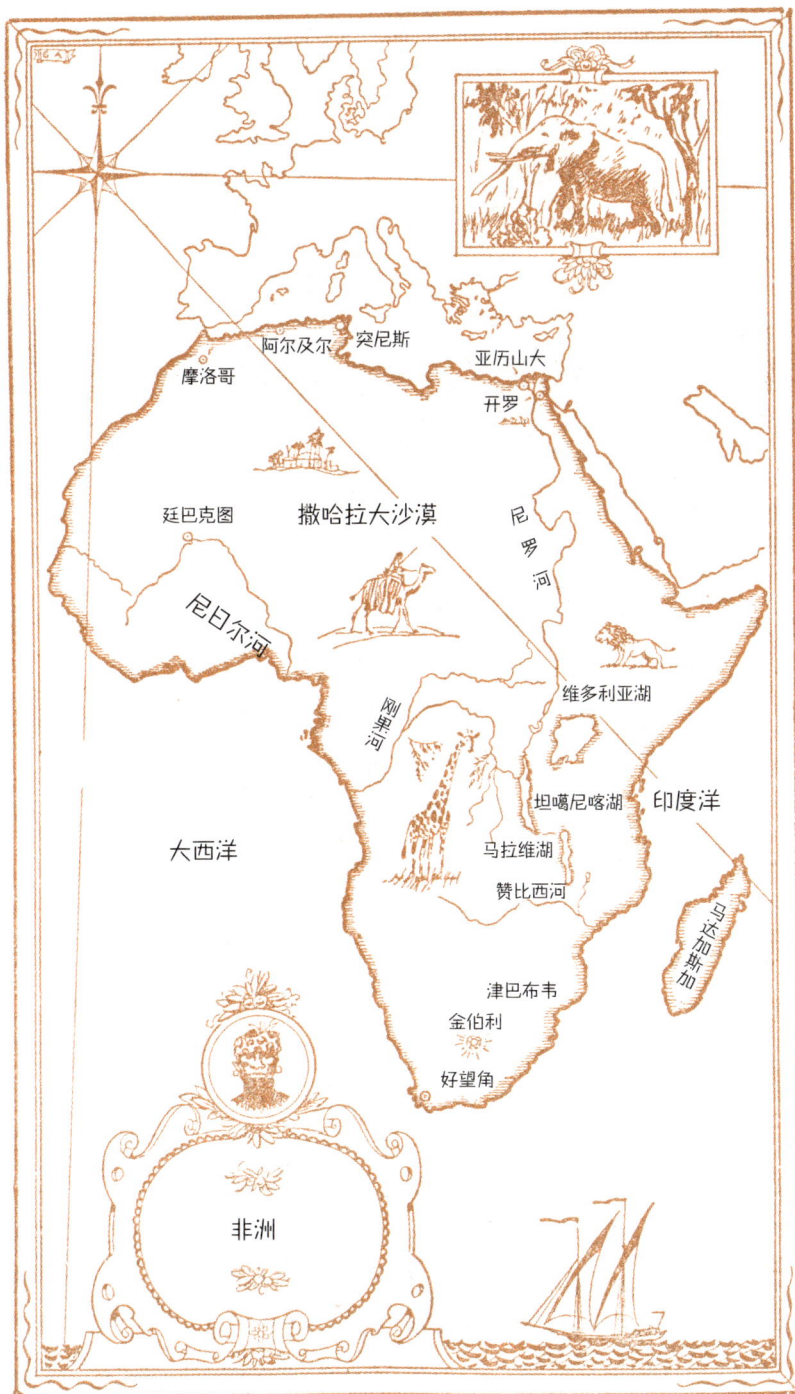

阿尔及尔
突尼斯
亚历山大
摩洛哥
开罗
廷巴克图
撒哈拉大沙漠
尼罗河
尼日尔河
维多利亚湖
刚果河
坦噶尼喀湖
印度洋
大西洋
马拉维湖
赞比西河
马达加斯加
津巴布韦
金伯利
好望角
非洲

埃及曾经的国王，现在却在博物馆供人观看。清洁工拖地板的时候还会把他挪开

了一座山。这位曾统治管理百万人的埃及国王的尸体就放在博物馆的一个柜子里，任何人都可以观看他。清洁工会用鸡毛掸子除去他脸上的灰尘，拖地板的时候还会把他挪开。这种用药水浸泡后保留的尸体叫做"木乃伊"。很多埃及国王的木乃伊现在都放在各个博物馆里。

世界七大奇迹之一就曾是这些木乃伊上面用石头堆成的山，叫做"金字塔"。这些金字塔都是在埃及国王活着的时候开始建造的，用来作为他们死后的坟墓。每一个埃及国王都希望自己的金字塔比前人的更大更漂亮。最大的金字塔属于一位名叫"基奥普斯"的国王，他死于公元前三千年左右。据说有十万人用十年的时间才把这座金字塔建好。

金字塔塔身的外壁过去都是倾斜的光滑面，后来当地的人们经常从金字塔身上拿取石头建造其他建筑，所以现在的金字塔的外壁非常粗糙不平，石头会堆成一堆，人都可以沿着石头堆爬到金字塔的顶上。基奥普斯的坟墓和大部分其他坟墓或者金字塔都是用石头填实的，只是中间有一个小房间，用来放国王的尸体以及他活着时候的一些用品。以前的埃及人以为他们死后也必须把家具和其他生活用品放在尸体旁，这样在"上帝最后审判日"，如果他们从长眠中被叫醒，还可以继续生活。基奥普斯的尸体放进金字塔的小房间后，通往这个房间的所有通道都用石头堵死了，所有的开口痕迹也都被隐藏起来，这样就不会有人找到并偷走基奥普斯的尸体了。但是尽管这样，还是有人找到了他的尸体，将他的木乃伊及留给他在另一个世界使用的东西都偷走了。如果他的灵魂还能回来，将再也找不到自己的身体了。

古埃及人崇拜童话里的神，甚至里面的动物。他们认为公牛和甲虫是神圣的，也把它们死后的躯体做成木乃伊。但是现在，90%的埃及人都信仰伊斯兰教，所以他们现在不再修建金字塔，而是建造漂亮的清真寺。

这些大的金字塔旁边有一座古埃及的"狮身人面像"（读做"斯芬克司"）。这个石像的身体是狮身，但是头是古埃及的一位国王的头。在希腊，人们认为斯芬克司是一种拥有女人头的动物。这个狮身女怪坐在路

埃及的狮身人面像和金字塔

金字塔和狮身人面像曾被称为世界七大奇迹之一

边，问每一个从路边经过的人一个谜语："什么东西早上用四只脚，中午用两只脚，晚上用三只脚走路？"如果路人回答不对问题，就会被女怪吃掉。终于有一个人找到了答案：人。因为人在他一生的早上即很小的时候是爬的，好像四只脚在走路；然后长大一些就直立起来用两只脚走路；最后年龄大了，需要用拐杖，就成了三只脚走路。希腊的斯芬克司是一个雌性动物，但是在埃及却是雄性的，它有一个男人的头，不会问路人谜语，他被当做太阳神。

狮身人面像和金字塔都位于埃及唯一的一条大河的一侧，这条河叫

做"尼罗河"。你有没有听说过"鳄鱼的眼泪"？这种鳄鱼看起来与美洲的鳄鱼一样，它们生活在尼罗河。人们过去都说鳄鱼会捉住埃及的小男孩吃，而在鳄鱼吃小孩的时候，会哭泣流眼泪，好像很伤心的样子，这就是为什么如果你不是真的伤心哭泣，人们就会说你在流"鳄鱼的眼泪"，也就是假哭。尼罗河流入地中海之前会分成几条支流，支流与支流之间的土地被称为"三角洲"，因为这样的地方看起来很像希腊的一个字母D，形状类似三角形。你可以看出来，很早以前的人也会用普通事物的名字来命名与之形状差不多的地方。

埃及北部几乎不下雨，但是埃及南部的夏季雨量非常大。每年这个时候，尼罗河水就会溢出河岸，淹没两岸的村庄，留下大量的泥土。这种泥土营养丰富，非常适合种植小麦和一种优良的棉花。过去，尼罗河一年只会泛滥一次，其他时间里土地都是干燥的，人们必须走到河岸下面去取水。但是现在那里修建了一个大型的水坝，在尼罗河上游的一个叫阿斯旺的地方。大坝能够阻止水的流通，把水蓄积起来形成一个很深的湖泊，所以现在尼罗河不会一下子就把埃及地势较低的地方淹没了；而是在需要的时候，通过控制大坝底部的闸门适量放水，满足当地人对水的需求。埃及最漂亮的古庙宇之一就在阿斯旺大坝附近，但是由于没办法将庙宇搬走，所以这座庙现在几乎都被水淹没了。

曾经有一个名叫艾莱柯的小男孩，他生活在两千年前，后来成为希腊的一位伟大的皇帝，被称为"亚历山大大帝"。他在尼罗河流入大海的地方建了一座城市，用他自己的名字"亚历山大"命名了这座城市。亚历山大大帝已经去世两千多年了，但是亚历山大市依然存在，而且是埃及一个主要的港口城市。

在三角洲开始的地方，亚历山大沿河的上游，有一座名叫"开罗"的城市。开罗是埃及最大的城市，也是非洲最大的城市。即使你是坐在飞机上飞过开罗，也可以看出这座城市的大部分人都不是基督教徒，而是伊斯兰教徒。你知道是怎么看出来的吗？在一个信仰基督教的城市，你会看到很多基督教教堂的尖顶。但是在开罗，你看到的都是像盘子一样的圆屋顶和像蜡烛一样的尖塔。世界上最漂亮的清真寺，有一些就在开罗。

第 62 章

橡胶和沙漠之国

从直布罗陀到摩洛哥只相距几英里的海峡。摩洛哥是摩尔人生活的国家。虽然这两个地方距离只有几英里，但是在很多方面却相差十万八千里。直布罗陀的每一个人都信仰基督教，他们穿的衣服和我们一样，讲英语。一天早饭后，我登上直布罗陀的一只小船。中午的时候，我已经跨越了海峡到达了摩洛哥。摩洛哥人都信仰伊斯兰教，他们穿着像床单一样的长袍，讲阿拉伯语。当时我感觉自己好像走进了马戏团的穿插表演。

一位朋友之前告诉我，到了摩洛哥可以找一位名叫"穆罕默德"的导游，而且说他很可能就在码头上。当我乘坐的小船靠岸时，码头上挤满了穿着白色长袍的摩尔人。我跳到岸上时，对着人们喊："穆罕默德！这里有没有一位叫穆罕默德的导游？"

我话音刚落，就发现好像码头上所有的人都朝我挤了过来，他们挥着胳膊大声说："我就是穆罕默德。"我的朋友没有告诉我，伊斯兰教徒喜欢用他们的先驱穆罕默德的名字来命名他们的孩子，所以在摩洛哥，穆罕默德这个名字就像纽约的约翰一样普通。

我看所有的摩尔人都很像海盗或强盗，所以我就没有要任何导游，而是自己沿着狭窄的街道游走在摩洛哥，被很多看起来很悲伤的人挤来挤去，我甚至还和我本想尽力避开的麻风病患者相撞。走在摩洛哥，很难把他们与哥伦布时代之前曾统治西班牙的摩尔人联系起来。那时的摩尔人在格拉纳达建造了美丽的爱尔罕布拉宫。

我本来打算去摩洛哥一个名叫"非斯"的城市。但是因为那里没有铁路，我只好选用驴子作为交通工具，还需要找一位导游和几名仆人。所以我就找到美国在摩洛哥的领事求助，希望他们能帮我找到我需要的工具、导游和仆人。领事是由政府委派居住在外国，代表其国家政府的商业利益并帮助那里的本国公民的一种官员。

"你不能去非斯，"他告诉我，"美国政府不会让你去那里的。因为那里有一个阿拉伯的强盗，他专门等着捉任何一个去非斯的美国人。"

"如果我不带钱，他抢不到钱就没事了吧？"我说。

"他不是想要你的钱，"他回答道。"他想要的是你。捉到你以后，他会给美国政府写一封信，说他捉到了你，如果美国政府不给他很大一笔钱赎回你的话，他就会将你杀死。你不值那么多钱，但是美国必须照看好美国的每一位公民，所以你不能去非斯。"这就是我为什么没有到非斯去的原因。我知道唯一的一个与非斯有关的东西就是一顶红色的小帽子，看起来像倒过来的一个花盆，这是土耳其人过去经常戴的帽子，叫"土耳其

一个阿拉伯强盗

毡帽"。

你有没有听过一首名叫《家乡，可爱的家乡》的歌？这首歌是一位想念家乡的美国领事写的，他当时在突尼斯做领事。突尼斯是地中海岸上另一个过去人人皆海盗的国家。这位领事写出这样的歌，我并不奇怪。

每一个大陆上都有沙漠，有些沙漠很大，有些很小。世界上最大的沙漠在非洲，就在摩洛哥、突尼斯等国的南边。这个沙漠叫"撒哈拉沙漠"，它的面积比美国的领土还要大。撒哈拉沙漠从非洲的一边一直绵延到另一边，紧挨着埃及。撒哈拉沙漠不像海岸附近的那些沙漠，而是有些地方有很多山，有些地方就是干燥的沙土，然后几乎什么都不长。当然，在撒哈拉沙漠的某些地方还是有水的，然后有海枣树，还有少数的人在那里居住。这种地方叫"绿洲"。有些绿洲有数英里宽，数英里长，人们骑着骆驼从一个绿洲到另一个绿洲。因为没有路可以走，没有指示牌可以标明地理位置，所以行人必须像在大海上航行一样依靠指南针或者星星来确定方向。就像大海在时刻运动一样，沙漠也时不时地在动。强而有力的风将一堆沙吹到这里形成一个小沙山，吹到那里形成一个小沙谷，然后再把沙山变成沙谷，把沙谷变成沙山。如果风力特别强，持续时间又特别长的话，沙尘暴就会变得非常恐怖。这也是常有的事。那些在沙漠中遇到沙尘暴的人可能会被沙子完全埋起来，就像遭遇冰雹一样，不同的是，冰雹可以融化，沙子却不会。多年以后，风将淹没的沙子吹走，已经干枯的人骨可能会显露出来，路过这里的人就能看到它们了。

第 **63** 章

害怕黑暗

骑骆驼从撒哈拉沙漠的南端走到北端，差不多需要两个月的时间。要想走过这段距离只有两种方式，要么骑骆驼，要么坐飞机，因为那里没有铁路，没有公路，没有任何类型的路。撒哈拉沙漠的南端有一个地方叫做"延巴克图"。当人们想要描述一段很长的距离的时候，经常说那里长的像"从卡拉马祖到延巴克图"一样。卡拉马祖在美国密歇根州，延巴克图在非洲。向北走通过撒哈拉沙漠到地中海那些国家的骆驼旅行队就是从延巴克图出发的，这里也是从那些国家出发的骆驼旅行队的终点站。

撒哈拉沙漠没有雨，但是撒哈拉沙漠以南是非洲的一个叫"苏丹"的国家，苏丹的雨很多，这个国家名字的意思是"黑色民族之国"。

当我还是个小男孩的时候，我们经常说白人是上帝在白天造的人，黑人是上帝在晚上造的人。也有些人认为黑人只是白人被晒黑的，因为他们生活的地方太热了，晒黑的皮肤无法再变白。

苏丹有一条大河叫做"尼日尔河"，这条河与非洲的另一条大河尼罗河一样，为其流经的土地提供了丰富的养料。尼日尔河里的水最后都注入到几内亚湾。人们很容易将"几内亚湾"这个名字与南美洲的圭亚那地区混淆（"几内亚湾"的英文名字是Gulf of Guinea，"圭亚那"是Guiana——译者注）。在几内亚湾的边上有一些小国家，这些国家里面只有一个属于非洲，其他的都在欧洲。

这个属于非洲的国家在几内亚湾的一个角落里，名字叫做"利比亚"。这个国家就像微型的美国。事实上，这个国家就是模仿美国建造起来的。但是这里的总统及其他所有人都是黑人。这个国家的来历是这样的：

美国刚成立的时候，那里的白人想要一些人帮他们耕地或者做一些其他工作，所以海盗们就从非洲的海岸边上抓了很多黑人，把他们带到美国，然后当做奴隶卖给美国人，就像地中海岸的海盗把一些轮船上的白人捉到后当奴隶使唤一样。现在美国所有的黑人都是这些最初从非洲带来的黑人奴隶的后代。后来有些美国人认为，这些祖先从非洲捉来的可怜的黑人奴隶应该被送回到属于他们自己的地方。所以当门罗是美国总统的时候，美国的一些黑人就获得了自由，那些想"回家"的人通过一艘轮船回到了非洲。家总归是家，即使家只是一个丛林。这些人就在这个丛林里建立了一个名叫"利比亚"的小国家，"利比亚"的意思是"自由的国度"。他们把利比亚的首都以门罗总统的名字命名为"蒙罗维亚"，而且一些村庄的名字就是美国的一些大城市的名字。比如他们有两个村庄分别叫做"纽约"和"费城"，尽管那里只有几百个人。这些黑人奴隶没有忘记他们曾被奴役的国家，反而是模仿那里的生活。

从非洲再往南走，就到了赤道。这里是地球南极与北极的中间线，非洲的第二大长河"刚果河"就流经这里。在非洲的这一地区，气温非常高，一年中的每一个月都有雨，植物在这里生长得十分茂盛。这里的草有房屋那么高，植物的藤蔓、树以及其他植物也都长得很茂密，以至于人都很难从中间穿过。这个地方很像赤道的另一边，即南美洲的热带雨林。

一百年前，人们对于非洲的这个地方了解得很少或者一点都不了解。对于白种人来说，这里不适宜居住，而且到处都充满危险。很多黑人当时都被说成是杀死并吃掉白人的食人者。那里的沼泽地和丛林会让白种人发烧，而且那里当时有一种名叫"采采蝇"的小苍蝇，会传播昏睡病，让昏睡的人永远醒不过来。除了这些恐怖的事情，非洲还有凶残的野生动物，即使来到这里的人逃过了上面的种种危险，也很难逃脱这些凶猛的动物。

后来，有一位出生在苏格兰的小男孩，名字叫"戴维·利文斯通"，他在十岁之前过的生活跟你我那个时候的生活一样。但是他在十岁的时候，离开了学校，到一个纺织厂干活。他每天从早上六点一直到晚上八点都在纺织厂，这样算下来，他一天要工作十四个小时，而且他当时只有十岁。一星期的七天，他都是这样工作，但是晚上回到家以后，他也没有休息。每天晚饭后，他都要学习，经常趴在书上就睡着了。利文斯通关于人生的一个理想就是要做一个对世界有用的人，要帮助那些有病的痛苦的人。所以他每天晚上都在自学医学方面的书，希望能成为一名医生。他本来决定去中国，因为他认为中国人比其他地方的人都需要帮助。他当时还想着要劝服中国人信仰基督教，所以他除了想做一名医生，还希望能成为一名传教士。但是他根本就没有去中国，而是被派到了非洲。

每个人在他去非洲之前都认为他去了那里就会死，或者被那种致命的采采蝇叮咬然后得昏睡病死去，或者喝那里的某种水而发热致死，或者会被野生动物吃掉。但是他说："如果我要死，怎么死都没有关系，反正总有一天我会死的，但是我想在死之前能做一些有用的事。"所以他就去了非洲。

三十年过去了，尽管他中间回过几次家，但是每次又会返回非洲，最后，苏格兰人与他失去了联系，利文斯通失踪了。家乡的人开始放弃寻找他，认为他已经死了，但是美国的一些人却认为他可能仍然活着，所以他们派了一位叫"斯坦利"的新闻记者去寻找利文斯通。他们认为如果有人能够找到他的话，那么最佳人选就是记者。斯坦利在非洲的西海岸登陆，通过手势和比划问当地的黑人有没有见过一个白人。绝大多数的黑人都说"没有"，毕竟已经过去三十年了，大部分人都不记得了，而且那时候活着的人大部分都已经死去了。但是有些黑人说他们听自己的父辈讲过从那里走过一个白人，那个白人后来朝东走了。所以斯坦利就不停地向东走。很长一段时间以后，他来到了一个很长很长的湖，这个湖的名字叫"坦噶尼喀湖"。当他来到这里的时候，一个年老的白人过来迎接他。斯坦利说："你是不是就是利文斯通医生？"就好像他在火车站跟他要接的从来没有见过的一个人打招呼一样。这位年长的白人正是利文斯通，斯坦利试图说服他跟自己回去，离开非洲。

但是利文斯通说："不，我的工作在这里，我要教这些黑人信仰上帝，还要治疗他们身上的各种疾病。我活着的时候是不会回去的。当我死

斯坦利与利文斯通的会面

人们认为利文斯通已经死了

了，我希望我的尸体能被运回英国，埋在自己的国家。"所以斯坦利只好一个人回去了。

两年以后，利文斯通去世了，当时在他身边的只有黑人没有一个白人。他当时正跪在地上祈祷，后来他的仆人——一个黑人小孩，发现他已经死了。所有的黑人都非常热爱利文斯通，而且知道他希望自己死后能埋在英国，所以他们用自己的防腐方法处理了利文斯通的尸体，然后用肩膀搬运了八百英里，才把他的尸体运到了海岸，这过程用了两个月的时间。他们在海岸示意一艘通过的轮船，请求这艘船将利文斯通的尸体运回到英国。他的尸体最后埋在了威斯敏斯特教堂，只有英国的名人才能埋在这里。

黑人如此热爱利文斯通，以至于他告诉他们做什么，他们就做什么。他的名字在非洲就是一个充满魔力的名字。他让很多黑人成为基督教徒，而且让他们不再吃人。

曾经有一个阿拉伯头领，他的名字很滑稽，叫"蒂波·蒂伯"。像捕捉野生动物一样，他过去经常捉住黑人，把他们用链子锁起来，然后运到其他国家当奴隶卖掉。利文斯通和黑人一年又一年地和这个人斗争，最后终于阻止了他继续贩卖黑人。这是利文斯通做的非常伟大的事情之一。

他做的另一件伟大的事就是画出了非洲一些地方的地图，其他人都不知道这些地方。他发现了世界上最大的瀑布，这个瀑布比美国的尼亚加拉瀑布要高两倍，宽两倍。人们距离这些瀑布二十英里时都能听见它们的声音。当利文斯通还没有见到这个瀑布的时候，就已经听见了声音，他问当地人这些声音是从哪里来的。他们告诉他声音来自"会发声的雾"。利文斯通找到这个瀑布之后把它们以英国当时的维多利亚女王的名字命名为"维多利亚瀑布"。维多利亚瀑布在赞比西河上。在维多利亚瀑布很远的北方，有一条"维多利亚湖"。维多利亚湖是尼罗河的发源地。古埃及人可能在公元前三四千年就已经知道了尼罗河，但是没有人知道尼罗河的来源。他们当时可能以为尼罗河来自天堂。

第 64 章

动物园之国

你有没有去过动物园或者看过马戏团的表演？如果动物园里的动物都没有笼子，让你跟它们住在一起你觉得怎么样？在非洲赤道两边的国家，那里的人们的生活环境就是这样的。那里的绝大多数动物都是危险的，只有很少一些对人类没有威胁。

狮子是一只巨大的猫科动物，是世界上最凶猛的野猫。狮子在所有动物里是最可怕的，即使狮子被关在笼子里，它的吼声也足以让人吓个半死。难怪其他所有的动物都害怕狮子。它却无所畏惧，被称为动物之王。其他动物都必须时刻警惕周围是否有准备攻击自己的动物，但是狮子就可以躺下安心睡觉。

我父亲曾经告诉我，如果想活捉一只鸟，只需要在鸟的尾巴上放一点盐就可以。但是用这种方法是捉不到狮子的，其实用这种方法也捉不到鸟。如果猎人想要为动物园或者马戏团活捉一只狮子，他必须设立陷阱才可以。陷阱就是在地上挖一个大坑，上面用树枝盖住。狮子不小心掉进陷阱后，猎人就用一个很结实的网将其捉住。但是，如果猎人想要杀死狮子的话，他就会躲在一个水坑旁边，等狮子过来喝水的时候将其杀死；有时候猎人也会先杀死一些无害的动物，将这些动物放在狮子经过的路上，就像钓鱼的时候用蚯蚓做诱饵一样。这些作为诱饵的动物有一种叫斑马，是一种看起来很可怜无辜的小型马，身上布满斑纹。斑马的斑纹是大自然赐予的，看起来像高大的草在地上留下的影子，这样就不容易被发现，可以

保护自己。其他寻找食物的动物也会到放诱饵的这条路来，但是它们要么被诱饵吓跑，要么被猎人打死。首先来的动物一般是土狼。土狼有一种特殊的尖叫声，听起来很像人的笑声，但是土狼在生气的时候才会"笑"，而不像我们是在高兴的时候发出笑声。土狼很胆小，不敢与活着的动物厮

杀，所以它们就一直等着吃死动物，它们是丛林里最胆小的动物。

在丛林里，任何一种动物，要么与其他动物相斗争，要么逃跑，不然就会被杀死。这里没有警察保护它们。

奇怪的是，丛林里最勇敢的动物不是狮子，因为狮子谁都不怕，根本不能说勇敢，最勇敢的动物是猴子。

狮子在丛林里大吼的时候，其他动物都会忙着逃离，而最后逃跑的就是猴子。如果猎人躲在水潭附近等待狮子，当他看到土狼的时候，就知道狮子还离得很远，因为土狼是最先逃跑的；最后猎人等其他动物都匆匆跑过去之后，看到了猴子，猎人就知道狮子就在后面不远处了。如果可以的话，猎人是不会向猴子射击的，因为猴子看起来很像小孩子，身体被弄疼的时候，会像小孩子一样哭；如果被枪击中，会用双手抠子弹。猎人一般是不忍心看到这些的。

有一些动物是不吃肉的，它们只吃生长的植物。比如拥有长脖子和长长的腿的长颈鹿就不吃肉。它只吃它的长脖子能够触及到的东西，比如树上的小树枝和树叶。长颈鹿想喝水或者吃地面上的东西时，必须将双腿展开成"A"字形，然后才能够着水或其他地面上的食物。

几乎每一种动物都会发出某种声音，这些声音可能就是它们的语言，比如狗汪汪叫，母鸡咯咯叫，羊咩咩叫，马嘶叫，青蛙呱呱叫，鸭子嘎嘎叫，狮子吼叫，猪咕噜叫，猫喵喵叫，小鸟唱歌等等。但是据说长颈鹿是丛林里唯一的一种不会发出任何声音的动物。

在丛林的河流里，生活着一种巨大而肥胖的动物，名字叫"河马"，意思是河里的马，但是实际上河马更像一只巨大而肥胖的猪。跟猪一样，河马也喜欢在泥水里打滚。河马在水里躺下睡觉的时候，水面上只露出它的背，看起来就像一部分水上一部分水下的大山或潜水艇。曾经有一位魔术师把将铅变成金子的魔术秘密出售了，我现在可以免费告诉你这个秘密。是这样的，"将铅放入火上的一个罐子里，然后搅拌半个小时，而在这半个小时期间，你不能想河马这个词。"如果你能做到这一点，你就可以把铅变成金子。你觉得你能做到吗？你不知道这么做是多么困难的一件事。这也是你想记住地理上一些很难的词的方法，那就是：尝试半个小时都不去想这个词。

另外一种体积庞大笨重的动物是犀牛。如果参加任何一个选丑大赛，犀牛一定能够获奖。犀牛的腿非常短，鼻子上有一到两个角，它的皮非常厚，猎人只有射它的肚子才可能将它击中，其他的地方根本打不穿。但是犀牛的肚子很难射到，因为它的腿很短，肚子几乎贴在地面上。如果有一个人无论我们说什么都不会影响他或打扰他，我们就说他有犀牛一样的"厚"脸皮。我有一根特殊的棍子，我会经常让人猜它是用什么做的。人们一般回答是"牛角"或者"硬橡胶"，因为这根棍子可以弯曲。但是实际上，这根棍子是用犀牛皮做的。犀牛的眼睛很小，视力非常差，几乎什么都看不见。它需要配一副眼镜。犀牛没有戴眼镜，而是有一种动物在帮它看。这种动物是一种鸟，叫"犀牛鸟"，它们站在犀牛的背上，替犀牛看路望风，周围一旦有危险，就会向犀牛发出警告。

非洲的大象比印度的大象体积还要大。在印度，人们捕捉大象是为了让大象活着；在非洲，人们捕捉大象是为了杀死它。在印度，人们捕捉大象是为了驯服大象，让它为人们干活；在非洲，人们捕捉大象是为了获得它的长牙。大象的牙有的长达10英尺。假想一下，你自己有两个那么长的门牙会是什么感觉。

然而，现在象牙生意不像以前那么好做了，这样大象的处境也不像以前那么糟糕了，因为人们已经学会用棉花和其他材料做成一种象牙质材料。这种材料取代了象牙，而且可以做成更多的形式，这种材料叫"塑料"。塑料比象牙便宜得多，而且在很多场合，比象牙好很多。象牙制品会随着时间流逝变黄，还容易破裂，但是塑料就不会。

其实非洲最奇怪的动物还是人，非洲的黑人。在我们看来，黑人对于美的概念非常好笑。当然，在他们看来，我们对于美的概念也非常滑稽。在黑人眼里，白皮肤意味着苍白、不健康和病态。黑人的肤色看起来像煤炭一样。美国的女性会在耳垂上戴耳环，而黑人女性却在鼻子上戴鼻环，她们认为这样更好看。有一些猎人会带一盒安全别针，黑人就会向猎人要一些，拿到以后就别在自己的鼻子上。耳环对于他们来说不够大，他们会在耳朵上、嘴唇上打洞，而这些洞慢慢地逐渐变大，足以将他们的手整个从洞里穿过，然后他们将一些木头或者类似的东西放在这些洞里。美国的女性会把头发扎成马尾辫，而黑人女性则将她们的头发梳成顶髻。

过去，有一些白人在非洲设立电话线，但是他们刚设立好，电话线就会被当地的黑人偷走了，用来做手镯，他们会用电话线将他们的胳膊和腿全部一圈圈包裹起来。他们认为这样可以显示他们有多么时髦，多么聪明，多么富有。

你可能听说过这样一个小男孩，他实在太悲伤了，就跑到花园里去吃虫子。其实在非洲的某些地方，有些人的确吃蚂蚁和蚱蜢。他们会生吃这些动物，也会烤熟了吃，但是他们吃虫子不是因为悲伤，而是因为高兴。还有一样东西是黑人和白人都喜欢吃的，那就是西瓜。美国的西瓜最早来自非洲。

黑人最喜欢的音乐就是他们自己拍打手鼓产生的声音。他们用手掌或者拳头敲击手鼓，可以连续敲击几个小时不停歇，这种音乐让他们深深着迷。手鼓击打出的声音可以传出数英里，他们把这种声音当做信息传达给邻村的居民。

一个非洲土著

他认为自己这样打扮很时髦

275

第 65 章

彩虹的尽头

金子!

过去人们常说在彩虹的尽头有一桶金子,尽管从来没有人找到过这桶金子,但是还是会有很多人放弃他们的工作,远离家人和家庭,到世界的尽头去寻找金子,希望能找到一夜暴富的捷径,因为全世界都把金子当做钱。只有小数额的硬币不是用金子做的,因为这样金子就必须很小,而且很容易丢失。

彩虹的尽头

据说彩虹的尽头有一桶金子

世界上最大的金矿在南非，世界上一半以上的黄金都来自一个名叫"约翰内斯堡"的城市的旁边。

黄金被称为"金属之王"，因为尽管白金可能更贵重，但是黄金可以用来做钱币、装饰物以及其他东西。而且大部分人都认为黄金比白金更漂亮。纯金是24克拉，但是因为纯金太软，很容易磨损，所以一般会将黄金与其他金属混合起来，这样就会更坚固。最好的戒指和珠宝都是用18克拉的金子做成的，也就是有十八份纯金和六份其他金属合制而成的。仔细看一下金戒指或金表，试一试能不能找到18K或24K的字样。

有时候可以在石块里面发现金子，人们称之为"天然金块"，但是通常金子都是与石头混合在一起的，从外表根本看不出来。第二种情况下，必须把石头磨成粉末，然后再把金子从粉末中分离出来。

几乎每一个家庭都最少有一样东西来自南非，那是一个很小却很贵重的东西。你能猜出来是什么吗？是你妈妈戒指上的钻石。世界上几乎所有的钻石，都来自南非一个叫"金伯利"的地方。钻石是在一种蓝色的粘土里发现的，这种粘土一般是在火山爆发时形成的。

过去，绝大多数的钻石都会被运到荷兰的阿姆斯特丹港口，在那里进行切割和打磨。之所以运到阿姆斯特丹而不是其他地方的原因在于，南非的钻石矿最早是由居住在南非的荷兰人发现的。但是现在，很多钻石都直接在金伯利进行切割，一切都加工完后再运到其他国家直接出售。

其实钻石与煤炭的最根本的物质是一样的，都是碳元素，如果把钻石放在火里烧，钻石就会变成煤炭。所以人们有时候就把煤炭称为"黑色钻石"。在光下看钻石，看起来可能是纯白色，或者白色里有一点蓝色或者黄色。纯白色的钻石最贵重。

人们发现的最大的钻石，大约有我的拳头这么大。这颗钻石被称为"库利南钻石"。因为这颗钻石太大了，而且相当值钱，不能用它做一件单独的珠宝饰物，所以就被切割成了两部分，每一部分再分别进行切割和打磨。目前发现的第二大钻石名字叫"大莫卧儿钻石"，但是这颗钻石被偷走了。当然，偷走这颗钻石的小偷不能将这么大一颗钻石卖掉，因为世界上只有这一颗这么大的钻石，如果他想卖掉，那么其他人就会知道他是偷钻石的小偷。这有点像偷《蒙娜丽莎的微笑》那幅画一样。但是从那以后，大莫卧儿钻石却再也没有出现过，所以小偷应该已经把这颗钻石切成一些更小的钻石，然后把这些小块钻石出售了。

拥有钻石矿的老板都采取非常谨慎的措施，防止开采钻石的黑人偷走他们发现的钻石。这些钻石矿被高高的围墙围起来，有非常严密的护卫，开采工人晚上是不允许回家睡觉的，而必须在围墙里生活三到四个月。当他们离开时，看守们会把他们的衣服脱掉检查全身，包括头发、耳朵和嘴巴，以确保他们没有藏匿钻石，因为即使是很小的一颗钻石，对于任何一个黑人来说，都是很大的一笔财富。因为金伯利的钻石非常多，如果他们把那里的钻石都卖掉的话，钻石将变成一种非常普通的饰品，价格自然就会便宜很多。因此，钻石矿老板为了保持钻石比较高的价格，他们会把价值几百万美元的钻石锁起来，只是在人们愿意付高价的时候才会出售。

有一个名叫塞西尔·罗得斯的英国人，为了休养身体去了南非。当钻石被发现并能卖很高的价钱的时候，他正好还在南非，所以他不仅在南非找回了健康，还找到了财富。南非有一个地方就是以他的名字命名的，叫"罗得西亚"。罗得斯去世的时候，留下了一大笔钱，其中一部分钱被用来资助从美国及其他国家选出来的最优秀的男孩到英国牛津大学读书。这些被选送的男孩被称为"获得罗氏奖学金的研究者"。

塞西尔·罗得斯希望从非洲的北端建立一条铁路，通往非洲的南端，也就是从埃及的开罗，一直通往非洲南部顶端的开普敦。罗得斯去世以后，这条铁路的大部分已经修好，被称为"开罗到开普敦纵贯非洲铁路线"。但是这条铁路线还没有完全修好，还有一部分工作需要继续进行。罗得斯没有要求死后将遗体运回英国，这在非洲的英国人中是极少见的。他在非洲的一个山顶上选了一个地方用来埋葬自己，因为这个地方非常高，所以被称为"世界之窗"。

南非的首都叫"比勒陀利亚"，听起来有点像英国的城市。南非最主要的城市是开普敦，开普敦也很像一座英国城市。而就在一百多年前，这两座城市还都是只有黑人居住的丛林。

如果你有集邮的爱好，你可能听说过一张很有名的邮票，名字叫"一个毛里求斯人"，有位搜集者花了两万美元买这张邮票。这些钱足以买一座非常豪华的房屋以及其他很多东西，但是这个人用这些钱买了这张邮票，能做的也只是将其放入集邮册。那么他为什么愿意花这么多钱来买这张邮票呢？只是为了向人们展示一些只有他有而其他人都没有的东西。毛里求斯是非洲东海岸的一个小岛，非洲附近还有一些其他岛屿，其中最大的一个是马达加斯加岛。毛里求斯岛是比较小的岛屿中的一个，桑给巴尔岛是另一个比较小的岛屿。你搜集的邮票里面如果没有这些岛屿的照片，在其他邮票里也可以找到它们的图片。你妈妈调味烤苹果、泡菜和做火腿时用的丁香就来自桑给巴尔岛。丁香看起来像燃烧后的火柴头，我想你可能猜不出来丁香到底是什么。其实，丁香是长在丁香树上的微小的花朵！

第 66 章

财富之国

你有没有非常想家的时候？如果你没有过这种感觉，那是因为你从来没有离开家很长时间，或者是你根本没有家。假设你住在地球的另一边，远离你的爸爸妈妈、你的兄弟姐妹、你的朋友，而且只能每五年或者十年回家一次，或者根本就回不了家，你还会不想念吗？可能在世界上所有的民族里，英国人是最爱家最想念家的人。但即使是这样，英国人还是会远离家乡，定居到遥远的地方。

地球上有一个非常大的岛，这个岛实在太大了，通常被称为"大陆"。因为这个岛距离英国非常远，需要五六个月，也就是约半年的时间能从英国到达这里。即使现在，如果乘船的话，也需要一个月或者更长的时间。过去，只有野蛮的黑人居住在这个岛上，但是后来英国人去了那里，在那里建造了城市，而且现在英国也统治这个岛。这个岛叫做"澳大利亚"，意思是"南方的国家"，因为澳大利亚在非常远的南方，比赤道还要往南。所以当美国是冬天的时候，澳大利亚却是夏天；当美国是白天的时候，澳大利亚却是黑夜。因为这个岛离英国很远，英国人曾经认为把犯人运到这里最好，这样就可以摆脱这些罪犯了。他们到了这里就没有办法离开，这样就不会伤害其他人。过去很多罪犯都被押送到澳大利亚，而且几乎没有人能够活着回去。有些人因为过度想家而死去，因为罪犯也是人，也会想念家乡。

但是，英国人把罪犯送到这里不久就发现这个岛只用来安置犯人实

太　平　洋

澳大利亚

印　度　洋

在太浪费了。虽然澳大利亚的中部是一个沙漠，但是沙漠里有金矿，沙漠和危险，都不能阻挡人们寻找金子的脚步。因为金子啊，有魔力的金子对人们的诱惑实在太大了！所以很多年轻的英国人都到澳大利亚去挖金子，圆他们的发财梦，他们希望挖到金子以后就回国。但是他们去了之后才发现，在这里挖金子的成本太高，根本不值得。然而他们没有就此放弃，因为他们注定是要成功要发财的，这种方法不行还可以试其他方法。澳大利亚的东南部都是草地，他们就想到草可以养殖牛和羊，那个时候那里没有牛羊，于是他们就从英国运来了牛和羊。但是英国的牛羊到了澳大利亚后，这些英国人发现它们不吃澳大利亚的草。他们没有气馁，而是坚信"如果你开始没有成功，那就尝试，再尝试"。他们又从英国运来优质的草，种在澳大利亚的土地上。终于，他们成功了，英国的草在澳大利亚生长得非常茂盛，不久，这些牛和羊就成了英国人在澳大利亚的"金矿"，比他们之前期望的真实金矿还要挣钱。他们从羊身上得到了世界上最好的羊毛，它们非常长，非常柔滑。羊毛被运往英国及世界各地做羊毛布料，现在，澳大利亚依然是世界上最大的羊毛出口国。澳大利亚冰冻的牛肉和羊肉也会被运往英国，因为英国的牛肉几乎不够他们本国人食用。

但是，牛和羊刚刚打开利益之门，一件奇怪的事情就发生了。一位英国人从他的祖国带了一对兔子到澳大利亚，当做宠物饲养。但是这对兔子因为管理宽松，开始大量繁殖后代。牛羊喜欢吃草，兔子也喜欢吃草，可是兔子的繁殖能力特别强，比牛和羊繁殖的速度快多了，所以不久，澳大利亚草原上的兔子就比牛羊多很多，达到了数百万甚至上亿只。地里的草开始不够牛羊食用了。兔子越来越多，越来越多，人们根本无法摆脱。他们用毒药毒死了几百万只，用陷阱捉住了更多的兔子，但是杀死一百万只兔子，还会有好几百万的小兔子出生，就像《圣经》里提到的发生在埃及的瘟疫，怎么都除不干净。那里的人还尝试用网在草地上搭建一个围栏，把兔子圈起来。但是有一些兔子还是会从围栏里跑出来，所以就得再搭建一个围栏。现在澳大利亚人每年还是会杀死几百万只兔子。他们把一些兔肉装进罐头运到英国，也会把兔子皮运到英国，用来包裹"baby bunting in"。但是他们还是没有办法完全摆脱兔子，可能永远也摆脱不了了。

澳大利亚本土的动物都很奇怪。其中一种古怪的动物就是袋鼠。这种动物有人那么高，两条前腿站在两条后腿上，看起来就像一只乞求食物的大狗。袋鼠的尾巴就好像它的第三条腿一样，所以袋鼠站在两条腿和尾巴上，看起来就像坐着一个三条腿的凳子。袋鼠的两条前腿很短小，几乎没有什么用处。袋鼠奔跑的时候也不是用四条腿，而是用两条后退跳着向前走，袋鼠可以一下子跳得很远。袋鼠妈妈把小袋鼠们放在她肚子上一个皮肤形成的口袋里，这既是小袋鼠们的巢，也是它们的摇篮。

从很远的地方航行回来的水手们过去常常说他们见到了非常漂亮的女孩，这种女孩就生活在海里，她们的上半身看起来是女孩，而下半身却是鱼的身体。他们把这些女孩叫做"美人鱼"。你可能从童话故事里听说过美人鱼。其实澳大利亚西海岸上有真实的美人鱼。它们的确生活在海里，而且也会把孩子抱在怀里。从远处看，水手们一定认为它们很漂亮，但是走近了他们才发现，它们其实根本不像你听说的那样有女孩的上半身鱼的下半身，因为这些实际上叫做"海牛"的动物，非常丑陋。这多么令人失望啊！

澳大利亚本土人是一些黑人，他们被称为"布希曼人"，指的就是"居住在澳大利亚丛林里的人"。这些人数数甚至都不能数到十，他们不会写自己的名字，也不认识一个字。他们知道的唯一的一件事就是如何获取食物。他们穿的衣服很少，在身上涂上各种各样的颜料。他们还会用贝壳的一边在皮肤上擦出肿块，然后在这些擦伤的地方用泥土涂上。他们身上的肿块越多，就认为自己越漂亮。

布希曼人有一种独特的玩具叫做"回飞棒"，是用一种看起来像新月一样的木头做成的。他们把回飞棒扔向空中，回飞棒像轮子一样转很多圈，如果扔得好的话，这个回飞棒会自己飞回来。我自己有几个回飞棒，也学过如何扔回飞棒。有一次我的一个朋友跟我说："我听说你知道如何扔一只袋鼠。""扔一只袋鼠！不是的，布希曼人都做不到的！"我回答说。

澳大利亚的首都过去是一个叫做"墨尔本"的城市，但是后来又新建了一座首都，名字叫"堪培拉"。这新首都是一个定做的城市，也就是先把城市布局规划好，然后建造道路，建造国会大厦，盖房子，然后人们搬进去住。澳大利亚最主要的城市是悉尼。

世界上最宜居的一个国家在澳大利亚的东南边，叫做"新西兰"。你可能还记得丹麦的西兰岛，还记得它是欧洲最宜居的地方。新西兰是由两个大岛组成的，这两个岛屿看起来像意大利的形状，或者一只倒放的靴子。在地图上看，新西兰好像离澳大利亚并不远，但是实际上，从澳大利亚坐船，需要四五天的时间才能到达新西兰。新西兰的北部有一些土著人叫做"毛利人"，他们与澳大利亚的布希曼人很不一样。毛利人过去都是食人者，但是他们很聪明，从白人那里学到了很多东西，现在有些毛利人和白人受过一样的教育，有些甚至是新西兰议会的成员。

第 67 章

食人者之岛

你应该知道食人者是什么了吧？他们是一些杀死同类中的其他人并将其吃掉的野蛮人。他们过去住在太平洋上的一些小岛上。太平洋是所有海洋中最大、最宽，也是最深的一个。大西洋上几乎没有岛屿，横越大西洋的时候，几乎看不见一个小岛。但是在南太平洋，那里有成千上万个小岛，如果你在南太平洋上船只失事，你很可能就会看见一个小岛。因为这些岛里面有很多都非常小，它们在地图上只是一些点，而且有些因为太小，地图上根本就显示不出来。

如果你能把太平洋里的所有水都抽出来，就像你抽干浴盆里的水一样，你看到的太平洋底不是平的，而是有成千上万座山。这些山过去都是火山，但是现在被太平洋淹没了。如果这些山足够高，它们的山顶能够露出水面的话，就是你看见的岛屿。在这些岛周围的温暖水域里，生活着一些微小的海洋动物，叫做"珊瑚虫"，我前面告诉过你，佛罗里达州就是由珊瑚虫形成的。它们微小的骨头堆积起来，直到露出水面，在山顶周围形成圆环。我们把这样的岛叫做"珊瑚岛"。

有一些珊瑚岛上住着一些棕色肤色的人，他们过去也是食人者，而其余岛上则没有人居住。但是在所有的岛上，都有一种树，岛上的本地人就是从这种树上获得他们的食物、饮料、衣服、房子和家具。这种树叫做"椰子棕榈树"。我前面给你说过另外一种结枣椰子的棕榈树。这种椰子棕榈树有一根很高的树干，所有的叶子都在最上方，在叶子丛中，结着一

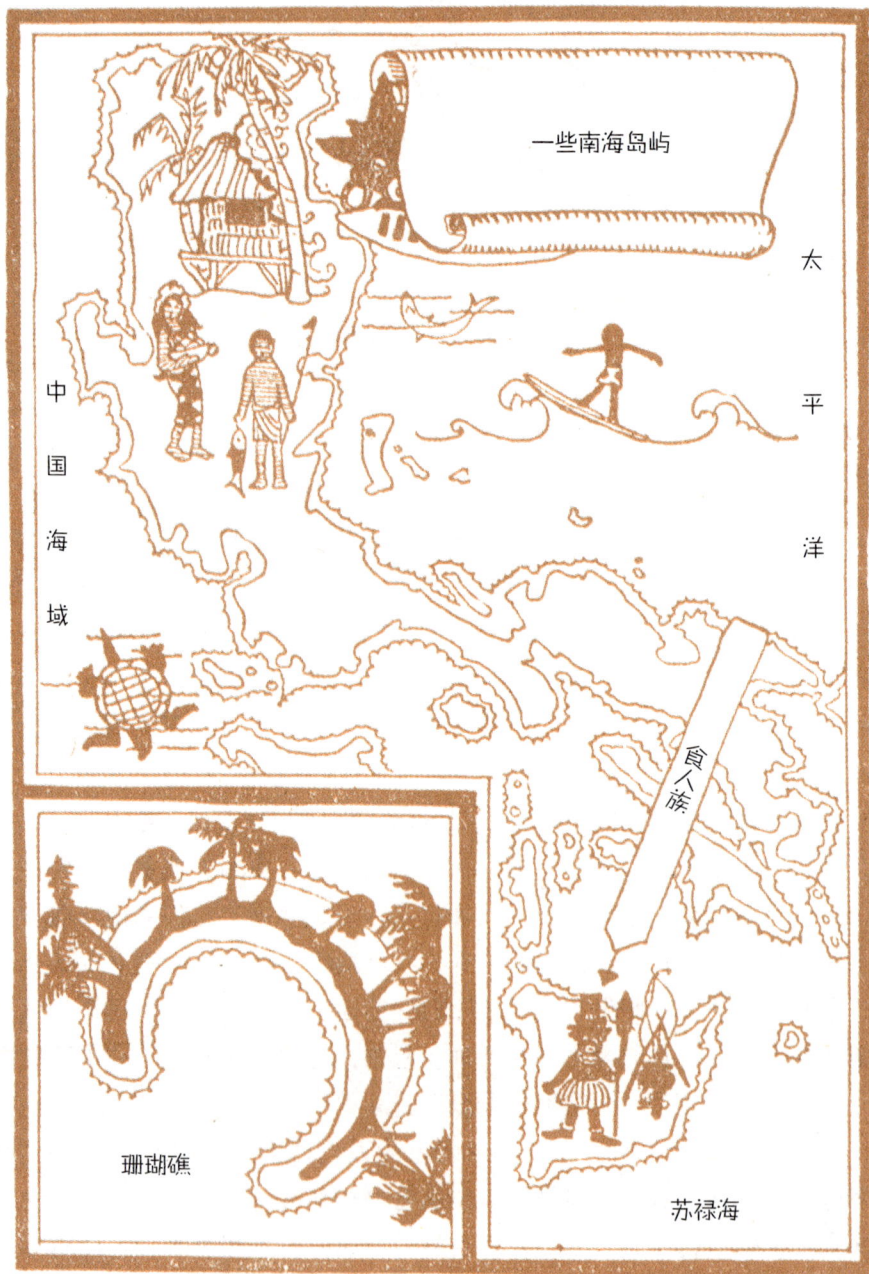

一些南海岛屿

太平洋

中国海域

食人族

珊瑚礁

苏禄海

串串的椰子。

椰子大约有婴儿的手那样大小。椰子外面有一层壳，把壳去掉以后，就可以看见里面的椰子坚果。奇怪的是，椰子看起来好像有两只眼睛，一张嘴和一种粗糙的棕色头发。椰子里面是白色的椰子肉，椰子肉里面含有一种乳液。岛上的人吃椰子肉，就跟我们吃面包喝牛奶一样。所以椰子对于他们来说就像面包和牛奶。他们用椰子外壳上的毛发做成绳子、衣服，以及其他一切我们用棉布、丝绸或者羊毛做成的东西。他们用椰子外壳做成杯子、碟子，以及他们使用的各种盘子。他们用棕榈树的叶子做成短裙，这就是他们平时穿的衣服。他们也用叶子做成房子的屋顶，他们的房子没有墙，只有用椰子树做成的杆子支起来的椰子树叶当做屋顶，地板被撑起来，比地面高出几英尺。

过去如果本地的部落与其他部落打起来，他们会把被他们杀死的人吃掉。基督教的传教士到那里去宣扬宗教，让他们信仰基督教。最开始，他们把传教士给吃掉了，但是后来很多本地人都成了基督教徒，几乎没有人继续食人。传教士去的时候，认为那里的女性穿着不合适，所以他们为当地的女人制作了一种长裙子，叫做"女用宽大长罩衣"，因为她们穿上这种衣服看起来很像英国作家莎拉·凯莎琳·玛丁（1768–1826年）所著的儿歌《女用宽大长罩衣》插图中的人物。现在当这些岛上的妇女去城镇的时候，她们就穿上这种宽松长袍，但是她们在乡下或者爬上树去获得食物的时候，就把这种长袍裹在她们的脖子周围。白人到这些岛上来的同时，也带来了疾病，从来没有得过这些病的本地人被传染上以后，很多人都死去了。他们有很长一段时间都被麻疹困扰着。

岛上的本地人生活非常简单。他们没有钱币，也不需要钱币，因为那里没有东西可以买卖。他们不用工作，如果想吃东西，只需要爬到一棵树上，摘下一个椰子吃。这很简单，因为棕榈树一般都是倾斜的，我曾看见那里的男孩子从地上直接跑到一棵树上，就像你跑上滑梯一样。

库克船长是第一个到这些岛上探险的人，他是一名英国人。关于这些岛屿，他还写了很多文字，所以有一群小岛就是以他的名字命名的。

白人之所以对这些岛感兴趣，是因为他们发现这里的椰子肉可以在他们自己的国家卖出很高的价钱，所以他们就让这些本地人为他们工作，即摘椰子。而且根本不需要给他们付工钱，因为钱对他们来说什么都不是。如果一天给他们一千美元，他们也不愿意工作；但如果给他们价值十美分的一串珠子，他们就会很愿意替你摘椰子。他们非常喜爱珠宝，所以白人过去就用玻璃珠作为他们的工钱，或者用手摇留声机给他们放音乐。切碎的椰子肉被称为干椰子肉，有很多用处。椰子油被用来制造肥皂和某种黄油。

轮船和汽船只是在一些比较大的岛上才会停靠，很少光顾那些小岛。关于这些小岛有很多故事，讲的就是人们的船撞到珊瑚礁以后船只失事，要么没有人生存下来，要么是孤独一人生活在某个小岛上好多年，才有过往此处的船只将他们带回。

这里的很多岛实在太小了，都没有人给它们起名字。但是有些群岛是有名字的，比如所罗门群岛，因为发现这些群岛的人本来希望能在这里找到所罗门的财宝；还有以库克船长命名的库克群岛；以及斐济群岛和萨摩亚群岛，萨摩亚群岛里有一些岛是属于美国的。

最大的群岛之一叫做"菲律宾群岛"。菲律宾群岛过去属于美国，但是现在是一个自由的国家。菲律宾群岛离中国更近，那里的人也更像中国人。太平洋的中部有夏威夷群岛，现在这些群岛也属于美国。美国市场上的大多数菠萝都产自夏威夷群岛。"火奴鲁鲁"是夏威夷群岛的首都，世界上最好的一些游泳健将就来自火奴鲁鲁。他们能在水里待很长时间，小男孩和小女孩们不仅会像鱼一样矫健地游泳，还会站在一块板子上随着浪花起伏。你可能听说过或者看到过夏威夷四弦琴，也叫尤克里里琴，这是在夏威夷很受欢迎的一种小的四弦吉他型乐器。如果有游客到火奴鲁鲁来，那里的夏威夷人就会把花环戴在他的头上，游客离开了，他们就会把他戴过的花环扔到水里，寓意是，这位游客以后还会再来。夏威夷人经常用到一个词，读做"阿洛哈"，意思是"你好，欢迎，再见，上帝保佑你"。

阿洛哈！

第 **68** 章
旅程结束

跟着我通过290页书周游世界的旅程结束了，我们又回到家里来啦！啊，家乡，可爱的家乡！"虽然我们也会沉迷于欢乐与奢靡中，无论家是多么简陋，没有地方比得上它！"（引自歌曲《家乡，可爱的家乡！》——译者注）。每个人的感觉都是一样的，无论是在一块冰上，还是在一棵椰子棕榈树下，家乡都是生我们养我们的地方。

我曾认识一位老船长，他在海上航行已经五十年。他周游世界应该有二十多次了，到过世界上的每一个港口，从位于麦哲伦海峡沿岸的智利南部港口城市彭塔阿雷纳斯，到俄罗斯联邦西北部港口城市阿尔汉格尔斯克，他都去过。他会讲十二种语言，到过地球上的每一个国家，每一片海域。他哪里都去过，什么都见过。后来的十二年，他每天都期待有一天他可以不用出海，而是回到家里"定居"下来。最后，这一天终于来临了。他那天朝家里走的时候，是我看见过的最开心的一个人。他的家就在他出生的地方，在马里兰南部的一个小村庄，临海。

一年以后，我又在纽约见到了他。这时候见到的他，比一年前回家时的他还要开心。他的穿着非常正式，纽扣孔里还插着一朵花，好像他要结婚一样。"你要去哪里？"我问他。"我要去航行，十二点出发。"他回答道，"我要去周游世界！"我觉得他说这话的时候，都快要在大街上跳起舞来了。

我对他用法语说"再见"，告诉他我以为他一年前就要定居下来呢。他回答我说："家，是可以回来的地方。"然后喜气洋洋地挥手跟我道别。